Unforgettable Classics
Russian Reader
Intermediate-Advanced
19th Century

Lidia S. McCarthy

Universal Publishers
Boca Raton, Florida
USA • 2005

*Unforgettable Classics: Russian Reader Intermediate-Advanced,
19th Century*

Copyright © 2005 Lidia S. McCarthy

Universal Publishers
Boca Raton, Florida • USA
2005

ISBN: 1-58112- 464-3

www.universal-publishers.com

CONTENTS

ГЛАВА ПЯТАЯ

ACKNOWLEDGEMENTS:

The author would like to express her deepest gratitude and appreciation to her family for their encouragement, enormous help and practical advice in the preparation of this book, in particular to Sergey Isakov, Katherina Isakova and Shannon McCarthy. She would also like to thank Linda Atlee for her help with proofreading of the English text and the online picture gallery "Olga's Gallery" for permission to use images from www.abcgallery.com.

Introduction

Unforgettable Classics: Russian Reader Intermediate-Advanced, 19th Century is a collection of five great stories and novellas by famous Russian writers of the 19th century – *After the Ball* by Leo Tolstoy, *Anna on the Neck* by Anton Chekhov, *Bela*, a chapter from the *Hero of Our Time* by Mikhail Lermontov, *Asya* by Ivan Turgenev and *Gambler* by Fyodor Dostoyevsky.

It consists of two parts of intermediate and advanced level. The stories are abridged and arranged by the level of difficulty. Each story is divided into numbered paragraphs with corresponding extensive vocabulary lists in the end of each story. It also contains asides with information about a story and a writer's biography, as well as asides with relevant cultural information, idioms and useful Russian expressions.

Discussion questions in the end of each chapter will help students to develop and improve their conversational skills. They can also be used as essay topics.

Every chapter is concluded with blank personalized vocabulary sheets for students' convenience.

The *Russian Reader* is aimed at language students learning Russian at intermediate or advanced level and provides a lot of useful information on the Russian literature, history and culture while developing students' reading skills and building up their vocabulary. It can be used both for classroom and personal study.

PART ONE
INTERMEDIATE
LEVEL

Глава первая

Лев Николаевич Толстой
После бала

[1] - Вот вы говорите, что человек не может сам по себе понять, что хорошо, что дурно, что все дело в среде, что среда заедает. А я думаю, что все дело в случае. Я вот про себя скажу.

Так заговорил всеми уважаемый Иван Васильевич после разговора, шедшего между нами, о том, что для личного совершенствования необходимо прежде изменить условия, среди которых живут люди. Никто, собственно, не говорил, что нельзя самому понять, что хорошо, что дурно, но у Ивана Васильевича была такая манера отвечать на свои собственные, возникающие вследствие разговора мысли и по случаю этих мыслей рассказывать эпизоды из своей жизни. Часто он совершенно забывал повод, по которому он рассказывал, увлекаясь рассказом, тем более что рассказывал он очень искренно и правдиво.

[2] Так он сделал и теперь.

- Я про себя скажу. Вся моя жизнь сложилась так, а не иначе, не от среды, а совсем от другого.

- От чего же? - спросили мы.

- Да это длинная история. Чтобы понять, надо много рассказывать.

- Вот вы и расскажите.

Иван Васильевич задумался, покачал головой.

- Да, - сказал он. - Вся жизнь переменилась от одной ночи, или, скорее утра.

- Да что же было?

- А было то, что был я сильно влюблен. Влюблялся я много раз, но это была самая моя сильная любовь. Дело

2

прошлое; у нее уже дочери замужем. Это была Б..., да, Варенька Б..., - Иван Васильевич назвал фамилию. - Она и в пятьдесят лет была замечательная красавица. Но в молодости, восемнадцати лет, была прелестна: высокая, стройная, грациозная, и величественная, именно величественная. Держалась она всегда необыкновенно прямо, как будто не могла иначе, откинув немного назад голову, и это давало ей, с ее красотой и высоким ростом, несмотря на ее худобу, даже костлявость, какой-то царственный вид, который отпугивал бы от нее, если бы не ласковая, всегда веселая улыбка и рта, и прелестных блестящих глаз, и всего ее милого, молодого существа.

[3] - Каково Иван Васильевич расписывает.

- Да как ни расписывай, расписать нельзя так, чтобы вы поняли, какая она была. Но не в том дело: то, что я хочу рассказать, было в сороковых годах. Был я в то время студентом в провинциальном университете. Не знаю, хорошо ли это, или дурно, но не было у нас в то время в нашем университете никаких кружков, никаких теорий, а были мы просто молоды и жили, как свойственно молодости: учились и веселились. Был я очень веселый и бойкий малый, да еще и богатый. Был у меня иноходец лихой, катался с гор с барышнями (коньки еще не были в моде), кутил с товарищами (в то время мы ничего, кроме шампанского, не пили; не было денег - ничего не пили, но не пили, как теперь, водку). Главное же мое удовольствие составляли вечера и балы. Танцевал я хорошо и был не безобразен.

- Ну, нечего скромничать, - перебила его одна из собеседниц. - Мы ведь знаем ваш еще дагерротипный портрет. Не то, что не безобразен, а вы были красавец.

[4] - Красавец так красавец, да не в том дело. А дело в том, что во время этой моей самой сильной любви к ней был я в последний день масленицы на бале у губернского предводителя, добродушного старичка, богача-хлебосола и камергера. Принимала такая же добродушная, как и он, жена его в бархатном ... платье, ...и с открытыми старыми, пухлыми, белыми плечами и грудью, как портреты Елизаветы Петровны. Бал был чудесный; зала прекрасная, с

3

хорами, музыканты - знаменитые в то время крепостные помещика-любителя, буфет великолепный и ... море шампанского. Хоть я и охотник был до шампанского, но не пил, потому что без вина был пьян любовью, но зато танцевал до упаду, танцевал и кадрили, и вальсы, и польки, разумеется, насколько возможно было, все с Варенькой. Она была в белом платье с розовым поясом и в белых лайковых перчатках, немного не доходивших до худых, острых локтей, и в белых атласных башмачках. Мазурку отбили у меня: препротивный инженер Анисимов - я до сих пор не могу простить это ему - пригласил ее, только что она вошла, а я заезжал к парикмахеру и за перчатками и опоздал. Так что мазурку я танцевал не с ней, а с одной немочкой, за которой я немножко ухаживал прежде. Но, боюсь, в этот вечер был очень неучтив с ней, не говорил с ней, не смотрел на нее, а видел только высокую, стройную фигуру в белом платье с розовым поясом, ее сияющее, зарумянившееся с ямочками лицо и ласковые, милые глаза. Не я один, все смотрели на нее и любовались ею, любовались и мужчины и женщины, несмотря на то, что она затмила их всех. Нельзя было не любоваться.

[5] По закону, так сказать, мазурку я танцевал не с нею, но в действительности танцевал я почти все время с ней. Она, не смущаясь, через всю залу шла прямо ко мне, и я вскакивал, не дожидаясь приглашения, и она улыбкой благодарила меня за мою догадливость. Когда нас подводили к ней и она не угадывала моего качества, она, подавая руку не мне, пожимала худыми плечами и, в знак сожаления и утешения, улыбалась мне. Когда делали фигуры мазурки вальсом, я подолгу вальсировал с нею, и она, часто дыша, улыбалась и говорила мне: «Encore»[1]. И я вальсировал еще и еще и не чувствовал своего тела.

- Ну, как же не чувствовали, я думаю, очень чувствовали, когда обнимали ее за талию, не только свое, но и ее тело, - сказал один из гостей.

---

[1] еще (фр.)

4

[6] Иван Васильевич вдруг покраснел и сердито закричал почти:

- Да, вот это вы, нынешняя молодежь. Вы, кроме тела, ничего не видите. В наше время было не так. Чем сильнее я был влюблен, тем бестелеснее становилась для меня она. Вы теперь видите ноги, щиколки и еще что-то, вы раздеваете женщин, в которых влюблены, для меня же, как говорил Alphonse Karr, - хороший был писатель, - на предмете моей любви были всегда бронзовые одежды. Мы не то что раздевали, а старались прикрыть наготу, как добрый сын Ноя. Ну, да вы не поймете...

- Не слушайте его. Дальше что? - сказал один из нас.

[7] - Да. Так вот танцевал я больше с нею и не видал, как прошло время. Музыканты уж с каким-то отчаянием усталости, знаете, как бывает в конце бала, подхватывали все тот же мотив мазурки, из гостиных поднялись уже от карточных столов папаши и мамаши, ожидая ужина, лакеи чаще забегали, пронося что-то. Был третий час. Надо было пользоваться последними минутами. Я еще раз выбрал ее, и мы в сотый раз прошли вдоль залы.

- Так после ужина кадриль моя? - сказал я ей, отводя ее к ее месту.

ИСТОРИЯ РАССКАЗА

Рассказ «После бала» был написан на основе реальных событий. Когда Лев Толстой, будучи студентом, жил вместе с братьями в Казани, его брат Сергей Николаевич полюбил дочь местного воинского начальника Л.П. Корейша и собирался на ней жениться. Но после того, как Сергей Николаевич стал случайным свидетелем наказания солдат в части, которой командовал отец любимой девушки, и увидел как и с какой жестокостью это происходило, он пережил сильнейшее потрясение. С.Н. Толстой перестал бывать в доме Корейша и отказался от женитьбы. Упомянутая история настолько впечатлила Толстого, что он описал ее в рассказе «После бала». Интересно отметить, что рассказ сначала назывался «Дочь и отец», потом – «А вы говорите» и, наконец, «После бала».

- Разумеется, если меня не увезут, - сказала она, улыбаясь.

- Я не дам, - сказал я.

- Дайте же веер, - сказала она.

- Жалко отдавать, - сказал я, подавая ей белый дешевенький веер.

- Так вот вам, чтоб вы не жалели, - сказала она, оторвала перышко от веера и дала мне.

[8] Я взял перышко и только взглядом мог выразить весь свой восторг и благодарность. Я был не только весел и доволен, я был счастлив, блажен, я был добр, я был не я, а какое-то неземное существо, не знающее зла и способное на одно добро. Я спрятал перышко в перчатку и стоял, не в силах отойти от нее.

- Смотрите, папа просят танцевать, - сказала она мне, указывая на высокую статную фигуру ее отца, полковника с серебряными эполетами, стоявшего в дверях с хозяйкой и другими дамами.

- Варенька, подите сюда, - услышали мы громкий голос хозяйки с елисаветинскими плечами.

[9] Варенька подошла к двери, и я за ней.

- Уговорите, ma chere[2], отца пройтись с вами. Ну, пожалуйста, Петр Владиславич, - обратилась хозяйка к полковнику.

Отец Вареньки был очень красивый, статный, высокий и свежий старик. Лицо у него было очень румяное, с белыми a la Nicolas I[3] подвитыми усами, белыми же, подведенными к усам бакенбардами и с зачесанными вперед височками, и та же ласковая, радостная улыбка, как и у дочери, была в его блестящих глазах и губах. Сложен он был прекрасно, с широкой, небогато украшенной орденами, выпячивающейся по-военному грудью, с сильными плечами и длинными, стройными ногами. Он был воинский начальник типа старого служаки николаевской выправки.

[10] Когда мы подошли к дверям, полковник отказывался, говоря, что он разучился танцевать, но все-

---

[2] дорогая (фр.)
[3] как у Николая I (фр.)

таки, улыбаясь, закинув на левую сторону руку, вынул шпагу из портупеи, отдал ее услужливому молодому человеку и, натянув замшевую перчатку на правую руку, - «надо все по закону», - улыбаясь, сказал он, взял руку дочери и стал в четверть оборота, выжидая такт.

[11] Дождавшись начала мазурочного мотива, он бойко топнул одной ногой, выкинул другую, и высокая, грузная фигура его то тихо и плавно, то шумно и бурно, с топотом подошв и ноги об ногу, задвигалась вокруг залы. Грациозная фигура Вареньки плыла около него, незаметно, вовремя укорачивая или удлиняя шаги своих маленьких белых атласных ножек. Вся зала следила за каждым движением пары. Я же не только любовался, но с восторженным умилением смотрел на них. Особенно умилили меня его сапоги, обтянутые штрипками, - хорошие опойковые сапоги, но не модные, с острыми, а старинные, с четвероугольными носками и без каблуков. Очевидно, сапоги были построены батальонным сапожником. «Чтобы вывозить и одевать любимую дочь, он не покупает модных сапог, а носит домодельные», - думал я, и эти четвероугольные носки сапог особенно умиляли меня. Видно было, что он когда-то танцевал прекрасно, но теперь был грузен, и ноги уже не были достаточно упруги для всех тех красивых и быстрых па, которые он старался выделывать. Но он все-таки ловко прошел два круга. Когда же он, быстро расставив ноги, опять соединил их и, хотя и несколько тяжело, упал на одно колено, а она, улыбаясь и поправляя юбку, которую он зацепил, плавно прошла вокруг него, все громко зааплодировали. С некоторым усилием приподнявшись, он нежно, мило обхватил дочь руками за уши и, поцеловав в лоб, подвел ее ко мне, думая, что я танцую с ней. Я сказал, что не я ее кавалер.

[12] - Ну, все равно, пройдитесь теперь вы с ней, - сказал он, ласково улыбаясь и вдевая шпагу в портупею. Как бывает, что вслед за одной вылившейся из бутылки каплей содержимое ее выливается большими струями, так и в моей душе любовь к Вареньке освободила всю скрытую в моей душе способность любви. Я обнимал в то время весь мир своей любовью. Я любил и хозяйку ..., с ее

7

елисаветинским бюстом, и ее мужа, и ее гостей, и ее лакеев, и даже дувшегося на меня инженера Анисимова.

К отцу же ее, с его домашними сапогами и ласковой, похожей на нее улыбкой, я испытывал в то время какое-то

Лев Николаевич Толстой (1828-1910)

Граф Лев Николаевич Толстой происходил из знатной аристократической семьи. Несмотря на то, что мать Толстого, княжна Мария Волконская, умерла, когда Толстому было два года, а отец умер, когда ему было девять лет, Толстой получил очень хорошее домашнее образование. Свою первую повесть, «Детство», Толстой написал во время военной службы в казацкой станице Старогладовской. Последовавшие за повестью «Севастопольские расказы» были написаны им во время военных действий в Крыму. Большая часть жизни Толстого прошла в имении Ясная Поляна, где были написаны знаменитые романы «Война и мир» и «Анна Каренина». Роман «Анна Каренина» Толстой начал писать неожиданно для себя. Образцом для него, по словам самого Толстого, послужил «Евгений Онегин» А. Пушкина, а непосредственным толчком для работы – небольшой отрывок Пушкина «Гости съезжались на дачу». Толстой написал в письме: «Я невольно, нечаянно, сам не зная зачем и что будет, задумал лица и события, стал продолжать, потом, разумеется, изменил и вдруг завязалось так красиво и круто, что вышел роман...». Над самом главном произведением своей жизни, романом «Война и мир», Толстой работал около семи лет. Роман имел огромный успех. По словам критика Страхова, «с 1868 года, то есть с появления «Войны и мира», состав того, что называется русскою литературою ... получил иной вид и смысл.... Западные литературы в настоящее время не представляют ничего равного, чем мы теперь обладаем». Утверждение это подтвердилось позже с появлением романов Достоевского, Тургенева, рассказов Чехова, Бунина и Набокова.

Fig. 1. Nikolay Gay. *Portrait of Leo Tolstoy*. 1884. The Tretyakov Gallery, Moscow, Russia. Courtesy of Olga's Gallery (www.abcgallery.com).

восторженно-нежное чувство.

[13] Мазурка кончилась, хозяева просили гостей к ужину, но полковник Б. отказался, сказав, что ему надо завтра рано вставать, и простился с хозяевами. Я было испугался, что и ее увезут, но она осталась с матерью.

После ужина я танцевал с нею обещанную кадриль, и, несмотря на то, что был, казалось, бесконечно счастлив, счастье мое все росло и росло. Мы ничего не говорили о любви. Я не спрашивал ни ее, ни себя даже о том, любит ли она меня. Мне достаточно было того, что я любил ее. И я боялся только одного, чтобы что-нибудь не испортило моего счастья.

[14] Когда я приехал домой, разделся и подумал о сне, я увидал, что это совершенно невозможно. У меня в руке было перышко от ее веера и целая ее перчатка, которую она дала мне, уезжая, когда садилась в карету и я подсаживал ее мать и потом ее. Я смотрел на эти вещи и, не закрывая глаз, видел ее перед собой то в ту минуту, когда она, выбирая из двух кавалеров, угадывает мое качество, и слышу ее милый голос, когда она говорит: «Гордость? да?» - и радостно подает мне руку, или когда за ужином пригубливает бокал шампанского и исподлобья смотрит на меня ласкающими глазами. Но больше всего я вижу ее в паре с отцом, когда она плавно двигается около него и с гордостью и радостью и за себя и за него взглядывает на любующихся зрителей. И я невольно соединяю его и ее в одном нежном, умиленном чувстве.

[15] Жили мы тогда одни с покойным братом. Брат и вообще не любил света и не ездил на балы, теперь же готовился к кандидатскому экзамену и вел самую правильную жизнь. Он спал. Я посмотрел на его уткнутую в подушку и закрытую до половины фланелевым одеялом голову, мне стало любовно жалко его, жалко за то, что он не знал и не разделял того счастья, которое я испытывал. Крепостной наш лакей Петруша встретил меня со свечой и хотел помочь мне раздеваться, но я отпустил его. Вид его заспанного лица с спутанными волосами показался мне умилительно трогательным. Стараясь не шуметь, я на цыпочках прошел в свою комнату и сел на постель. Нет, я был слишком счастлив, я не мог спать. Притом мне жарко

было в натопленных комнатах, и я, не снимая мундира, потихоньку вышел в переднюю, надел шинель, отворил наружную дверь и вышел на улицу.

[16] С бала я уехал в пятом часу, пока доехал домой, посидел дома, прошло еще часа два, так что, когда я вышел, уже было светло. Была самая масленичная погода, был туман, насыщенный водою снег таял на дорогах, и со всех крыш капало. Жили Б. тогда на конце города, подле большого поля, на одном конце которого было гулянье, а на другом - девический институт. Я прошел наш пустынный переулок и вышел на большую улицу, где стали встречаться и пешеходы и ломовые с дровами на санях, достававших полозьями до мостовой. И лошади, равномерно покачивающие под глянцевитыми дугами мокрыми головами, и покрытые рогожками извозчики, шлепавшие в огромных сапогах подле возов, и дома улицы, казавшиеся в тумане очень высокими, все было мне особенно мило и значительно.

[17] Когда я вышел на поле, где был их дом, я увидал в конце его, по направлению гулянья, что-то большое, черное и услыхал доносившиеся оттуда звуки флейты и барабана. В душе у меня все время пело и изредка слышался мотив мазурки. Но это была какая-то другая, жесткая, нехорошая, музыка.

«Что это такое?» - подумал я и по проезженной посередине поля, скользкой дороге пошел по направлению звуков. Пройдя шагов сто, я из-за тумана стал различать много черных людей. Очевидно, солдаты. «Верно, ученье», - подумал я и вместе с кузнецом в засаленном полушубке и фартуке, несшим что-то и шедшим передо мной, подошел ближе. Солдаты в черных мундирах

стояли двумя рядами друг против друга, держа ружья к ноге, и не двигались. Позади их стояли барабанщик и флейтщик и не переставая повторяли все ту же неприятную, визгливую мелодию.

[18] - Что это они делают? - спросил я у кузнеца, остановившегося рядом со мною.

- Татарина гоняют за побег, - сердито сказал кузнец, взглядывая в дальний конец рядов.

10

Я стал смотреть туда же и увидал посреди рядов что-то страшное, приближающееся ко мне. Приближающееся ко мне был оголенный по пояс человек, привязанный к ружьям двух солдат, которые вели его. Рядом с ним шел высокий военный в шинели и фуражке, фигура которого показалась мне знакомой. Дергаясь всем телом, шлепая ногами по

талому снегу, наказываемый, под сыпавшимися с обеих сторон на него ударами, подвигался ко мне, то опрокидываясь назад - и тогда унтер-офицеры, ведшие его за ружья, толкали его вперед, то падая наперед - и тогда унтер-офицеры, удерживая его от падения, тянули его назад. И, не отставая от него, шел твердой, подрагивающей походкой высокий военный. Это был ее отец, с своим румяным лицом и белыми усами и бакенбардами.

[19] При каждом ударе наказываемый, как бы удивляясь, поворачивал сморщенное от страдания лицо в ту сторону, с которой падал удар, и, оскаливая белые зубы, повторял какие-то одни и те же слова. Только когда он был совсем близко, я расслышал эти слова. Он не говорил, а всхлипывал: «Братцы, помилосердуйте. Братцы,

11

помилосердуйте». Но братцы не милосердовали, и, когда шествие совсем поравнялось со мною, я видел, как стоявший против меня солдат решительно выступил шаг вперед и, со свистом взмахнув палкой, сильно шлепнул ею по спине татарина. Татарин дернулся вперед, но унтер-офицеры удержали его, и такой же удар упал на него с другой стороны, и опять с этой, и опять с той. Полковник шел подле и, поглядывая то себе под ноги, то на наказываемого, втягивал в себя воздух, раздувая щеки, и медленно выпускал его через оттопыренную губу. Когда шествие миновало то место, где я стоял, я мельком увидал между рядов спину наказываемого. Это было что-то такое пестрое, мокрое, красное, неестественное, что я не поверил, чтобы это было тело человека.

[20] - О господи, - проговорил подле меня кузнец.

Шествие стало удаляться, все так же падали с двух сторон удары на спотыкающегося, корчившегося человека, и все так же били барабаны и свистела флейта, и все так же твердым шагом двигалась высокая, статная фигура полковника рядом с наказываемым. Вдруг полковник остановился и быстро приблизился к одному из солдат.

- Я тебе помажу, - услыхал я его гневный голос. - Будешь мазать? Будешь?

[21] И я видел, как он своей сильной рукой в замшевой перчатке бил по лицу испуганного малорослого, слабосильного солдата за то, что он недостаточно сильно опустил свою палку на красную спину татарина.

[22] - Подать свежих шпицрутенов! - крикнул он, оглядываясь, и увидал меня. Делая вид, что он не знает меня, он, грозно и злобно нахмурившись, поспешно отвернулся. Мне было до такой степени стыдно, что, не зная куда смотреть, как будто я был уличен в самом постыдном поступке, я опустил глаза и поторопился уйти домой. Всю дорогу в ушах у меня то била барабанная дробь и свистела флейта, то слышались слова: «Братцы, помилосердуйте», то я слышал самоуверенный, гневный, голос полковника, кричащего: «Будешь мазать? Будешь?» А между тем на сердце была почти физическая, доходившая до тошноты, тоска, такая, что я несколько раз

12

останавливался, и мне казалось, что вот-вот меня вырвет всем тем ужасом, который вошел в меня от этого зрелища.

[23] Не помню, как я добрался домой и лег. Но только стал засыпать, услыхал и увидал опять все и вскочил.

«Очевидно, он что-то знает такое, чего я не знаю, - думал я про полковника. - Если бы я знал то, что он знает, я бы понимал и то, что я видел, и это не мучило бы меня». Но сколько я ни думал, я не мог понять того, что знает полковник, и заснул только к вечеру, и то после того, как пошел к приятелю и напился с ним совсем пьян.

[24] Что ж, вы думаете, что я тогда решил, что то, что я видел, было - дурное дело? Ничуть. «Если это делалось с такой уверенностью и признавалось всеми необходимым, то, стало быть, они знали что-то такое, чего я не знал», - думал я и старался узнать это. Но сколько ни старался - и потом не мог узнать этого. А не узнав, не мог поступить в военную службу, как хотел прежде, и не только не служил в военной, но нигде не служил и никуда, как видите, не годился.

[25] - Ну, это мы знаем, как вы никуда не годились, - сказал один из нас. - Скажите лучше: сколько бы людей никуда не годилось, кабы вас не было.

- Ну, это уж совсем глупости, - с искренней досадой сказал Иван Васильевич.

- Ну, а любовь что? - спросили мы.

- Любовь? Любовь с этого дня пошла на убыль. Когда она, как это часто бывало с ней, с улыбкой на лице, задумывалась, я сейчас же вспоминал полковника на площади, и мне становилось как-то неловко и неприятно, и я стал реже видаться с ней. И любовь так и сошла на нет. Так вот какие бывают дела и от чего переменяется и направляется вся жизнь человека. А вы говорите... - закончил он.

Ясная Поляна, 20 августа 1903 г.

13

Словарь

[1] сам по себе – by itself, alone; понять – to understand; дурно – (archaism) badly, bad; что все дело в – the reason is, all because of; среда – environment; среда заедает – environment influences; случай – occasion, chance; уважаемый – respected, esteemed; разговор идет – conversation is in progress; личное совершенствование – personal development; необходимо – necessary; прежде всего – first of all; изменить условия – to change conditions; что хорошо, что дурно – what is good and what is bad; возникать – to appear; мысль – thought; совершенно – absolutely, perfectly; повод – reason, occasion; увлекаться рассказом – to be caught up telling; искренно – sincerely; правдиво – truthfully.

[2] жизнь сложилась – life turned out; история – story, history; задуматься – to think, to start thinking; покачать головой – to shake head; перемениться от – to change from; ночь – night; или, скорее – or rather; утро – morning; сильно влюблен – very much in love; много раз – many times; самая сильная любовь – the biggest love; дело прошлое – it happened long time ago; у нее уже дочери замужем – her daughters are already married; замечательный – outstanding, wonderful; красавица – beauty; прелестный – pretty; высокий – tall; стройный – slim; грациозный - graceful; величественный – majestic, grand; прямо – straight; как будто – as if; откинуть голову – to toss head back; давать – to give; худоба – thinness, leanness; костлявость - gauntness; царственный вид – royal appearance, royal look; отпугивать от – scare from; если бы не - if not; ласковый – tender; веселая улыбка – merry smile; блестящий – shiny, glittery.

[3] расписывать – to tell in detail; провинциальный – provincial; теория – theory; бойкий малый – vivid fellow; богатый – rich; лихой иноходец –fast stallion; кататься с гор – to ski, to sleigh from the hill; барышня – lady; коньки - skates; в моде – in fashion; кутить – to party; товарищ – friend; шампанское – champagne; пить – to drink; деньги – money; как теперь – like now; удовольствие – pleasure; вечер – party, evening; бал – ball, dancing party; безобразный – ugly; скромничать – to put on a modest air; перебить – to interrupt; мы ведь знаем ваш портрет – *literate:* we know your portrait, we know how you used to look; красавец – handsome man.

14

БАЛЫ И ТАНЦЫ В РОССИИ

БАЛ. Бал имел свои правила, свою последовательность танцев и свой этикет, особые для каждой исторической эпохи. Обязательной принадлежностью бала был оркестр или ансамбль музыкантов. Танцы под фортепиано балом не считались. Бал с начала XIX века начинался польским танцем – полонезом. Ю.М. Лотман в книге «Беседы о русской культуре» (глава «Бал») пишет о последовательности танцев на балу: «Первым, открывающим бал, был полонез (или польский), который сменил менуэт. Менуэт отошел в прошлое вместе с королевской Францией», вторым бальным танцем был вальс, мазурка составляла центр бала и знаменовала собой его кульминацию, котильон - вид кадрили - один из заключающих бал танцев. Большинство танцев XIX в. были быстрыми или очень быстрыми, что объяснялось переменами, происшедшими в женском костюме: отказом от жесткого давящего корсета и тяжелого каркаса для юбок. В корсетах XIX в. легче было дышать, а легкие ткани бальных платьев позволяли делать любые быстрые движения.

ПОЛОНЕЗ (от франц. danse polonaise - польский танец) - бальный танец-шествие. Был придворным во Франции и в других странах. Как музыкальный жанр известен с 17 в. Широкое развитие полонез получил в творчестве Ф. Шопена и других композиторов.

МЕНУЭТ (франц. menuet - от menu - маленький) - плавный и изящный старинный народный французский танец, с сер. 17 в. бальный.

ВАЛЬС - танец с трехдольным ритмом, состоящий в плавном поступательном кружении.

КАДРИЛЬ (фр. quadrille) – танец сначала из пяти, позже из шести фигур, с четным количеством танцующих пар, распологающихся четверками, одна против другой.

ПОЛЬКА (чеш. polka) - народный и бальный танец чешского происхождения.

ТРЕПАК - старинный русский танец в быстром темпе. Жанр трепака использовали в своих произведениях А. Г. Рубинштейн, П. И. Чайковский, М. П. Мусоргский и другие.

ЛЕЗГИНКА - народный танец горских народов Кавказа. Имеет много разновидностей.

ПА - (франц. pas, букв. шаг), отдельное движение классического танца; танцевальная форма классического балета (па-де-де, па-де-труа и др.).

[4] красавец так красавец – a really handsome man; масленица - Shrovetide, Pancake week (week before the Lent, seven weeks before Easter); губернский предводитель (дворянства) – county governor;

15

добродушный старичок – good-hearted old man; богач-хлебосол –
a wealthy man who likes to give parties; камергер - chamberlain; принимать – to host a party, to accept; бархатное платье – velvet dress; открытый - open; старый – old; пухлый - plump; белые плечи и грудь – white shoulders and breasts; чудесный – wonderful.

[5] по закону – by law; не смущаясь – without embarrassment; вскакивать – to jump up; дожидаться приглашения – to wait for an invitation; угадывать – to guess; подавать руку – to give hand; пожимать худыми плечами – to shrug skinny shoulders; сожаление – regret; утешение – comfort, consolation; подолгу – for a long time; вальсировать – to waltz; часто дышать – to pant; тело – body; обнимать – to hug, to hold; талия – waist.

ФРАЗЕОЛОГИЗМЫ

НОСИТЬ НА РУКАХ
To carry in one's arms; to sweep someone off one's feet;

ИЗ РУК ВОН
Very poor, from bad to worse;

ИЗ ПЕРВЫХ/ВТОРЫХ РУК
To learn something at first/second hand;

ПОЖИМАТЬ РУКУ
To shake one's hand;

ОТБИВАТЬСЯ ОТ РУК
To get out of hand; to get out of control;

РУКИ ВВЕРХ
Hands up!

СХОДИТЬ С РУК
To get away with something;

ЛЕГКАЯ РУКА
One brings luck;

БЫТЬ КАК БЕЗ РУК
To feel helpless without something;

БЫТЬ ПРАВОЙ РУКОЙ
To be someone's right hand;

БЫТЬ СВЯЗАННЫМ ПО РУКАМ И НОГАМ
To be tied up hand and foot;

ИЗ РУК ВАЛИТЬСЯ
Someone is all thumbs; butter fingers.

[6] вдруг – suddenly; покраснеть – to blush; сердито – angrily; закричать – to yell; нынешний – present; нога – leg; щиколка – ankle; раздевать – to undress; писатель – writer; бронзовый – copper; прикрыть наготу – to cover naked body; не слушайте его – imperative: don't listen to him.

[7] танцевал я больше с нею – I mostly danced with her; видать - *colloquial:* to see; время прошло – time passed; отчаяние – despair; мотив – tune; карточный стол – card table; папаша и мамаша – father and mother; лакей – butler; был третий час – it was close to 3 o'clock; надо было пользоваться последними минутами – I had to make good use of the last minutes; выбрать – to choose; отводить ее к ее месту – to take her to her seat; разумеется – of course; я не дам – I won't let; веер – lady's fan; дешевенький – cheap; оторвать – to rip; перышко – feather.

[8] взять – to take; и только – and only; взгляд – glance; выразить – to express; восторг - delight; благодарность – gratitude; весел – *short form of веселый:* merry; доволен – *short form of довольный:* glad; счастлив – happy; блажен – *short form of блаженый:* holy, saint, mad; неземное существо – unearthly creature; знать – to know; зло – evil; способный на – capable of; добро – kindness; спрятать – to hide; перчатка – glove; не в силах – unable, having no power to do something; отойти – step aside; смотрите, папа просят танцевать – look, father is asking for a dance; указывать на – to point to; высокий – tall; статный - stately; полковник - colonel; серебряные эполеты – *military:* silver epaulettes; стоять в дверях – stand in the doorway; громкий голос – loud voice.

[9] подойти к – come up to; уговорить – to persuade; обратиться – to address; свежий – fresh; старик – old man; подвитые усы – curled moustache; бакенбарды – whiskers, side burns; зачесанный вперед висок – hair on the temple brushed on the face; украшенный орденами – decorated with medals; сильный – strong.

[10] подойти к – come to, come up; отказываться – to refuse; разучиться танцевать; все-таки – still, nevertheless; закинуть – to toss, to throw; сторона – side; вынуть – to take out; шпага – sword, rapier; портупея – *military:* sword-belt; услужливый – obliging; натянуть замшевую перчатку на правую руку – to put a suede glove on the right hand; надо все по закону – everything should be done in right order; четверть оборота - quarter of a turn; выжидать такт – *musical:* to wait for the bar.

[11] дождаться – to wait; начало – beginning; топнуть одной ногой – to stamp one foot; выкинуть другую – to throw another one out; тихо – quietly; плавно – smoothly; шумно – loud; бурно – stormy, rapid; задвигаться вокруг залы – to move around the room; плыть – to swim; около – by, near; незаметно – unnoticeably; укорачивать – to shorten; удлинять – to prolong; шаг – step; каждый – every; движение – movement; пара – couple, pair; восторженный; умиление – delight; обтянутый – covered, fir tight; штрипка - foot strap; опойка – thick and durable caw leather; острый – sharp; старинный – old, ancient, antique; очевидно – obviously; вывозить – *here:* to take out of the house; одевать – to dress; домодельный – *archaism for самодельный:* self-made, home made; четвероугольные носки сапог – square toe shoes; грузен – *short form of грузный:* heavy, stout, massive; упруг – *short form of упругий:* resilient, elastic; па – pas (French), step; стараться выделывать – to try to do; круг – circle; расставить ноги – to stand with one's legs apart; соединить – to join, to put together; упасть – to fall; колено – knee; поправлять юбку – to adjust skirt; зацепить – to hook, to get hold; аплодировать – to applaud; приподняться – to raise oneself a little, to sit up; нежно – tenderly; ухо (singular), уши (plural) – ear; поцеловать – to kiss; лоб – forehead.

[13] кончиться – to finish; хозяева – owners, host; просить – to ask; гость – guest; ужин – dinner; отказаться – to refuse; рано – early; вставать – to get up, to wake up; проститься – to say goodbye; испугаться – to get scared; остаться – to stay; обещать – to promise; расти – to grow; достаточно – enough.

[14] раздеться – to undress, to change; подумать о сне – to think about sleeping; невозможно – impossible; перышко – feather; карета – horse carriage; я подсаживал ее мать и потом ее - I helped her and mother into the carriage; вещь – thing; перед собой – in front of; гордость – pride; пригубливать бокал шампанского – to taste a glass of champagne; за себя – for myself; любоваться – to admire, to feast one's eyes; зритель – spectator; невольно – involuntarily; соединять – to join, to combine; нежное, умиленное чувство – tender and content feeling.

[15] покойный – deceased; брат вообще не любил света и не ездил на балы – brother didn't like high society in general and didn't attend the ball parties; готовиться – to prepare; вести правильную жизнь – to lead righteous life; уткнутый – buried, hidden; подушка – pillow; фланелевое одеяло – flannel blanket; мне стало жалко его – I felt sorry for him; разделять – to share; испытывать – to experience, to

18

feel; крепостной лакей – a serf butler; свеча – candle; отпустить – to let go; заспанное лицо – sleepy face; спутанные волосы – tangled hair; трогательный – touching; шуметь – to make noise; на цыпочках – on tiptoes; натопленный – heated; передняя – *archaism:* entrance room, corridor; отворить – to open; наружный – external; дверь – door.

[16] в пятом часу – after 4 a.m.; светло – it is light outside; масленичная погода – Shrovetide weather; туман – fog; насыщенный водою снег – snow filled with water;

ФРАЗЕОЛОГИЗМЫ

КРУПНЫЙ РАЗГОВОР
Serious conversation;

ЗАВЯЗАТЬ РАЗГОВОР
To enter into conversation;

ЗАВОДИТЬ РАЗГОВОР
To bring up something;

ПЕРЕМЕНИТЬ РАЗГОВОР
To change the subject;

БЕЗ ЛИШНИХ РАЗГОВОРОВ
Without much a do;

И РАЗГОВОРА НЕ БЫЛО
There was no question (of);

ДАЛЬШЕ РАЗГОВОРОВ НЕ ПОЙДЕТ
It won't go beyond talking;

НИКАКИХ РАЗГОВОРОВ
No back-talk;

ТОЛЬКО И РАЗГОВОРОВ, ЧТО ОБ ЭТОМ
It is the talk of the day.

таять – to melt; крыша – roof; капать – to drip, to dribble, to drop; поле – field; гулянье – party; девический институт – a lady's school; пустынный – desolated; переулок – side street; и … и – both ... and; пешеход – pedestrian; ломовые [лошади] с дровами на санях – dray horses with lumber on the sleigh; доставать – to reach, to get; полоз (singular), полозья (plural) – sledge runner; мостовая – paved road (usually asphalt or cobble-stone); равномерно – evenly; покачиваться – moving; глянцевый – glossy; дуга – shaft-bow, arch; мокрый – wet; покрытый – covered; рогожа – bast mat; извозчик - cabman; шлепать – slap, spank, drag (one's slippers), splash through (the water, mud); воз – cart; значительно – significantly, considerably.

19

[17] направление – direction; услыхать – to hear; доноситься оттуда – coming from there; звуки флейты и барабана – sounds of flute and drums; в душе – in one's soul, in one's heart; другой – different; жесткий – harsh; нехороший – bad, evil; скользкий – slippery; различать – to make out, to see the difference; ученье – training; кузнец – blacksmith; засаленный полушубок и фартук – greasy sheepskin jacket and apron; друг против друга – opposite each other; неприятный – unpleasant; мелодия – tune, music.

[18] татарин – a Tartar man; побег – escape; сердито – angrily; взглядывать – to look closely; страшный – horrible, horrid; приближаться – to approach; оголенный по пояс человек – a person naked to the waist; привязать – to tie; вести – to lead; шинель – raincoat, military coat; дергать – to pull, to tag; талый снег – melted snow; наказываемый – punished; сыпаться – to fall, to pour; опрокидывать – to overturn, to overthrow, to topple over; унтер-офицер – non-commissioned officer; удерживать от – to refrain from; падение – fall, falling; отставать – to lag behind.

[19] удар – strike, hit; удивляться – to be surprised; поворачивать – to turn; сморщенный – wrinkled; страдание – suffering; оскаливать белые зубы – to show white teeth; какие-то (plural) – some; близко – close; расслышать слова – to make out words; всхлипывать – to sob; помилосердствовать – to have mercy; шествие – walking procession; решительно – resolutely, positively, absolutely; выступить шаг вперед – to step up; взмахнуть – to wave; палка – stick; шлепнуть – to slap, spank; втягивать в себя воздух – to breath in; оттопыренный – sticking out, protruding; мельком – briefly; пестрый – bright, motley; мокрый – wet; неестественный – unnatural.

[20] проговорить – to utter, to say; подле меня – *archaism of возле меня*: by me, by my side; удаляться – to move off, move away; спотыкаться – to stumble; корчиться – writhe, squirm; гневный – angry; мазать – *here:* beat very slightly.

[21] испуганный – scared; малорослый – short; слабосильный – weak; недостаточно сильно – not strong enough; опустить – to put down, to lay.

[22] подать – to give; свежий шпицрутен – fresh beating stick; оглядываться – to look around; делать вид – to pretend; знать – to know; грозно - threateningly; злобно – spiteful, malicious; нахмуриться – to frown; отвернуться – to turn away, to look away;

мне стыдно – I am ashamed; уличить – to expose, to catch someone doing something; опустить глаза – to look down; поторопиться – to hurry up; барабанная дробь – roll of a drum, drumming; доходить до тошноты – to come to the point of sickness; тоска – boredom, depression; останавливаться – to stop; вырвать – to get sick, to throw up.

[23] добраться домой – to get home; засыпать – to start falling asleep.

[24] дурной – *archaism:* bad; ничуть – not at all; уверенность – confidence; признаваться – to confess; необходимый – necessary; стало быть – archaism: which means; стараться узнать – to try to find out; военная служба – military service.

[25] никуда не годиться – it won't do at all; кабы – *archaism:* if; искренняя досада – sincere disappointment; пойти на убыль – to go down, to subside; задумываться – to fall into thought, to become thoughtful, to become lost in thoughts; редкий - rare; сойти на нет – to reduce to nothing, to reduce to zero; перемениться – to change; направляться – to make one's way to, to direct, to go to.

Вопросы к обсуждению

1. Как в рассказе описывается поколение Ивана Васильевича и молодое поколение? Приведите примеры.

2. Каким приемом пользуется Толстой для передачи идеи рассказа? Почему Толстой противопоставляет две части рассказа?

3. Как Иван Васильевич описывает Вареньку?

4. Как вы понимаете следующее предложение из первой части рассказа: «И я невольно соединяю его и ее в одном нежном, умиленном чувстве».

5. Как изменилось поведение и внешность полковника до и после бала?

21

6. Почему автор рассказа пытался мысленно оправдать полковника?

7. Почему Иван Васильевич охладел к героине рассказа?

8. Какими русскими прилагательными можно охарактеризовать облик и характер полковника?

9. Как вы думаете, знала ли героиня рассказа о двуличном характере своего отца?

10. Согласны ли вы с утверждением автора, что все в жизни зависит от случая? Приведите пример из личной жизни.

11. Как вы считаете, почему Иван Васильевич остался одиноким? Может ли его одиночество быть связанным с недоверем к людям, рожденным в то утро?

12. Выделите абзацы, в которых описывается быт 19-го века. Узнали ли вы из этих абзацев что-либо новое из русской жизни этой поры?

13. Кого из великих композиторов вдохновил рассказ «После бала» на сочинение балета? Какие музыкальные призведения вам известны на темы романов Толстого?

Личный словарь

Слово	Перевод	Пример употребления в предложении

Глава вторая

Антон Павлович Чехов
Анна на шее

[1] После венчания не было даже легкой закуски; молодые выпили по бокалу, переоделись и поехали на вокзал. Вместо веселого свадебного бала и ужина, вместо музыки и танцев поездка на богомолье за двести верст. Многие одобряли это, говоря, что Модест Алексеич уже в чинах и не молод, и шумная свадьба могла бы, пожалуй, показаться не совсем приличной; да и скучно слушать музыку, когда чиновник пятидесяти двух лет женится на девушке, которой едва минуло восемнадцать. Говорили также, что эту поездку в монастырь Модест Алексеич, как человек с правилами, затеял, собственно, для того, чтобы дать понять своей молодой жене, что и в браке он отдает первое место религии и нравственности.

[2] Молодых провожали. Толпа сослуживцев и родных стояла с бокалами и ждала, когда пойдет поезд, чтобы крикнуть «ура», и Петр Леонтьич, отец, в цилиндре, в учительском фраке, уже пьяный и уже очень бледный, все тянулся к окну со своим бокалом и говорил умоляюще:

- Анюта! Аня! Аня, на одно слово!

[3] Аня наклонялась к нему из окна, и он шептал ей что-то, обдавая ее запахом винного перегара, дул в ухо, - ничего нельзя было понять, - и крестил ей лицо, грудь, руки; при этом дыхание у него дрожало и на глазах блестели слезы. А братья Ани, Петя и Андрюша, гимназисты, дергали его сзади за фрак и шептали сконфуженно:

- Папочка, будет... Папочка, не надо...

[4] Когда поезд тронулся, Аня видела, как ее отец побежал немножко за вагоном, пошатываясь и расплескивая свое вино, и какое у него было жалкое, доброе, виноватое лицо.

- Ура-а-а! - кричал он.

Молодые остались одни. Модест Алексеич осмотрелся в купе, разложил вещи по полкам и сел против своей молодой жены, улыбаясь. Это был чиновник среднего роста, довольно полный, пухлый, очень сытый, с длинными бакенами и без усов, и его бритый, круглый, резко очерченный подбородок походил на пятку. Самое характерное в его лице было отсутствие усов, это свежевыбритое, голое место, которое постепенно переходило в жирные, дрожащие, как желе, щеки. Держался он солидно, движения у него были не быстрые, манеры мягкие.

[5] - Не могу не припомнить теперь одного обстоятельства,- сказал он, улыбаясь. - Пять лет назад, когда Косоротов получил орден святыя Анны второй степени и пришел благодарить, то его сиятельство выразился так: «Значит, у вас теперь три Анны: одна в петлице, две на шее». А надо сказать, что в то время к Косоротову только что вернулась его жена, особа сварливая и легкомысленная, которую звали Анной. Надеюсь, что когда я получу Анну второй степени, то его сиятельство не будет иметь повода сказать мне то же самое.

[6] Он улыбался своими маленькими глазками. И она тоже улыбалась, волнуясь от мысли, что этот человек может каждую минуту поцеловать ее своими полными,

Fig. 2. Кадр из кинофильма «Анна на шее», 1954 год. Режиссер – И. Анненский.

28

влажными губами и что она уже не имеет права отказать ему в этом. Мягкие движения его пухлого тела пугали ее, ей было и страшно и гадко. Он встал, не спеша снял с шеи орден, снял фрак и жилет и надел халат.

- Вот так, - сказал он, садясь рядом с Аней.

[7] Она вспоминала, как мучительно было венчание, когда казалось ей, что и священник, и гости, и все в церкви глядели на нее печально: зачем, зачем она, такая милая, хорошая, выходит за этого пожилого, неинтересного господина? Еще утром сегодня она была в восторге, что все так хорошо устроилось, во время же венчания и теперь в вагоне чувствовала себя виноватой, обманутой и смешной. Вот она вышла за богатого, а денег у нее все-таки не было, венчальное платье шили в долг, и, когда сегодня ее провожали отец и братья, она по их лицам видела, что у них не было ни копейки. Будут ли они сегодня ужинать? А завтра? И ей почему- то казалось, что отец и мальчики сидят теперь без нее голодные и испытывают точно такую же тоску, какая была в первый вечер после похорон матери.

«О, как я несчастна! - думала она. - Зачем я так несчастна?»

[8] С неловкостью человека солидного, не привыкшего обращаться с женщинами, Модест Алексеич трогал ее за талию и похлопывал по плечу, а она думала о деньгах, о матери, об ее смерти. Когда умерла мать, отец, Петр Леонтьич, учитель чистописания и рисования в гимназии, запил, наступила нужда; у мальчиков не было сапог и калош, отца таскали к мировому, приходил судебный пристав и описывал мебель... Какой стыд! Аня должна была ухаживать за пьяным отцом, штопать братьям чулки, ходить на рынок, и, когда хвалили ее красоту, молодость и изящные манеры, ей казалось, что весь свет видит ее дешевую шляпку и дырочки на ботинках, замазанные чернилами. А по ночам слезы и неотвязчивая, беспокойная мысль, что скоро-скоро отца уволят из гимназии за слабость и что он не перенесет этого и тоже умрет, как мать.

[9] Но вот знакомые дамы засуетились и стали искать для Ани хорошего человека. Скоро нашелся вот этот самый Модест Алексеич, не молодой и не красивый, но с

деньгами. У него в банке тысяч сто и есть родовое имение, которое он отдает в аренду. Это человек с правилами и на хорошем счету у его сиятельства; ему ничего не стоит, как говорили Ане, взять у его сиятельства записочку к директору гимназии, чтобы Петра Леонтьича не увольняли...

[10] Пока она вспоминала эти подробности, послышалась вдруг музыка, ворвавшаяся в окно вместе с шумом голосов. Это поезд остановился на полустанке. За платформой в толпе бойко играли на гармонике и на дешевой визгливой скрипке, а из-за высоких берез и тополей, из-за дач, залитых лунным светом, доносились звуки военного оркестра: должно быть, на дачах был танцевальный вечер. На платформе гуляли дачники и горожане, приезжавшие сюда в хорошую погоду подышать чистым воздухом. Был тут и Артынов, владелец всего этого дачного места, богач, высокий, полный брюнет, похожий лицом на армянина, с глазами навыкате и в странном костюме. На нем была рубаха, расстегнутая на груди, и высокие сапоги со шпорами, и с плеч спускался черный плащ, тащившийся по земле, как шлейф. За ним, опустив свои острые морды, ходили две борзые.

[11] У Ани еще блестели на глазах слезы, но она уже не помнила ни о матери, ни о деньгах, ни о своей свадьбе, а пожимала руки знакомым гимназистам и офицерам, весело смеялась и говорила быстро:

- Здравствуйте! Как поживаете?

Она вышла па площадку, под лунный свет, и стала так, чтобы видели ее всю в новом великолепном платье и в шляпке.

- Зачем мы здесь стоим? - спросила она.

- Здесь разъезд, - ответили ей, - ожидают почтового поезда.

[12] Заметив, что на нее смотрит Артынов, она кокетливо прищурила глаза и заговорила громко по-французски, и оттого, что ее собственный голос звучал так прекрасно и что слышалась музыка и луна отражалась в пруде, и оттого, что на нее жадно и с любопытством смотрел Артынов, этот

Антон Павлович Чехов (1860-1904)

Дед писателя по отцу, крепостной из Воронежской губернии, выкупил себя с семьей на волю. Отец Чехова, глубоко верующий человек, владел небольшой бакалейной лавкой в Таганроге, но впоследствии разорился и семья вынуждена была переехать в Москву.

В 1879 году Чехов поступил на медицинский факультет Московского университета и одновременно стал публиковать юмористические рассказы в сатирических журналах. После окончания университета Чехов получил место уездного врача в Воскресенске (сейчас - город Истра), в больнице известного врача П.А. Архангельского, однако литературной деятельностью заниматься не перестал. В 1886 году Чехов получил неожиданное приглашение на работу от издателя популярной газеты «Новое время» и выпустил сборники «Пестрые рассказы» и «Невинные речи». Пьесы Чехова начали ставить в московских и петербургских театрах. В 1898 году Чехов познакомился с Ольгой Книппер, ведущей актрисой театра МХАТ и первой исполнительницей ролей в чеховских пьесах. О знакомстве с Чеховым она вспоминала впоследствии: «...с той встречи начал медленно затягиваться тонкий и сложный узел моей жизни». 25 мая 1901 года они венчались. Сразу после свадьбы Ольга Леонардовна повезла мужа в Уфимскую губернию лечиться от туберкулеза, мучившего писателя еще со времени учебы на медицинском факультете. Весной 1904 года здоровье Чехова сильно ухудшилось и врачи потребовали его срочного отъезда в Баденвейлер, горный курорт в Германии, откуда он уже не вернулся. Перед смертью Чехов сказал доктору: «Я умираю», затем попросил принести шампанского, осушил бокал, повернулся на бок и вскоре скончался.

Fig. 3. А. П. Чехов, Май 1901 г.

известный дон-жуан и баловник, и оттого, что всем было весело, она вдруг почувствовала радость, и, когда поезд тронулся и знакомые офицеры на прощанье сделали ей под козырек, она уже напевала польку, звуки которой посылал ей вдогонку военный

оркестр, гремевший где-то там за деревьями; и вернулась она в свое купе с таким чувством, как будто на полустанке ее убедили, что она будет счастлива непременно, несмотря ни на что.

[13] Молодые пробыли в монастыре два дня, потом вернулись в город. Жили они на казенной квартире. Когда Модест Алексеич уходил на службу, Аня играла на рояле, или плакала от скуки, или ложилась на кушетку и читала романы, и рассматривала модный журнал. За обедом Модест Алексеич ел очень много и говорил о политике, о назначениях, переводах и наградах, о том, что надо трудиться, что семейная жизнь есть не удовольствие, а долг, что копейка рубль бережет и что выше всего на свете он ставит религию и нравственность.

И, держа нож в кулаке, как меч, он говорил:

- Каждый человек должен иметь свои обязанности!

[14] А Аня слушала его, боялась и не могла есть и обыкновенно вставала из-за стола голодной. После обеда муж отдыхал и громко храпел, а она уходила к своим. Отец и мальчики посматривали на нее как-то особенно, как будто только что до ее прихода осуждали ее за то, что она вышла из-за денег, за нелюбимого, нудного, скучного человека; ее шуршащее платье, браслетки и вообще дамский вид стесняли, оскорбляли их; в ее присутствии они немножко конфузились и не знали, о чем говорить с ней; но все же любили они ее по-прежнему и еще не привыкли обедать без нее. Она садилась и кушала с ними щи, кашу и картошку, жаренную на бараньем сале, от которого пахло свечкой. Петр Леонтьич дрожащей рукой наливал из графинчика и выпивал быстро, с жадностью, с отвращением, потом выпивал другую рюмку, потом третью... Петя и Андрюша, худенькие, бледные мальчики с большими глазами, брали графинчик и говорили растерянно:

- Не надо, папочка... Довольно, папочка...

[15] И Аня тоже тревожилась и умоляла его больше не пить, а он вдруг вспыхивал и стучал кулаком по столу.

- Я никому не позволю надзирать за мной! - кричал он. - Мальчишки! Девчонка! Я вас всех выгоню вон!

Но в голосе его слышались слабость, доброта, и никто его не боялся.

[16] После обеда обыкновенно он наряжался; бледный, с порезанным от бритья подбородком, вытягивая тощую шею, он целых полчаса стоял перед зеркалом и прихорашивался, то причесываясь, то закручивая свои черные усы, прыскался духами, завязывал бантом галстук, потом надевал перчатки, цилиндр и уходил на частные уроки. А если был праздник, то он оставался дома и писал красками или играл на фисгармонии, которая шипела и рычала; он старался выдавить из нее стройные, гармоничные звуки и подпевал, или же сердился на мальчиков:

- Мерзавцы! Негодяи! Испортили инструмент!

[17] По вечерам муж Ани играл в карты со своими сослуживцами, жившими с ним под одной крышей в казенном доме. Сходились во время карт жены чиновников, некрасивые, безвкусно наряженные, грубые, как кухарки, и в квартире начинались сплетни, такие же некрасивые и безвкусные, как сами чиновницы. Случалось, что Модест Алексеич ходил с Аней в театр. В антрактах он не отпускал ее от себя ни на шаг, а ходил с ней под руку по коридорам и по фойе. Раскланявшись с кем- нибудь, он тотчас уже шептал Ане: «Статский советник... принят у его сиятельства...» или: «Со средствами... имеет свой дом...» Когда проходили мимо буфета, Ане очень хотелось чего-нибудь сладкого; она любила шоколад и яблочное пирожное, но денег у нее не было, а спросить у мужа она стеснялась. Он брал грушу, мял ее пальцами и спрашивал нерешительно:

- Сколько стоит?

- Двадцать пять копеек.

- Однако! - говорил он и клал грушу на место; но так как было неловко отойти от буфета, ничего не купивши, то он требовал сельтерской воды и выпивал один всю бутылку, и слезы выступали у него на глазах, и Аня ненавидела его в это время.

[18] Или он, вдруг весь покраснев, говорил ей быстро:

- Поклонись этой старой даме!

- Но я с ней незнакома.

- Все равно. Это супруга управляющего казенной палатой! Поклонись же, тебе говорю! - ворчал он настойчиво. Голова у тебя не отвалится.

[19] Аня кланялась, и голова у нее в самом деле не отваливалась, но было мучительно. Она делала все, что хотел муж, и злилась на себя за то, что он обманул ее, как последнюю дурочку. Выходила она за него только из-за денег, а между тем денег у нее теперь было меньше, чем до замужества. Прежде хоть отец давал двугривенные, а теперь ни гроша. Брать тайно или просить она не могла, она боялась мужа, трепетала его. Ей казалось, что страх к этому человеку она носит в своей душе уже давно. Когда-то в детстве самой внушительной и страшной силой, надвигающейся как туча или локомотив, готовый задавить, ей всегда представлялся директор гимназии; другой такою же силой, о которой в семье всегда говорили и которую почему-то боялись, был его сиятельство; и был еще десяток сил помельче, и между ними учителя гимназии с бритыми усами, строгие, неумолимые, и теперь вот, наконец, Модест Алексеич, человек с правилами, который даже лицом походил на директора. И в воображении Ани все эти силы сливались в одно и в виде одного страшного громадного белого медведя надвигались на слабых и виноватых, таких, как ее отец, и она боялась сказать что-нибудь против, и натянуто улыбалась, и выражала притворное удовольствие, когда ее грубо ласкали и оскверняли объятиями, наводившими на нее ужас.

[20] Только один раз Петр Леонтьич осмелился попросить у него пятьдесят рублей взаймы, чтобы заплатить какой-то очень неприятный долг, но какое это было страдание!

- Хорошо, я вам дам, - сказал Модест Алексеич, подумав, - но предупреждаю, что больше уже не буду помогать вам, пока вы не бросите пить. Для человека, состоящего на государственной службе, постыдна такая слабость. Не могу не напомнить вам общеизвестного факта, что многих способных людей погубила эта страсть, между тем как при воздержании они, быть может, могли бы со временем сделаться высокопоставленными людьми.

[21] И потянулись длинные периоды: «по мере того...», «исходя из того положения...», «ввиду только что сказанного», а бедный Петр Леонтьич страдал от унижения и испытывал сильное желание выпить.

И мальчики, приходившие к Ане в гости, обыкновенно в рваных сапогах и в поношенных брюках, тоже должны были выслушивать наставления.

- Каждый человек должен иметь свои обязанности! - говорил им Модест Алексеич.

[22] А денег не давал. Но зато он дарил Ане кольца, браслеты и броши, говоря, что эти вещи хорошо иметь про черный день. И часто от отпирал ее комод и делал ревизию: все ли вещи целы.

II

[23] Наступила между тем зима. Еще задолго до Рождества в местной газете было объявлено, что 29-го декабря в дворянском собрании «имеет быть» обычный зимний бал. Каждый вечер, после карт, Модест Алексеич, взволнованный, шептался с чиновницами, озабоченно поглядывая на Аню, и потом долго ходил из угла в угол, о чем-то думая. Наконец, как-то поздно вечером, он остановился перед Аней и сказал:

- Ты должна сшить себе бальное платье. Понимаешь? Только, пожалуйста, посоветуйся с Марьей Григорьевной и с Натальей Кузьминишной.

[24] И дал ей сто рублей. Она взяла; но, заказывая бальное платье, ни с кем не советовалась, а поговорила только с отцом и постаралась вообразить себе, как бы оделась на бал ее мать. Ее покойная мать сама одевалась всегда по последней моде и всегда возилась с Аней и одевала ее изящно, как куклу, и научила ее говорить по-французски и превосходно танцевать мазурку (до замужества она пять лет прослужила в гувернантках). Аня так же, как мать, могла из старого платья сделать новое,

мыть в бензине перчатки, брать напрокат *bijoux (драгоценности)* и так же, как мать, умела щурить глаза, картавить, принимать красивые позы, приходить, когда нужно, в восторг, глядеть печально и загадочно. А от отца она унаследовала темный цвет волос и глаз, нервность и эту манеру всегда прихорашиваться.

[25] Когда за полчаса до отъезда на бал Модест Алексеич вошел к ней без сюртука, чтобы перед ее трюмо надеть себе на шею орден, то, очарованный ее красотой и блеском ее свежего, воздушного наряда, самодовольно расчесал себе бакены и сказал:

- Вот ты у меня какая... вот ты какая! Анюта! - продолжал он, вдруг впадая в торжественный тон. Я тебя осчастливил, а сегодня ты можешь осчастливить меня. Прошу тебя, представься супруге его сиятельства! Ради бога! Через нее я могу получить старшего докладчика!

[26] Поехали на бал. Вот и дворянское собрание, и подъезд со швейцаром. Передняя с вешалками, шубы, снующие лакеи и декольтированные дамы, закрывающиеся веерами от сквозного ветра; пахнет светильным газом и солдатами. Когда Аня, идя вверх по лестнице под руку с мужем, услышала музыку и увидала в громадном зеркале всю себя, освещенную множеством огней, то в душе ее проснулась радость и то самое предчувствие счастья, какое испытала она в лунный вечер на полустанке. Она шла гордая, самоуверенная, в первый раз чувствуя себя не девочкой, а дамой, и невольно походкою и манерами подражая своей покойной матери. И в первый раз в жизни она чувствовала себя богатой и свободной.

[27] Даже присутствие мужа не стесняло ее, так как, перейдя порог собрания, она уже угадала инстинктом, что близость старого мужа нисколько не унижает ее, а, наоборот, кладет на нее печать пикантной таинственности, которая так нравится мужчинам. В большой зале уже гремел оркестр и начались танцы. После казенной квартиры, охваченная впечатлениями света, пестроты, музыки, шума, Аня окинула взглядом залу и подумала: «Ах, как хорошо!» - и сразу отличила в толпе всех своих знакомых, всех, кого она раньше встречала на вечерах или на гуляньях, всех этих офицеров, учителей,

адвокатов, чиновников, помещиков, его сиятельство, Артынова и дам высшего общества, разодетых, сильно декольтированных, красивых и безобразных, которые уже занимали свои позиции в избушках и павильонах благотворительного базара, чтобы начать торговлю в пользу бедных.

[28] Громадный офицер в эполетах - она познакомилась с ним на Старо-Киевской улице, когда была гимназисткой, а теперь не помнила его фамилии, - точно из-под земли вырос и пригласил на вальс, и она отлетела от мужа, и ей уж казалось, будто она плыла на парусной лодке, в сильную бурю, а муж остался далеко на берегу... Она танцевала страстно, с увлечением и вальс, и польку, и кадриль, переходя с рук на руки, угорая от музыки и шума, мешая русский язык с французским, картавя, смеясь и не думая ни о муже, ни о ком и ни о чем. Она имела успех у мужчин, это было ясно, да иначе и быть не могло, она задыхалась от волнения, судорожно тискала в руках веер и хотела пить. Отец Петр Леонтьич, в помятом фраке, от которого пахло бензином, подошел к ней, протягивая блюдечко с красным мороженым.

[29] - Ты очаровательна сегодня, - говорил он, глядя на нее с восторгом, - и никогда еще я так не жалел, что ты поспешила замуж... Зачем? Я знаю, ты сделала это ради нас, но... - Он дрожащими руками вытащил пачечку денег и сказал: - Я сегодня получил с урока и могу отдать долг твоему мужу.

Она сунула ему в руки блюдечко и, подхваченная кем-то унеслась далеко и мельком, через плечо своего кавалера, видела, как отец, скользя по паркету, обнял даму и понесся с ней по зале.

«Как он мил, когда трезв!» - думала она.

[30] Мазурку она танцевала с тем же громадным офицером; он важно и тяжело, словно туша в мундире, ходил, поводил плечами и грудью, притоптывал ногами еле-еле - ему страшно не хотелось танцевать, а она порхала около, дразня его своей красотой, своей открытой шеей; глаза ее горели задором, движения были страстные, а он становился все равнодушнее и протягивал к ней руки милостиво, как король.

37

- Браво, браво!.. - говорили в публике.

[31] Но мало-помалу и громадного офицера прорвало; он оживился, заволновался и, уже поддавшись очарованию, вошел в азарт и двигался легко, молодо, а она только поводила плечами и глядела лукаво, точно она уже была королева, а он раб, и в это время ей казалось, что на них смотрит вся зала, что все эти люди млеют и завидуют им. Едва громадный офицер успел поблагодарить ее, как публика вдруг расступилась и мужчины вытянулись как-то странно, опустив руки... Это шел к ней его сиятельство, во фраке с двумя звездами. Да, его сиятельство шел именно к ней, потому что глядел прямо на нее в упор и слащаво улыбался, и при этом жевал губами, что делал он всегда, когда видел хорошеньких женщин.

[32] - Очень рад, очень рад... начал он. - А я прикажу посадить вашего мужа на гауптвахту за то, что он до сих пор скрывал от нас такое сокровище. Я к вам с поручением от жены, - продолжал он, подавая ей руку. - Вы должны помочь нам... М-да... Нужно назначить вам премию за красоту... как в Америке... М-да... Американцы... Моя жена ждет вас с нетерпением.

[33] Он привел ее в избушку, к пожилой даме, у которой нижняя часть лица была несоразмерно велика, так что казалось, будто она во рту держала большой камень.

- Помогите нам, - сказала она в нос, нараспев. - Все хорошенькие женщины работают на благотворительном базаре, и только одна вы почему-то гуляете. Отчего вы не хотите нам помочь?

[34] Она ушла, и Аня заняла ее место около серебряного самовара с чашками. Тотчас же началась бойкая торговля. За чашку чаю Аня брала не меньше рубля, а громадного офицера заставила выпить три чашки. Подошел Артынов, богач, с выпуклыми глазами, страдающий одышкой, но уже не в том странном костюме, в каком видела его Аня летом, а во фраке, как все. Не отрывая глаз с Ани, он выпил бокал шампанского и заплатил сто рублей, потом выпил чаю и дал еще сто - и все это молча, страдая астмой... Аня зазывала покупателей и брала с них деньги, уже глубоко убежденная, что ее улыбки и взгляды не доставляют этим людям ничего, кроме большого удовольствия. Она уже

поняла, что она создана исключительно для этой шумной, блестящей, смеющейся жизни с музыкой, танцами, поклонниками, и давнишний страх ее перед силой, которая надвигается и грозит задавить, казался ей смешным; никого она уже не боялась в только жалела, что нет матери, которая порадовалась бы теперь вместе с ней ее успехам.

[35] Петр Леонтьич, уже бледный, но еще крепко держась на ногах, подошел к избушке и попросил рюмку коньяку. Аня покраснела, ожидая, что он скажет что-нибудь неподобающее (ей уже было стыдно, что у нее такой бедный, такой обыкновенный отец), но он выпил, выбросил из своей пачечки десять рублей и важно отошел, не сказав ни слова. Немного погодя она видела, как он шел в паре в *grand rond,* и в этот раз он уже пошатывался и что-то выкрикивал, к великому конфузу своей дамы, и Аня вспомнила, как года три назад на балу он так же вот пошатывался и выкрикивал - и кончилось тем, что околоточный увез его домой спать, а на другой день директор грозил уволить со службы. Как некстати было это воспоминание!

[36] Когда в избушках потухли самовары и утомленные благотворительницы сдали выручку пожилой даме с камнем во рту, Артынов повел Аню под руку в залу, где был сервирован ужин для всех участвовавших в благотворительном базаре. Ужинало человек двадцать, не больше, но было очень шумно. Его сиятельство провозгласил тост: «В этой роскошной столовой будет уместно выпить за процветание дешевых столовых, служивших предметом сегодняшнего базара». Бригадный генерал предложил выпить «за силу, перед которой пасует даже артиллерия», и все потянулись чокаться с дамами. Было очень, очень весело!

[37] Когда Аню провожали домой, то уже светало и кухарки шли на рынок. Радостная, пьяная, полная новых впечатлений, замученная, она разделась, повалилась в постель и тотчас же уснула...

Во втором часу дня ее разбудила горничная и доложила, что приехал господин Артынов с визитом. Она быстро оделась и пошла в гостиную. Вскоре после Артынова приезжал его сиятельство благодарить за участие в благотворительном базаре. Он, глядя на нее слащаво и жуя, поцеловал ей ручку и попросил позволения бывать еще и уехал, а она стояла среди гостиной, изумленная, очарованная, не веря, что перемена в ее жизни, удивительная перемена, произошла так скоро; и в это самое время вошел ее муж, Модест Алексеич... И перед ней также стоял он теперь с тем же заискивающим, сладким, холопски-почтительным выражением, какое она привыкла видеть у него в присутствии сильных и знатных; и с восторгом, с негодованием, с презрением, уже уверенная, что ей за это ничего не будет, она сказала, отчетливо выговаривая каждое слово:

- Подите прочь, болван!

[38] После этого у Ани не было уже ни одного свободного дня, так как она принимала участие то в пикнике, то в прогулке, то в спектакле. Возвращалась она домой каждый день под утро и ложилась в гостиной на полу, и потом рассказывала всем трогательно, как она спит под цветами. Денег нужно было очень много, но она уже не боялась Модеста Алексеича и тратила его деньги, как свои; и она не просила, не требовала, а только посылала ему счета или записки: «выдать подателю сего 200 р.» или: «немедленно уплатить 100 р.».

[39] На Пасхе Модест Алексеич получил Анну второй степени. Когда он пришел благодарить, его сиятельство отложил в сторону газету и сел поглубже в кресло.

- Значит, у вас теперь три Анны, - сказал он, осматривая свои белые руки с розовыми ногтями, - одна в петлице, две на шее.

[40] Модест Алексеич приложил два пальца к губам из осторожности, чтобы не рассмеяться громко, и сказал:

- Теперь остается ожидать появления на свет маленького Владимира. Осмелюсь просить ваше сиятельство в восприемники.

Он намекал на Владимира IV степени и уже воображал, как он будет всюду рассказывать об этом своем каламбуре, удачном по находчивости и смелости, и хотел сказать еще что-нибудь такое же удачное, но его сиятельство вновь углубился в газету и кивнул головой...

[41] А Аня все каталась на тройках, ездила с Артыновым на охоту, играла в одноактных пьесах, ужинала, и все реже и реже бывала у своих. Они обедали уже одни. Петр Леонтьич запивал сильнее прежнего, денег не было, и фисгармонию давно уже продали за долг. Мальчики теперь не отпускали его одного на улицу и все следили за ним, чтобы он не упал; и когда во время катанья на Старо-Киевской им встречалась Аня на паре с пристяжной на отлете и с Артыновым на козлах вместо кучера, Петр Леонтьич снимал цилиндр и собирался что-то крикнуть, а Петя и Андрюша брали его под руки и говорили умоляюще:

- Не надо, папочка... Будет, папочка...

Словарь

[1] венчание – church wedding; легкая закуска – snacks; молодые – newly wed, just married; выпить – to drink; бокал – glass; переодеться – to change (clothes); поехать – to go, to drive; веселый – merry, funny; свадебный – marital; бал – ball; поездка – trip; богомолье – praying; верста – versta (see aside about Russian measures on p. 82); одобрить – to approve; Модест Алексеич уже в чинах и не молод – Modest Alexeich is a man high up in the service and not young; шумная свадьба – noisy wedding, big wedding; показаться - to seem; приличный – decent; скучно – boring; чиновник – government official; девушка, которой едва минуло 18 – a young lady who just turned 18; монастырь – monastery, convent; человек с правилами – person with principles; затеять – to start something; дать понять своей молодой жене – to show (let know) his young wife; брак – marriage; религия – religion, faith; нравственность – morality.

[2] провожать – to see off; толпа – crowd; сослуживцы – co-workers; родные – relatives; стоять – to stand; ждать – to wait; поезд – train; отец – father; цилиндр – top-hat; фрак – tail-coat; пьяный – drunk; бледный – pale; тянуться – to reach to; умолять – to beg, to implore.

[3] наклониться – to lean; шептать – to whisper; обдавать запахом винного перегара – to breath with a wine breath; дуть – to blow; понять – to understand; дыхание – breath; дрожать – to shiver; слеза – tear; гимназист – school boy; дергать – to pull; сконфуженно – in confusion, embarrassing.

[4] поезд тронулся – train started; вагон – train car; расплескать – to spill; жалкий – pitiful; добрый – kind; виноватое лицо – guilty face; осмотреться – to look around; купе – compartment; разложить вещи по полкам – to put things on shelves; среднего роста – average height; довольно полный – rather stout; пухлый – stout; очень сытый – well fed; бакенами – long whiskers; бритый – shaved; круглый – round; подбородок – chin; походить на – to look like; пятка – heel of a foot; отсутствие – absence;

ФРАЗЕОЛОГИЗМЫ

КОПЕЙКА РУБЛЬ БЕРЕЖЕТ
Literate: a kopeck saves a rouble; take care of the pence and the pounds will take care of themselves;

КОПЕЙКА В КОПЕЕЧКУ
Exactly; to the last kopeck; in full;

ДО ПОСЛЕДНЕЙ КОПЕЙКИ
To the last kopeck; every kopeck of it;

ВЛЕТЕТЬ (ОБОЙТИСЬ) В КОПЕЕЧКУ
To cost somebody a pretty penny; to cost somebody a tidy sum;

КАК НОВАЯ КОПЕЙКА
As bright as a new penny (as a new dime);

НАВОДИТЬ УЖАС
To excite terror;

ТИХИЙ УЖАС
How horrible; how awful;

НА ЧЕРНЫЙ ДЕНЬ
For a rainy day; for an evil day;

ВЧЕРАШНИЙ ДЕНЬ
Belonging to the past; out-of-date;

ДНЕМ С ОГНЕМ НЕ СЫСКАТЬ
One won't find someone if one is hunted by a daylight with a candle (lantern);

ВЫРОСТИ ИЗ-ПОД ЗЕМЛИ
To spring from out of the ground.

свежевыбритый – freshly shaved; голый – bare, naked; место – place; постепенно – slowly; жирный – greasy; желе – jello; щека – cheek; он держался солидно – his deportment was dignified; движение – movement; быстрый – quick; мягкие манеры – soft manners.

[5] не могу не – I can't help; припомнить – to remember; обстоятельство – circumstance; пять лет назад – five years ago; получить орден святыя Анны второй степени – *in modern Russian орден свят<u>ой</u> Анны:* to receive the second degree medal of Holy Anna; благодарить – to thank; сиятельство – His Excellency; выразиться – to express oneself; одна в петлице – one in the buttonhole; две на шее – two on the neck; вернуться – to return; жена – wife; особа сварливая и легкомысленная – nagging and light-headed woman; надеяться – to hope; иметь повод – to have reason.

[6] улыбаться – to smile; маленький – small; волноваться – to worry; мысль – thought; каждую минуту – every minute; поцеловать – to kiss; влажный – wet; иметь право – to have the right; отказать – refuse; тело – body; пугать – to frighten, to scare; ей было и страшно, и гадко – she was both scared and disgusted; снять с шеи орден – to take the medal off the neck; халат – robe.

[7] вспоминать – to remember, to recollect; мучительно – painfully; священник – priest; гость – guest; все – all, everybody; церковь – church; глядеть – to look; печально – sad; зачем – *here used in the meaning почему:* why?; милый – nice; пожилой – old; восторг – excitement; все так хорошо устроилось – everything turned out so well; чувствовать себя виноватым – to feel guilty; обманутый – deceived; смешной – ridiculous, funny; богатый – rich; деньги – money; все-таки – nevertheless; венчальное платье – wedding dress; шить – to sew; долг – debt; ужинать – to have dinner; голодный – hungry; испытывать точно такую же тоску – to feel the same loneliness; похороны – funeral; несчастный – unhappy.

[8] неловкость – uneasiness; не привыкший обращаться с женщинами – not used to being around women; трогать – to touch; талия – waist; похлопывать по плечу – to pat on the shoulder; смерть – death; учитель – teacher; чистописание - writing; рисование – drawing; запить – to start drinking; наступила нужда – poverty came; сапог - boot; калош – overshoe; отца таскали к мировому – father was dragged to the magistrate's court; приходил судебный пристав и описывал мебель – court collectors came and

appraised furniture; какой стыд – what a shame; ухаживать за пьяным отцом – to take care of drunken father; штопать – to darn; чулок – stocking; рынок – market; хвалить – to praise; красота – beauty; молодость – youth; изящные манеры – good manners; весь свет – all the world; дешевый – cheap; шляпка – *diminutive of шляпа:* hat; дырочка – *diminitive of дырка:* hole; ботинки – short boots; замазанный чернилами – covered with ink; неотвязчивая, беспокойная мысль – troubled thought that wouldn't go away; скоро – soon; уволить – to fire; слабость –weakness; он не перенесет этого – he won't take it.

[9] дама – lady; засуетиться – to take matters in one's hands; искать – to search, to look for; красивый – beautiful; банк – bank; родовое имение – family estate; отдавать в аренду – to rent out; быть на хорошем счету у его сиятельства – to stand well with His Excellency; директор гимназии – school principal.

[10] пока она вспоминала – while she was recalling; подробности – details; послышалась вдруг музыка – music was suddenly heard; ворваться – to storm in; окно – window; шум – noise; голос – voice; полустанок – small station; платформа – platform; бойко – merrily; играть на гармонике – to play accordion; визгливая скрипка – squeaky violin; высокий – tall; береза – birch; тополь - poplar; дача – dacha, suburban house; залитый лунным светом – lit with moonlight; звук – sound; военный оркестр – military orchestra; танцевальный вечер – dancing party; гулять – to walk; подышать – to breathe; чистый – clean; воздух – air; владелец – owner; богач – a wealthy man; быть похожим лицом на армянина – to look like an Armenian; глаза навыкате – prominent eyes; странный – strange; рубаха – shirt; расстегнутый на груди – unbuttoned to his chest; высокие сапоги со шпорами – high boots with spurs; плащ – coat, raincoat; тащиться – to drag; шлейф – train of a coat (dress); острый – sharp; морда – muzzle, mug; борзые – boar-hounds.

[11] свадьба – wedding; пожимать руку – to shake hand; знакомый – familiar, acquainted; офицер – officer; свет – light; великолепный – gorgeous; почтовый поезд – postal service train.

[12] кокетливо – coquettishly; прищурить – to squint eyes; собственный – personal; прекрасно – beautifully; отражаться – to reflect; пруд – pond; жадно – greedily; любопытство – curiosity; известный – famous; на прощанье – farewell; сделать под козырек – to salute; напевать – to sing quietly; посылать – to send; греметь –

44

to thunder, to make noise; дерево – tree; вернуться – to return; убедить – to persuade.

[13] молодые пробыли в монастыре два дня – newlyweds spent two days in the monastery; город – city, town; казенная квартира – government apartment; уходить на службу – to go to work; играть на рояле – to play grand-piano; ложиться – to lie; кушетка – couch; модный журнал – fashion magazine; политика – politics; назначение – appointment; перевод – transfer; награда – medal; трудиться – to work hard; семейная жизнь – family life; удовольствие – pleasure; долг – debt; что копейка рубль бережет – *Russian saying*: a kopeck saves a ruble; держать – to hold; нож – knife; кулак – fiest; меч – sword.

[14] слушать – to listen; есть – to eat; обыкновенно – usually, normally; отдыхать – to rest; храпеть – to snore; она уходила к своим – she went to visit her family; осуждать – to judge; нудный – boring; шуршащее платье – rustling dress (skirts); браслет – bracelet; дамский вид – ladylike appearance; оскорблять – to insult; в ее присутствии – in her presence; немножко – a little, a bit; конфузиться – to be embarrassed; щи – cabbage soup; картошка – potato; жаренный – fried; сало – bacon; пахнуть – to smell; свечка – candle; наливать – to poor; графинчик – *diminutive form of графин*: decanter; отвращение – disgust.

[15] тревожиться – to worry; умолять – to beg, to implore; вспыхивать – to fly into a rage; надзирать – to watch after; я вас всех выгоню вон – I'll throw you all out; слабость – weakness.

[16] наряжаться – to dress; порезанный от бритья – cut from shaving; подбородок – chin; тощий – very thin; зеркало – mirror; прихорашиваться – to prink; причесываться – to comb hair; закручивать усы – to curl moustache; прыскаться духами – to spray oneself with perfume; завязывать бантом галстук – to tie a bow; перчатка – glove; праздник – holiday; оставаться дома – to stay at home; писать красками – to paint; играть на фисгармонии – to play the harmonica; шипеть – to hiss; рычать – to roar; стараться – to try; выдавить – to squeeze; сердиться – to be mad.

[17] играть в карты – to play cards; под одной крышей – under the same roof; безвкусно наряженные – tastelessly dressed; грубый – coarse; кухарка – cook; сплетни – rumors; случалось – it happened; театр – theater; антракт – intermission; раскланяться – to bow; статский советник – civil councilor; со средствами – wealthy;

проходить мимо – to pass by; буфет – buffet; сладкий – sweet; шоколад – chocolate; яблочное пирожное – apple pie, apple pastry; стесняться – to be shy; груша - pear; палец – finger; сколько стоит? – how much?; класть на место – to put back; требовать – to demand, to ask for; бутылка – bottle; ненавидеть – to hate.

[18] я с ней незнаком – I am not acquainted with her; супруга – wife; управляющий – manager; казенная палата – local treasury; ворчать – to grumble; отвалиться – to drop off, to fall off.

[19] злиться – to be angry; последний дурак/последняя дурочка – the last fool; замужество – marriage; двугривенный – twenty kopecks; ни гроша – not a cent; брать – to take; тайно – secretly; просить – to ask; трепетать – to tremble, to quiver; душа – soul; давно – long ago; детство – childhood; внушительный – impressive, big; сила – power, force; надвигаться – to approach, to draw near; туча – cloud; локомотив - locomotive; задавить – to run over; семья - family; десяток – dozen; неумолимый - implacable; наконец – at last; человек с правилами – person with principles; лицом походил на директора – he looked like a director; сливаться – to blend together; громадный – huge, enormous; белый медведь – polar bear; слабый – weak; виноватый – guilty; натянутая улыбка – forced smile; выражать притворное удовольствие – to fake pleasure; грубо ласкать – to caress coarsely; осквернять объятиями – to offend with embraces; наводить ужас – to excite terror.

[20] только один раз – only once; осмелиться – to dare; попросить взаймы – to borrow; заплатить – to pay; неприятный – unpleasant; страдание – suffering; предупреждать – to warn; пока – until; бросить пить – to quit drinking; общеизвестный факт – well-known fact; способный – talented; погубить – to kill; воздержание – restraining; высокопоставленный – person of high social status.

[21] и потянулись длинные периоды – long speeches went on and on; по мере того – as much as, as to; исходя из того положения – following upon which proposition; ввиду только что сказанного – in view of the aforesaid contention; унижения – humilation; обыкновенно – usually; рваных – ripped; поношенный – worn out; обязанность – duty.

[22] дарить – to give; кольцо – ring; брошь - broche; вещь – thing; на черный день – *idiom:* for a rainy day; отпирать – to unlock; комод – dresser; делать ревизию – to check; все ли вещи целы – whether all the things are in place.

46

[23] наступила зима – winter came; задолго – long before; рождество – Christmas; в местной газете – in a local newspaper; объявить – to announce; декабрь – December; дворянское собрание – Hall of Nobility; обычный – usual; зимний бал – winter ball, winter dances; взволнованный – excited; озабоченно поглядывая – looking preoccupied; ходить из угла в угол – *literate:* to walk from corner to corner, to pace the room; остановиться – to stop; посоветоваться – to ask advice.

[24] взять – to take; заказывать бальное платье – to order a ball dress; постараться – to try; вообразить себе, как бы оделась на бал ее мать – to imagine how her mother would dress for the ball; покойный/покойная – late, deceased; последняя мода – latest fashion; кукла – doll; мазурка - mazurka; гувернантка - governess; мыть – to wash; бензин – petroleum; брать напрокат – to rent; щурить глаза – to screw up eyes; картавить – to lisp; загадочно – mysteriously.

[25] трюмо – dresser with a mirror; очарованный ее красотой – dazzled by her beauty; самодовольно - complacently; торжественный – solemn; осчастливить – to make happy.

[26] подъезд со швейцаром – entrance with a buttler; вешалка – hanger; шуба – fur-coat; веер – fan; сквозной ветер – draft; газ – gas; освещенный – lit; множество – many, majority; огонь – fire, light; подражать – to imitate.

[27] присутствие – presence; стеснять – to strain; угадать – to guess; инстинкт – instinct; унижать – to humilate; пикантная таинственность – interesting mysterious appearance; пестрота – diversity of colors; окинуть взглядом – to look around, glance around; отличить в толпе – to recognize in the crowd; адвокат – lawyer; помещик – landlord; безобразный – ugly; избушка – hut, *here:* stall; павильон - pavilion; благотворительный базара – charity market; в пользу бедных – for the benefit of poor.

[28] эполеты – epaulettes (plural); фамилия – last name; вырасти из-под земли – to spring from out of the ground; пригласить на вальс – to invite to waltz; плыть – to swim; парусная лодка – sailing-boat; сильный – strong; буря – storm; берег – shore, riverbank; страстно – passionately; полька - polka; кадриль - quadrille; переходить с рук на руки – to be snatched by one partner as soon as left by another; мешать русский язык с французским – to

mix Russian with French; ни о ком и ни о чем – about nobody and about nothing; иметь успех – to be successful; ясно – clear; иначе и быть не может – cannot be otherwise; задыхаться – to be breathless; судорожно – convulsively; тискать – to clutch; мороженое – ice-cream.

[29]
очаровательный – charming, adorable; жалеть – to regret; поспешить замуж – to hurry with marriage; сделать ради – to do something for someone's sake; дрожащие руки – shivering hands; пачка – stack; мельком – in a flash, briefly; плечо – shoulder; кавалер – partner, date; скользить по паркету – to slide on the parket floor; трезвый – sober.

ФРАНЦУЗСКИЙ ЯЗЫК В РОССИИ

По словам русского историка Ю.М. Лотмана, французский язык в России 18-19 веков был «мостом, по которому совершалось движение идей и культурных ценностей из Европы в Россию». На французском языке писали, говорили, по уровню знания французского судили об образованности человека. В библиотеке А. Пушкина французских книг было больше, чем книг на всех иностранных языках вместе взятых, и больше, чем книг на русском языке. В «Войне и мире» Толстого, князь Андрей, обсуждая с отцом ход военных действий при вторжении Наполеона, по привычке переходит на французский язык. Более того, некоторые русские дворяне объяснялись по-русски с большим трудом. Когда Наполеон вторгся в Россию, шестнадцатилетний Никита Муравьев в патриотическом порыве без разрешения матери бежал в действующую армию, но по дороге был задержан крестьянами, так как он плохо говорил по-русски, и его приняли за шпиона.

[30] важно – importantly; тяжело – heavily; туша в мундире – a piece of meat in a military uniform; поводить плечами и грудью – to move with shoulders and chest; притоптывать – to stamp one's feet; порхать – to flutter; дразнить – to tease; открытый – open; шея – neck; задор – fervour, ardour; милостиво – kindly; король – king.

[31] оживиться – to live(n) up, to break; войти в азарт – to grow lively; двигаться легко – to move easily; лукаво - slyly; млеть – to be thrilled; завидовать – to envy; публика вдруг расступилась – crowd parted; жевать – to chew.

48

[32] приказать – to order; гауптвахта – *military:* lock-up; скрывать – to hide; сокровище – treasure; премия – award; ждать с нетерпением – to wait anxiously.

[33] привести – to bring someone; нижний – low, bottom; часть – part; несоразмерный – unproportional; камень – stone.

[34] занять место – to take place; серебряный самовар – silver samovar; чашка – cup; бойкая торговля – lively trade; чашка чаю – cup of tea; брать не меньше рубля – to charge not less than a ruble; страдать одышкой – to suffer from asthma; лето – summer; астма – asthma; убежденный – persuaded; взгляд – glance; доставлять удовольствие – to give pleasure; понять – to understand; исключительно для – exclusively for, only for; поклонник – admirer; давнишний – *archaism for давний:* recent.

[35] коньяк – cognac, brandy; покраснеть – to blush; сказать что-нибудь неподобающее – to say something improper; выбросить – to throw away, to throw out; пошатываться – to stagger; выкрикивать – to shout; конфуз – embarrassment; околоточный – police-sergeant.

[36] потухнуть – to go down (about light); утомленный – tired; зала – *archaism of зал:* hall, dancing hall, large room: роскошь – luxury; столовая – dining room, cheap restaurant; процветание – success; бригадный генерал – brigadier-general; выпить за – to drink to; пасовать – to vanish, to give up; артиллерия – artillery.

[37] светало – it was getting light outside; полный новых впечатлений – full of new sensations; замученный – tired; уснуть – to fall asleep; во втором часу дня – at 2 p.m.; разбудить – to wake up; горничная – maid; доложить – to inform, to report; благодарить за участие – to thank for taking part; попросить позволения – to ask permission; изумленный – shocked; перемена в жизни – change in life; заискивающий – sugary; холопско-почтительный – cringingly respectful; сильный и знатный – powerful and noble; с негодованием – with indignation; с презрением – with depise; уверенный – confident; отчетливо выговаривать каждое слово – to pronounce every word clearly; болван – idiot, blockhead.

[38] принимать участие – to take part; пикник – picnic; спектакль – performance; ложиться в гостиной на полу – to sleep on the living room floor; трогательно - touchingly; спать под цветами – to sleep under the flowers; тратить деньги – to spend money; требовать – to demand; посылать счета – to send bills; записка – note; выдать 200

p. – to give 200 rubles; немедленно уплатить 100 р. – immediately pay 100 rubles.

[39] Пасха – Easter; отложить в сторону – to put aside; газета – newspaper; осматривать – to examine.

[40] осторожность - precaution; ожидать – to expect; появление на свет – birth; намекать – to hint; воображать – to imagine; смелость – bravery; углубиться в газету – to go back to reading newspaper; кивнуть головой – to nod.

[41] кататься на тройках – to ride on troikas; ездить на охоту – to go hunting; играть в одноактных пьесах – to play in one-act performances; упасть – to fall down; на козлах – on the box; кучер - coachman.

Вопросы к обсуждению

1. Какими средствами пользуется Чехов для описания отталкивающего образа Модеста Алексееча?

2. Почему Анна вышла замуж за пожилого Модеста Алексеича? Могла ли она поступить иначе?

3. Как вы считаете, чем обусловлена резкая перемена в характере Анны? Считаете ли вы правдоподобной столь резкую перемену?

4. Согласны ли вы с утверждением «люди не меняются»? Приведите примеры из жизни.

5. Проанализируйте и обсудите следующий отрывок из текста рассказа. Можно ли назвать брак Анны и Модеста Алексеича взаимовыгодным?

Я тебя осчастливил, а сегодня ты можешь осчастливить меня. Прошу тебя, представься супруге его сиятельства! Ради бога! Через нее я могу получить старшего докладчика!

6. Почему Анна вдруг почувствовала себя счастливой на полустанке?

7. Считаете ли вы, что положение Анны в доме Модеста Алексеича было унизительным? Приведите примеры.

8. Почему Анна боялась мужа?

9. Сравните рассказ «Анна на шее» с другими рассказами Чехова (например, «Помощник», «Обрученные», «В загородном доме», «Дама с собачкой»). Как вы считаете, что их объединяет?

10. Прочитайте статью «Анна на шее» из «Энциклопедии литературных произведений» (Москва, 1998) и переведите на английский язык.

«Анна на шее» - рассказ А.П. Чехова. Начало работы над рассказом относится к 1893-1894 гг. По наблюдения исследователей, в записной книжке Чехова этого времени (январь 1894 г.) есть запись фабулы рассказа о «бедной девушке, гимназистки, имеющей пять братьев-мальчиков», которая выходит замуж за богатого чиновника, требующего послушания. Бывшая бедная невеста делается любовницей начальника мужа, с которым теперь разговаривает с презрением: «Подите вы прочь, болван». Название рассказа и каламбур его сиятельства об одной Анне в петлице и двух Аннах на шее намекают на табель о рангах российского чиновничества и правила ношения орденов. Модест Алексеич, муж Анны, получает орден св. Анны второй степени, обязательный к ношению на шее в виде креста. Впервые рассказ был напечатан в «Русских ведомостях» 22 октября 1895 г., а затем вошел в издание А.Ф. Маркса.

Личный словарь

Слово	Перевод	Пример употребления в предложении

Глава третья

Михаил Лермонтов
Герой нашего времени
I. Бэла

[1] Я ехал на перекладных из Тифлиса. Вся поклажа моей тележки состояла из одного небольшого чемодана, который до половины был набит путевыми записками о Грузии. Большая часть из них, к счастию для вас, потеряна, а чемодан с остальными вещами, к счастью для меня, остался цел.

[2]... До станции оставалось еще с версту. Кругом было тихо, так тихо, что по жужжанию комара можно было следить за его полетом... На темном небе начинали мелькать звезды, и странно, мне показалось, что оно гораздо выше, чем у нас на севере. По обеим сторонам дороги торчали голые, черные камни; кой-где из-под снега выглядывали кустарники, но ни один сухой листок не шевелился, и весело было слышать среди этого мертвого сна природы фырканье усталой почтовой тройки и неровное побрякиванье русского колокольчика.

- Завтра будет славная погода! - сказал я.

Штабс-капитан не отвечал ни слова и указал мне пальцем на высокую гору, поднимавшуюся прямо против нас.

- Что ж это? - спросил я.

- Гуд-гора.

- Ну так что ж?

- Посмотрите, как курится.

[3] И в самом деле, Гуд-гора курилась; по бокам ее ползали легкие струйки облаков, а на вершине лежала

черная туча, такая черная, что на темном небе она казалась пятном ...

- Нам придется здесь ночевать, - сказал он с досадою, - в такую метель через горы не переедешь...

За неимением комнаты для проезжающих на станции, нам отвели ночлег в дымной сакле. Я пригласил своего спутника выпить вместе стакан чая, ибо со мной был чугунный чайник - единственная отрада моя в путешествиях по Кавказу...

- А вы долго были в Чечне?

- Да, я лет десять стоял там в крепости с ротою, у Каменного Брода, - знаете? ...

- А, чай, много с вами бывало приключений? - сказал я, подстрекаемый любопытством.

- Как не бывать! бывало...

[4] Тут он начал щипать левый ус, повесил голову и призадумался. Мне страх хотелось вытянуть из него какую-нибудь историйку - желание, свойственное всем путешествующим и записывающим людям. Между тем чай поспел; я вытащил из чемодана два походных стаканчика, налил и поставил один перед ним. Он отхлебнул и сказал как будто про себя: «Да, бывало!» Это восклицание подало мне большие надежды. Я знаю, старые кавказцы любят поговорить, порассказать ...

- Не хотите ли подбавить рому? - сказал я моему собеседнику, - у меня есть белый из Тифлиса; теперь холодно.

- Нет-с, благодарствуйте, не пью.

- Что так?

- Да так. Я дал себе заклятье ...

Услышав это, я почти потерял надежду.

- Да вот хоть черкесы, - продолжал он, - как напьются... на свадьбе или на похоронах, так и пошла рубка. Я раз насилу ноги унес, а еще у мирнова князя был в гостях.

- Как же это случилось?

[5] - Вот (он набил трубку, затянулся и начал рассказывать), ... я тогда стоял в крепости за Тереком с ротой - этому скоро пять лет. Раз, осенью, пришел транспорт с провиантом; в транспорте был офицер, молодой человек лет двадцати пяти. Он явился ко мне в полной форме и объявил, что ему велено остаться у меня в крепости. Он был такой тоненький, беленький, на нем мундир был такой новенький, что я тотчас догадался, что он на Кавказе у нас недавно. «Вы, верно, - спросил я его, - переведены сюда из России?» - «Точно так, господин штабс-капитан», - отвечал он. Я взял его за руку и сказал: «Очень рад, очень рад. Вам будет немножко скучно... ну да мы с вами будем жить по-приятельски...

Михаил Юрьевич Лермонтов (1814-1841)

Брак родителей Лермонтова, богатой наследницы М. Арсеньевой (1795-1817) и армейского капитана Ю. П. Лермонтова (1773-1831), был неудачным. После смерти матери Лермонтова, властная бабушка Арсеньева взяла воспитание внука в свои руки. Лермонтов получил превосходное домашнее образование - он прекрасно рисовал, знал несколько иностранных языков и увлекался литературой с раннего детства. Несмотря на то, что он начал писать в ранней юности, стихов своих он не публиковал. Слава к Лермонтову пришла в одночасье со стихотворением «Смерть поэта» (1937) - откликом на последнюю дуэль Пушкина. Заключительные строки стихотворения вызвали гнев Николая I и Лермонтов был арестован и переведен в Нижегородский драгунский полк на Кавказ. Впрочем, это поэта не остановило: его дуэль с сыном французского посла Э. де Барантом (февраль 1840) привела к аресту и переводу Лермонтова в Тенгинский пехотный полк. Впоследствии император вычеркнул Лермонтова из «черного списка» за проявленную отвагу в сражениях на Кавказе, но жить поэту оставалось недолго - глупая ссора Лермонтова с соучеником по юнкерской школе Н. С. Мартыновым привела к дуэли и гибели поэта.

Fig. 4. P.E. Zabolotskiy. Portrait of Lermontov. 1837

Да, пожалуйста, зовите меня просто Максим Максимыч, и, пожалуйста, - к чему эта полная форма? приходите ко мне всегда в фуражке». Ему отвели квартиру, и он поселился в крепости.

- А как его звали? - спросил я Максима Максимыча.

[6]- Его звали... Григорием Александровичем *Печориным*. Славный был малый, смею вас уверить; только немножко странен. Ведь, например, в дождик, в холод целый день на охоте; все иззябнут, устанут - а ему ничего ...бывало, по целым часам слова не добьешься, зато уж иногда как начнет рассказывать, так животики надорвешь со смеха... Да-с, с большими был странностями, и, должно быть, богатый человек: сколько у него было разных дорогих вещиц!..

- А долго он с вами жил? - спросил я опять.

- Да с год. Ну да уж зато памятен мне этот год; наделал он мне хлопот, не тем будь помянут! Ведь есть, право, этакие люди, у которых на роду написано, что с ними должны случаться разные необыкновенные вещи!

- Необыкновенные? - воскликнул я с видом любопытства, подливая ему чая.

[7] - А вот я вам расскажу. Верст шесть от крепости жил один мирной князь⁴. Сынишка его, мальчик лет пятнадцати, повадился к нам ездить: всякий день, бывало, то за тем, то за другим. И уж точно, избаловали мы его с Григорьем Александровичем. А уж какой был головорез, проворный на что хочешь: шапку ли поднять на всем скаку, из ружья ли стрелять. Одно было в нем нехорошо: ужасно падок был на деньги...

Раз приезжает сам старый князь звать нас на свадьбу: он отдавал старшую дочь замуж... Отправились. В ауле множество собак встретило нас громким лаем. Женщины, увидя нас, прятались; те, которых мы могли рассмотреть в лицо, были далеко не красавицы. «Я имел гораздо лучшее мнение о черкешенках», - сказал мне Григорий Александрович. «Погодите!» - отвечал я, усмехаясь. У меня было свое на уме.

---

⁴ Caucasian prince

[8] У князя в сакле собралось уже множество народа. У азиатов, знаете, обычай всех встречных и поперечных приглашать на свадьбу. Нас приняли со всеми почестями и повели в кунацкую[5]. Я, однако ж, не позабыл подметить, где поставили наших лошадей, знаете, для непредвидимого случая.

- Как же у них празднуют свадьбу? – спросил я штабс-капитана.

- Да обыкновенно. Сначала мулла прочитает им что-то из Корана, потом дарят молодых и всех их родственников; едят, пьют... Девки и молодые ребята становятся в две шеренги, одна против другой, хлопают в ладоши и поют. Вот выходит одна девка и один мужчина на середину и начинают говорить друг другу стихи нараспев, что попало, а остальные подхватывают хором. Мы с Печориным сидели на почетном месте, и вот к нему подошла меньшая дочь хозяина, девушка лет шестнадцати, и пропела ему... как бы сказать?.. вроде комплимента.

- А что ж такое она пропела, не помните ли?

[9] - Да, кажется, вот так: «Стройны, дескать, наши молодые джигиты[6], и кафтаны на них серебром выложены, а молодой русский офицер стройнее их, и галуны на нем золотые. Он как тополь между ними; только не расти, не цвести ему в нашем саду». Печорин встал, поклонился ей, приложив руку ко лбу и сердцу, и просил меня отвечать ей, я хорошо знаю по-ихнему и перевел его ответ.

Когда она от нас отошла, тогда я шепнул Григорию Александровичу: «Ну что, какова?» – «Прелесть! - отвечал он. - А как ее зовут?» - «Ее зовут Бэлою», - отвечал я.

[10] И точно, она была хороша: высокая, тоненькая, глаза черные, как у горной серны, так и заглядывали к вам в душу. Печорин в задумчивости не сводил с нее глаз, и она частенько исподлобья на него посматривала. Только не один Печорин любовался

---

[5] guest room (Caucasian)
[6] a horse rider and a warrior in Caucasus

60

хорошенькой княжной: из угла комнаты на нее смотрели другие два глаза, неподвижные, огненные. Я стал вглядываться и узнал моего старого знакомца Казбича... Бывало, он приводил к нам в крепость баранов и продавал дешево, только никогда не торговался: что запросит, давай, - хоть зарежь, не уступит ... рожа у него была самая разбойничья: маленький, сухой, широкоплечий... А уж ловок-то, ловок-то был, как бес! Бешмет всегда изорванный, в заплатках, а оружие в серебре. А лошадь его славилась в целой Кабарде, - и точно, лучше этой лошади ничего выдумать невозможно. Недаром ему завидовали все наездники и не раз пытались ее украсть, только не удавалось. Как теперь гляжу на эту лошадь: вороная, как смоль, ноги - струнки, и глаза не хуже, чем у Бэлы; а какая сила! скачи хоть на пятьдесят верст; а уж выезжена - как собака бегает за хозяином, голос даже его знала! Бывало, он ее никогда и не привязывает. Уж такая разбойничья лошадь!..

В этот вечер Казбич был угрюмее, чем когда-нибудь, и я заметил, что у него под бешметом надета кольчуга. «Недаром на нем эта кольчуга, - подумал я, - уж он, верно, что-нибудь замышляет».

[11] Душно стало в сакле, и я вышел на воздух освежиться. Ночь уж ложилась на горы, и туман начинал бродить по ущельям.

Мне вздумалось завернуть под навес, где стояли наши лошади, посмотреть, есть ли у них корм, и притом осторожность никогда не мешает: у меня же была лошадь славная, и уж не один кабардинец на нее умильно поглядывал ...

Пробираюсь вдоль забора и вдруг слышу голоса; один голос я тотчас узнал: это был повеса Азамат, сын нашего хозяина; другой говорил реже и тише. «О чем они тут толкуют? - подумал я, - уж не о моей ли лошадке?» Вот присел я у забора и стал прислушиваться, стараясь не пропустить ни одного слова ...

- Славная у тебя лошадь! - говорил Азамат, - если бы я был хозяин в доме и имел табун в триста кобыл, то отдал бы половину за твоего скакуна, Казбич! ...

- Да, - отвечал Казбич после некоторого молчания, - в целой Кабарде не найдешь такой ...

- Если б у меня был табун в тысячу кобыл, - сказал Азамат, - то отдал бы тебе весь за твоего Карагеза.

- ... Не хочу, - отвечал равнодушно Казбич.

- Послушай, Казбич, - говорил, ласкаясь к нему, Азамат, - ты добрый человек, ты храбрый джигит, а мой отец боится русских и не пускает меня в горы; отдай мне свою лошадь, и я сделаю все, что ты хочешь, украду для тебя у отца лучшую его винтовку или шашку, что только пожелаешь, - а шашка его настоящая гурда: приложи лезвием к руке, сама в тело вопьется; а кольчуга - такая, как твоя, нипочем.

[12] Казбич молчал.

- В первый раз, как я увидел твоего коня, - продолжал Азамат, - когда он под тобой крутился и прыгал, раздувая ноздри, и кремни брызгами летели из-под копыт его, в моей душе сделалось что-то непонятное, и с тех пор все мне опостылело: на лучших скакунов моего отца смотрел я с презрением, стыдно было мне на них показаться, и тоска овладела мной; и, тоскуя, просиживал я на утесе целые дни, и ежеминутно мыслям моим являлся вороной скакун твой с своей стройной поступью, с своим гладким, прямым, как стрела, хребтом; он смотрел мне в глаза своими бойкими глазами, как будто хотел слово вымолвить. Я умру, Казбич, если ты мне не продашь его! - сказал Азамат дрожащим голосом.

[13] Мне послышалось, что он заплакал: а надо вам сказать, что Азамат был преупрямый мальчишка, и ничем, бывало, у него слез не выбьешь, даже когда он был и помоложе.

В ответ на его слезы послышалось что-то вроде смеха.

- Послушай! - сказал твердым голосом Азамат, - видишь, я на все решаюсь. Хочешь, я украду для тебя мою сестру? Как она пляшет! как поет! А вышивает золотом - чудо! Не бывало такой жены и у турецкого падишаха... Хочешь? дождись меня завтра ночью там, в ущелье, где бежит поток: я пойду с нею мимо в соседний аул, - и она твоя. Неужели не стоит Бэла твоего скакуна?

[14] Напрасно упрашивал его Азамат согласиться, и плакал, и льстил ему, и клялся; наконец Казбич нетерпеливо прервал его:

- Поди прочь, безумный мальчишка! Где тебе ездить на моем коне? На первых трех шагах он тебя сбросит, и ты разобьешь себе затылок об камни ...

- Никогда себе не прощу одного: черт меня дернул, приехав в крепость, пересказать Григорью Александровичу все, что я слышал, сидя за забором; он посмеялся, - такой хитрый! - а сам задумал кое-что.

- А что такое? Расскажите, пожалуйста.

- Ну уж нечего делать! начал рассказывать, так надо продолжать.

[15] Дня через четыре приезжает Азамат в крепость. По обыкновению, он зашел к Григорью Александровичу, который его всегда кормил лакомствами. Я был тут. Зашел разговор о лошадях, и Печорин начал расхваливать лошадь Казбича: уж такая-то она резвая, красивая, словно серна, - ну, просто, по его словам, этакой и в целом мире нет.

Засверкали глазенки у татарчонка, а Печорин будто не замечает; я заговорю о другом, а он, смотришь, тотчас собьет разговор на лошадь Казбича. Эта история продолжалась всякий раз, как приезжал Азамат. Недели три спустя стал я замечать, что Азамат бледнеет и сохнет, как бывает от любви в романах. Что за диво?..

[16] Вот видите, я уж после узнал всю эту штуку: Григорий Александрович до того его задразнил, что хоть в воду. Раз он ему и скажи:

- Вижу, Азамат, что тебе больно понравилась эта лошадь; а не видать тебе ее как своего затылка! Ну, скажи, что бы ты дал тому, кто тебе ее подарил бы?..

- Все, что он захочет, - отвечал Азамат.

- В таком случае я тебе ее достану, только с условием... Поклянись, что ты его исполнишь...

- Клянусь... Клянись и ты!

- Хорошо! Клянусь, ты будешь владеть конем; только за него ты должен отдать мне сестру Бэлу: Карагез будет тебе калымом. Надеюсь, что торг для тебя выгоден.

Азамат молчал.

- Не хочешь? Ну, как хочешь! Я думал, что ты мужчина, а ты еще ребенок: рано тебе ездить верхом...

Азамат вспыхнул.

- А мой отец? - сказал он.

- Разве он никогда не уезжает?

- Правда...

- Согласен?..

- Согласен, - прошептал Азамат, бледный как смерть. - Когда же?

- В первый раз, как Казбич приедет сюда; он обещался пригнать десяток баранов: остальное - мое дело. Смотри же, Азамат!

[17] Вот они и сладили это дело... по правде сказать, нехорошее дело! Я после и говорил это Печорину, да только он мне отвечал, что дикая черкешенка должна быть счастлива, имея такого милого мужа, как он ...

Вечером Григорий Александрович вооружился и выехал из крепости: как они сладили это дело, не знаю, - только ночью они оба возвратились, и часовой видел, что поперек седла Азамата лежала женщина, у которой руки и ноги были связаны, а голова окутана чадрой.

- А лошадь? - спросил я у штабс-капитана.

- Сейчас, сейчас. На другой день утром рано приехал Казбич и пригнал десяток баранов на продажу. Привязав лошадь у забора, он вошел ко мне; я попотчевал его чаем ...

Стали мы болтать о том, о сем: вдруг, смотрю, Казбич вздрогнул, переменился в лице - и к окну; но окно, к несчастию, выходило на задворье.

- Что с тобой? - спросил я.

- Моя лошадь!.. лошадь!.. - сказал он, весь дрожа.

[18] Точно, я услышал топот копыт: «Это, верно, какой-нибудь казак приехал...»

- Нет! ... - заревел он и опрометью бросился вон, как дикий барс. В два прыжка он был уж на дворе; у ворот крепости часовой загородил ему путь ружьем; он перескочил через ружье и кинулся бежать по дороге... Вдали вилась пыль - Азамат скакал на лихом Карагезе; на бегу Казбич выхватил из чехла ружье и выстрелил, с минуту он остался неподвижен, пока не убедился, что дал промах; потом завизжал, ударил ружье о камень, разбил его вдребезги, повалился на землю и зарыдал, как ребенок... Поверите ли, он так пролежал до поздней ночи и целую ночь?.. Только на другое утро пришел в крепость и стал просить, чтоб ему назвали похитителя. Часовой, который видел, как Азамат отвязал коня и ускакал на нем, не почел за нужное скрывать. При этом имени глаза Казбича засверкали, и он отправился в аул, где жил отец Азамата.

- Что ж отец?

- Да в том-то и штука, что его Казбич не нашел: он куда-то уезжал дней на шесть, а то удалось ли бы Азамату увезти сестру?

[19] А когда отец возвратился, то ни дочери, ни сына не было. Такой хитрец: ведь смекнул, что не сносить ему головы, если б он попался. Так с тех пор и пропал ...

Признаюсь, и на мою долю порядочно досталось. Как я только проведал, что черкешенка у Григорья Александровича, то надел эполеты, шпагу и пошел к нему.

Он лежал в первой комнате на постели, подложив одну руку под затылок, а другой держа погасшую трубку; дверь во вторую комнату была заперта на замок, и ключа в замке не было. Я все это тотчас заметил... Я начал кашлять и постукивать каблуками о порог, - только он притворялся, будто не слышит.

- Господин прапорщик! - сказал я как можно строже. - Разве вы не видите, что я к вам пришел?

- Ах, здравствуйте, Максим Максимыч! Не хотите ли трубку? - отвечал он, не приподнимаясь.

- Извините! Я не Максим Максимыч: я штабс-капитан.

- Все равно. Не хотите ли чаю? Если б вы знали, какая мучит меня забота!

- Я все знаю, - отвечал я, подошед[7] к кровати.

- Тем лучше: я не в духе рассказывать.

- Господин прапорщик, вы сделали проступок, за который я могу отвечать...

- И полноте! что ж за беда? Ведь у нас давно все пополам.

- Что за шутки? Пожалуйте вашу шпагу!

- Митька, шпагу!..

[20] Митька принес шпагу. Исполнив долг свой, сел я к нему на кровать и сказал:

- Послушай, Григорий Александрович, признайся, что нехорошо.

- Что нехорошо?

- Да то, что ты увез Бэлу... Уж эта мне бестия Азамат!.. Ну, признайся, - сказал я ему.

- Да когда она мне нравится?..

Ну, что прикажете отвечать на это?.. Я стал в тупик. Однако ж после некоторого молчания я ему сказал, что если отец станет ее требовать, то надо будет отдать.

- Вовсе не надо!

- Да он узнает, что она здесь?

- А как он узнает?

[21] Я опять стал в тупик[8].

- Послушайте, Максим Максимыч! — сказал Печорин, приподнявшись, - ведь вы добрый человек, - а если отдадим дочь этому дикарю, он ее зарежет или продаст. Дело сделано, не надо только охотою портить; оставьте ее у меня, а у себя мою шпагу...

- Да покажите мне ее, - сказал я.

- Она за этой дверью; только я сам нынче напрасно хотел ее видеть: сидит в углу, закутавшись в покрывало, не говорит и не смотрит: пуглива, как дикая серна. Я нанял нашу духанщицу: она знает по-татарски[9], будет ходить за нею и приучит ее к мысли, что она моя, потому что она никому не будет принадлежать, кроме меня, - прибавил он, ударив кулаком по столу. Я и в этом

---

[7] *in modern Russian:* подойдя

[8] я зашел в тупик

[9] она говорит по-татарски

согласился... Что прикажете делать? Есть люди, с которыми непременно должно согласиться.

- А что? - спросил я у Максима Максимыча, - в самом ли деле он приучил ее к себе, или она зачахла в неволе, с тоски по родине?

[22] - Помилуйте, отчего же с тоски по родине? Из крепости видны были те же горы, что из аула, - а этим дикарям больше ничего не надобно. Да притом Григорий Александрович каждый день дарил ей что-нибудь: первые дни она молча гордо отталкивала подарки, которые тогда доставались духанщице и возбуждали ее красноречие. Ах, подарки! чего не сделает женщина за цветную тряпичку!.. Ну, да это в сторону... Долго бился с нею Григорий Александрович; между тем учился по-татарски, и она начинала понимать по-нашему. Мало-помалу она приучилась на него смотреть, сначала исподлобья, искоса, и все грустила, напевала свои песни вполголоса, так что, бывало, и мне становилось грустно, когда слушал ее из соседней комнаты. Никогда не забуду одной сцены, шел я мимо и заглянул в окно; Бэла сидела на лежанке, повесив голову на грудь, а Григорий Александрович стоял перед нею.

- [23] Послушай, ... - говорил он, - ведь ты знаешь, что рано или поздно ты должна быть моею, - отчего же только мучишь меня? Разве ты любишь какого-нибудь чеченца? Если так, то я тебя сейчас отпущу домой. - Она вздрогнула едва приметно и покачала головой. - Или, - продолжал он, - я тебе совершенно ненавистен? - Она вздохнула. - Или твоя вера запрещает полюбить меня? - Она побледнела и молчала. - Поверь мне, аллах для всех племен один и тот же, и если он мне позволяет любить тебя, отчего же запретит тебе платить мне взаимностью? - Она посмотрела ему пристально в лицо, как будто пораженная этой новой мыслию; в глазах ее выразились недоверчивость и желание убедиться. Что за глаза! они так и сверкали, будто два угля. - Послушай, милая, добрая Бэла! - продолжал Печорин, - ты видишь, как я тебя люблю; я все готов отдать, чтоб тебя развеселить: я хочу, чтоб ты была счастлива; а если ты снова будешь грустить, то я умру. Скажи, ты будешь веселей?

[24] Она призадумалась, не спуская с него черных глаз своих, потом улыбнулась ласково и кивнула головой в знак согласия. Он взял ее руку и стал ее уговаривать, чтоб она его поцеловала; она слабо защищалась и только повторяла: «Поджалуста, поджалуста, не нада, не нада». Он стал настаивать; она задрожала, заплакала.

- Я твоя пленница, - говорила она, - твоя раба; конечно ты можешь меня принудить, - и опять слезы.

[25] Григорий Александрович ударил себя в лоб кулаком и выскочил в другую комнату. Я зашел к нему; он сложа руки прохаживался угрюмый взад и вперед.

- Что, батюшка? - сказал я ему.

- Дьявол, а не женщина! - отвечал он, - только я вам даю мое честное слово, что она будет моя...

Я покачал головою...

На другой день он тотчас же отправил нарочного в Кизляр за разными покупками; привезено было множество разных персидских материй, всех не перечесть.

- Как вы думаете, Максим Максимыч! - сказал он мне, показывая подарки, - устоит ли азиатская красавица против такой батареи?

- Вы черкешенок не знаете? - отвечал я, - это совсем не то, что грузинки или закавказские татарки, совсем не то. У них свои правила: они иначе воспитаны. – Григорий Александрович улыбнулся и стал насвистывать марш.

[26] А ведь вышло, что я был прав: подарки подействовали только вполовину; она стала ласковее, доверчивее - да и только; так что он решился на последнее средство. Раз утром он велел оседлать лошадь, оделся по-черкесски, вооружился и вошел к ней. «Бэла! - сказал он, - ты знаешь, как я тебя люблю. Я решился тебя увезти, думая, что ты, когда узнаешь меня, полюбишь; я ошибся: прощай! оставайся полной хозяйкой всего, что я имею; если хочешь, вернись к отцу, - ты свободна. Я виноват перед тобой и должен наказать себя; прощай, я еду - куда? почему я знаю? Авось недолго буду гоняться

за пулей или ударом шашки: тогда вспомни обо мне и прости меня». - Он отвернулся и протянул ей руку на прощание. Она не взяла руки, молчала. Только стоя за дверью, я мог в щель рассмотреть ее лицо: и мне стало жаль - такая смертельная бледность покрыла это милое личико! Не слыша ответа, Печорин сделал несколько шагов к двери; он дрожал - и сказать ли вам? я думаю, он в состоянии был исполнить в самом деле то, о чем говорил шутя. Таков уж был человек, бог его знает! Только едва он коснулся двери, как она вскочила, зарыдала и бросилась ему на шею. Поверите ли? я, стоя за дверью, также заплакал, то есть, знаете, не то чтобы заплакал, а так - глупость!..

[27] Штабс-капитан замолчал.

- Да, признаюсь, - сказал он потом, теребя усы, - мне стало досадно, что никогда ни одна женщина меня так не любила.

- И продолжительно было их счастье? - спросил я.

- Да, она нам призналась, что с того дня, как увидела Печорина, он часто ей грезился во сне и что ни один мужчина никогда не производил на нее такого впечатления. Да, они были счастливы!

- Как это скучно! - воскликнул я невольно. В самом деле, я ожидал трагической развязки, и вдруг так неожиданно обмануть мои надежды!.. - Да неужели, - продолжал я, - отец не догадался, что она у вас в крепости?

- То есть, кажется, он подозревал. Спустя несколько дней узнали мы, что старик убит. Вот как это случилось...

[28] Внимание мое пробудилось снова.

- Надо вам сказать, что Казбич вообразил, будто Азамат с согласия отца украл у него лошадь, по крайней мере, я так полагаю. Вот он раз и дождался у дороги, версты три за аулом; старик возвращался из напрасных поисков за дочерью ... , - это было в сумерки, - он ехал задумчиво шагом, как вдруг Казбич, будто кошка, нырнул из-за куста, прыг сзади его на лошадь, ударом кинжала свалил его наземь, схватил поводья - и был таков; некоторые ... все это видели с пригорка; они бросились догонять, только не догнали ...

- ... Теперь вы мне доскажете вашу историю про Бэлу; я уверен, что этим не кончилось.

- А почему ж вы так уверены? - отвечал мне штабс-капитан, примигивая с хитрой улыбкою.

- Оттого, что это не в порядке вещей: что началось необыкновенным образом, то должно так же и кончиться.

- Ведь вы угадали...

- Очень рад.

[29] - Хорошо вам радоваться, а мне так, право, грустно, как вспомню. Славная была девочка, эта Бэла! Я к ней, наконец, так привык, как к дочери, и она меня любила. Надо вам сказать, что у меня нет семейства; об отце и матери я лет двенадцать уж не имею известия, а запастись женой не догадался раньше, - так теперь уж, знаете, и не к лицу; я и рад был, что нашел кого баловать. Она, бывало, нам поет песни иль пляшет лезгинку... А уж как плясала! Видал я наших губернских барышень, а раз был-с и в Москве в Благородном собрании, лет двадцать тому назад, - только куда им! совсем не то!.. Григорий Александрович наряжал ее, как куколку, холил и лелеял; и она у нас так похорошела, что чудо; с лица и с рук сошел загар, румянец разыгрался на щеках... Уж какая, бывало, веселая, и все надо мной, проказница, подшучивала... Бог ей прости!..

- А что, когда вы ей объявили о смерти отца?

- Мы долго от нее это скрывали, пока она не привыкла к своему положению; а когда сказали, так она дня два поплакала, а потом забыла.

[30] Месяца четыре все шло как нельзя лучше. Григорий Александрович, я уж, кажется, говорил, страстно любил охоту: бывало, так его в лес и подмывает за кабанами или козами, - а тут хоть бы вышел за крепостной вал. Вот, однако же, смотрю, он стал снова задумываться, ходит по комнате, загнув руки назад; потом раз, не сказав никому, отправился стрелять, - целое утро пропадал; раз и другой, все чаще и чаще... «Нехорошо, - подумал я, верно между ними черная кошка проскочила!»

Одно утро захожу к ним - как теперь перед глазами: Бэла сидела на кровати в черном шелковом бешмете, бледненькая, такая печальная, что я испугался.

- А где Печорин? - спросил я.

- На охоте.

- Сегодня ушел? - Она молчала, как будто ей трудно было выговорить.

- Нет, еще вчера, - наконец сказала она, тяжело вздохнув.

- Уж не случилось ли с ним чего?

- Я вчера целый день думала, думала, - отвечала она сквозь слезы, - придумывала разные несчастия: то казалось мне, что его ранил дикий кабан, то чеченец утащил в горы... А нынче мне уж кажется, что он меня не любит.

- Право, милая, ты хуже ничего не могла придумать! - Она заплакала, потом с гордостью подняла голову, отерла слезы и продолжала:

- Если он меня не любит, то кто ему мешает отослать меня домой? Я его не принуждаю. А если это так будет продолжаться, то я сама уйду: я не раба его - я княжеская дочь!...

[31] Что было с нею мне делать? Я, знаете, никогда с женщинами не обращался: думал, думал, чем ее утешить, и ничего не придумал; несколько времени мы оба молчали... Пренеприятное положение-с!

Наконец я ей сказал: «Хочешь, пойдем прогуляться на вал? Погода славная!» Это было в сентябре; и точно, день был чудесный, светлый и не жаркий; все горы видны были как на блюдечке. Мы пошли, походили по крепостному валу взад и вперед, молча; наконец она села на дерн, и я сел возле нее. Ну, право, вспомнить смешно: я бегал за нею, точно какая-нибудь нянька...

[32] ...Мы сидели на углу бастиона, так что в обе стороны могли видеть все. Вот смотрю: из леса выезжает кто-то на серой лошади, все ближе и ближе, и, наконец, остановился по ту сторону речки, саженях во ста от нас, и начал кружить лошадь свою как бешеный. Что за притча!..

71

- Посмотри-ка, Бэла, - сказал я, - у тебя глаза молодые, что это за джигит: кого это он приехал тешить?..

Она взглянула и вскрикнула:

- Это Казбич!..

-Ах он разбойник! смеяться, что ли, приехал над нами? - Всматриваюсь, точно Казбич: его смуглая рожа, оборванный, грязный как всегда.

- Это лошадь отца моего, - сказала Бэла, схватив меня за руку; она дрожала, как лист, и глаза ее сверкали...

...Четверть часа спустя Печорин вернулся с охоты; Бэла бросилась ему на шею, и ни одной жалобы, ни одного упрека за долгое отсутствие... Даже я уж на него рассердился.

- Помилуйте, - говорил я, - ведь вот сейчас тут был за речкою Казбич, и мы по нем стреляли; ну, долго ли вам на него наткнуться? Эти горцы народ мстительный: вы думаете, что он не догадывается, что вы частию помогли Азамату? А я бьюсь об заклад, что нынче он узнал Бэлу. Я знаю, что год тому назад она ему больно нравилась, - он мне сам говорил, - и если б надеялся собрать порядочный калым, то, верно, бы посватался...

[33] Тут Печорин задумался. «Да, - отвечал он, - надо быть осторожнее... Бэла, с нынешнего дня ты не должна более ходить на крепостной вал».

Вечером я имел с ним длинное объяснение: мне было досадно, что он переменился к этой бедной девочке; кроме того, что он половину дня проводил на охоте, его обращение стало холодно, ласкал он ее редко, и она заметно начинала сохнуть, личико ее вытянулось, большие глаза потускнели. Бывало, спросишь: «О чем ты вздохнула, Бэла? ты печальна?» – «Нет!» - «Тебе чего-нибудь хочется?» – «Нет!» – «Ты тоскуешь по родным?» - «У меня нет родных».

Случалось, по целым дням, кроме «да» да «нет», от нее ничего больше не добьешься.

[34] Вот об этом-то я и стал ему говорить. «Послушайте, Максим Максимыч, - отвечал он, - у меня несчастный характер: воспитание ли меня сделало

72

таким, бог ли так меня создал, не знаю: знаю только то, что если я причиною несчастия других, то и сам не менее несчастлив; разумеется, это им плохое утешение - только дело в том, что это так. В первой моей молодости, с той минуты, когда я вышел из опеки родных, я стал наслаждаться бешено всеми удовольствиями, которые можно достать за деньги, и разумеется, удовольствия эти мне опротивели. Потом пустился я в большой свет, и скоро общество мне также надоело; влюблялся в светских красавиц и был любим, - но их любовь только раздражала мое воображение и самолюбие, а сердце осталось пусто... Я стал читать, учиться - науки также надоели; я видел, что ни слава, ни счастье от них не зависят нисколько, потому что самые счастливые люди - невежды, а слава - удача, и чтоб добиться ее, надо только быть ловким. Тогда мне стало скучно... Вскоре перевели меня на Кавказ: это самое счастливое время моей жизни. Я надеялся, что скука не живет под чеченскими пулями, - напрасно: через месяц я так привык к их жужжанию и к близости смерти, что, право, обращал больше внимание на комаров, - и мне стало скучнее прежнего, потому что я потерял почти последнюю надежду. Когда я увидел Бэлу в своем доме, когда в первый раз, держа ее на коленях, целовал ее черные локоны, я, глупец, подумал, что она ангел, посланный мне сострадательной судьбою... Я опять ошибся: любовь дикарки немногим лучше любви знатной барыни; невежество и простосердечие одной так же надоедают, как и кокетство другой. Если вы хотите, я ее еще люблю, я ей благодарен за несколько минут довольно сладких, я за нее отдам жизнь, - только мне с нею скучно...»

[35] ...Между тем он [Максим Максимыч] продолжал свой рассказ таким образом:

- Казбич не являлся снова. Только не знаю почему, я не мог выбить из головы мысль, что он недаром приезжал и затевает что-нибудь худое.

Вот раз уговаривает меня Печорин ехать с ним на кабана; я долго отнекивался: ну, что мне был за диковинка кабан! Однако ж утащил-таки он меня с собой. Мы взяли человек пять солдат и уехали рано утром. До десяти часов шныряли по камышам и по лесу, - нет зверя. «Эй, не воротиться ли? - говорил я, - к чему упрямиться? Уж, видно, такой задался несчастный день!» Только Григорий Александрович, несмотря на зной и усталость, не хотел воротиться без добычи, таков уж был человек: что задумает, подавай; видно, в детстве был маменькой избалован... Наконец в полдень отыскали проклятого кабана: паф! паф!.. не тут-то было: ушел в камыши... такой уж был несчастный день! Вот мы, отдохнув маленько, отправились домой.

[36] Мы ехали рядом, молча, распустив поводья, и были уж почти у самой крепости: только кустарник закрывал ее от нас. Вдруг выстрел... Мы взглянули друг на друга: нас поразило одинаковое подозрение... Опрометью поскакали мы на выстрел - смотрим: на валу солдаты собрались в кучу и указывают в поле, а там летит стремглав всадник и держит что-то белое на седле. Григорий Александрович взвизгнул не хуже любого чеченца; ружье из чехла - и туда; я за ним.

К счастью, по причине неудачной охоты, наши кони не были измучены: они рвались из-под седла, и с каждым мгновением мы были все ближе и ближе... И наконец я узнал Казбича, только не мог разобрать, что такое он держал перед собою. Я тогда поравнялся с Печориным и кричу ему: «Это Казбич!..» Он посмотрел на меня, кивнул головою и ударил коня плетью...

[37] ...Смотрю: Печорин на скаку приложился из ружья... «Не стреляйте! - кричу я ему, - берегите заряд; мы и так его догоним». Уж эта молодежь! Вечно некстати горячится... Но выстрел раздался, и пуля перебила заднюю ногу лошади: она сгоряча сделала еще прыжков десять, споткнулась и упала на колени; Казбич соскочил, и тогда мы увидели, что он держал на руках своих женщину, окутанную чадрою... Это была Бэла.... бедная Бэла! Он что-то нам закричал по-своему и занес над нею кинжал... Медлить было нечего: я выстрелил, в свою очередь, наудачу; верно, пуля попала ему в плечо, потому что вдруг он опустил руку... Когда дым рассеялся, на земле лежала раненая лошадь и возле нее Бэла; а Казбич, бросив ружье, по кустарникам, точно

кошка, карабкался на утес; хотелось мне его снять оттуда - да не было заряда готового! Мы соскочили с лошадей и кинулись к Бэле. Бедняжка, она лежала неподвижно, и кровь лилась из раны ручьями... Такой злодей: хоть бы в сердце ударил - ну, так уж и быть, одним разом все бы кончил, а то в спину... самый разбойничий удар! Она была без памяти. Мы изорвали чадру и перевязали рану как можно туже; напрасно Печорин целовал ее холодные губы - ничто не могло привести ее в себя.

[38] Печорин сел верхом; я поднял ее с земли и кое-как посадил к нему на седло; он обхватил ее рукой, и мы поехали назад. После нескольких минут молчания Григорий Александрович сказал мне: «Послушайте, Максим Максимыч, мы этак ее не довезем живую». - «Правда!», - сказал я, и мы пустили лошадей во весь дух. Нас у ворот крепости ожидала толпа народа; осторожно перенесли мы раненую к Печорину и послали за лекарем. Он был хотя пьян, но пришел; осмотрел рану и объявил, что она больше дня жить не может; только он ошибся...

- Выздоровела? - спросил я у штабс-капитана, схватив его за руку и невольно обрадовавшись.

- Нет, - отвечал он, - а ошибся лекарь тем, что она еще два дня прожила.

- Да объясните мне, каким образом ее похитил Казбич?

[39] - А вот как: несмотря на запрещение Печорина, она вышла из крепости к речке. Было, знаете, очень жарко; она села на камень и опустила ноги в воду. Вот Казбич подкрался, - цап-царап ее, зажал рот и потащил в кусты, а там вскочил на коня, да и тягу! Она между тем успела закричать, часовые всполошились, выстрелили, да мимо, а мы тут и подоспели ...

- И Бэла умерла?

- Умерла; только долго мучилась, и мы уж с нею измучились порядком.

[40] Около десяти часов вечера она пришла в себя; мы сидели у постели; только что она открыла глаза, начала звать Печорина. «Я здесь, подле тебя, моя джанечка (то есть, по-нашему, душенька)», - отвечал он,

75

взяв ее за руку. «Я умру!» - сказала она. Мы начали ее утешать, говорили, что лекарь обещал ее вылечить непременно; она покачала головой и отвернулась к стене: ей не хотелось умирать!

Ночью она начала бредить; голова ее горела, по всему телу иногда пробегала дрожь лихорадки; она говорила несвязные речи об отце, брате: ей хотелось в горы, домой... Потом она также говорила о Печорине, давала ему разные нежные названия или упрекала его в том, что он разлюбил свою джанечку...

[41] Он слушал ее молча, опустив голову на руки; но только я во все время не заметил ни одной слезы на ресницах его: в самом ли деле он не мог плакать или владел собою - не знаю; что до меня, то я ничего жальче этого не видывал.

К утру бред прошел; с час она лежала неподвижно, бледная, и в такой слабости, что едва можно было заметить, что она дышит; потом ей стало лучше, и она начала говорить, только как вы думаете о чем?.. Этакая мысль придет ведь только умирающему!.. Начала печалиться о том, что она не христианка, и что на том свете душа ее никогда не встретится с душою Григория Александровича, и что иная женщина будет в раю его подругой. Мне пришло на мысль окрестить ее перед смертию; я ей это предложил; она посмотрела на меня в нерешимости и долго не могла слова вымолвить; наконец отвечала, что она умрет в той вере, в какой родилась...

Настала другая ночь; мы не смыкали глаз, не отходили от ее постели. Она ужасно мучилась, стонала, и только что боль начинала утихать, она старалась уверить Григорья Александровича, что ей лучше, уговаривала его идти спать, целовала его руку, не выпускала ее из своих. Перед утром стала она чувствовать тоску смерти, начала метаться, сбила перевязку, и кровь потекла снова. Когда перевязали рану, она на минуту успокоилась и начала просить Печорина, чтоб он ее поцеловал. Он стал на колени возле кровати, приподнял ее голову с подушки и прижал свои губы к ее холодеющим губам; она крепко обвила его шею дрожащими руками, будто в этом поцелуе хотела передать ему свою душу... Нет, она хорошо сделала, что умерла: ну, что бы с ней сталось, если б Григорий Александрович ее покинул? А это бы случилось, рано или поздно...

[42] ...На другой день рано утром мы ее похоронили за крепостью, у речки, возле того места, где она в последний раз сидела; кругом ее могилки теперь разрослись кусты белой акации и бузины. Я хотел было поставить крест, да, знаете, неловко: все-таки она была не христианка...

- А что Печорин? - спросил я.

- Печорин был долго нездоров, исхудал, бедняжка; только никогда с этих пор мы не говорили о Бэле: я видел, что это ему будет неприятно, так зачем же? Месяца три спустя его назначили в е...й полк, и он уехал в Грузию. Мы с тех пор не встречались; да, помнится, кто-то недавно мне говорил, что он возвратился в Россию.

Словарь

[1] на перекладных – on postal horses (these horses were changed at every postal station); поклажа – luggage, luggage ready for transportation; тележка – open carriage; состоять – to consist (of); чемодан – suitcase; до половины – half-full; быть набитым – to be filled; путевые записки – travel journals; потерять – to lose; остаться целым – to be safe, to leave untouched.

[2] до станции оставалось еще с версту – there was another versta left to the station (see an aside about Russian length measures on p. 82); тихо – quietly; жужжание - buzzing; комар – mosquito; следить – to follow; полет – flight; на темном небе – on dark sky; начинать – to begin; мелькать – to flash; звезда – star; мне показалось – it seemed to me; гораздо – considerably, much (a stress word, like in *гораздо выше* – much higher); север – north; дорога – road; торчать – to stick, to stick out; голый – bare, naked; черный – black; камень – stone; снег – snow; выглядывать – to look out; кустарник – bush; сухой листок – dry leaf; шевелиться – to

77

move; слышать – to hear; мертвый – dead; сон – dream, sleep; природа – nature; фыркать - snort; усталый – tired; почтовая тройка – postal office troika (a carriage with three horses); неровное побрякиванье русского колокольчика – uneven ringing of the Russian bell; славная погода – nice weather; указать пальцем – to point with finger; высокий – tall, high; гора – mountain; гора курится – mountain smokes.

[3] бок – side; ползти – to crawl; легкий – light; струйка – *diminutive form of струя*: stream, current; облако – cloud (white); туча – cloud (dark); вершина – top; лежать – to lie; черный – black; пятно – spot; нам придется здесь ночевать – we'll have to spend the night here;

ФРАЗЕОЛОГИЗМЫ

ЕДВА (ЕЛЕ, НАСИЛУ) НОГИ УНОСИТЬ
Scarcely escape alive, to have a narrow escape;

ЖИВОТ НАДОРВАТЬ СО СМЕХУ
To burst one's sides laughing, to be in stitches;

НЕ ВИДАТЬ КАК СВОЕГО ЗАТЫЛКА
To have as little chance of getting something as of seeing the back of one's head;

НЕ СПУСКАТЬ ГЛАЗ
To keep an eye on, keep one's eyes glued on, not lose sight (of);

ГЛАЗ НЕЛЬЗЯ ОТВЕСТИ
One can't take eyes (off);

ВПИВАТЬСЯ ВЗГЛЯДОМ
To fix eyes (on);

ОТ ВОРОТ ПОВОРОТ
To give somebody a send-off, show somebody the door;

ОСТАТЬСЯ НА БОБАХ
Not get what one expected or hoped for, to get nothing for one's trouble, to be left high and dry, to be left out in the cold;

ПИТАТЬ НАДЕЖДЫ
Cherish hopes;

ПОДАВАТЬ НАДЕЖДЫ
To give hopes;

ОПРАВДАТЬ НАДЕЖДЫ
To justify hopes;

ПЕРВЫЙ ВСТРЕЧНЫЙ
The first comer, the first one who comes along;

ВСТРЕЧНЫЙ И ПОПЕРЕЧНЫЙ
Anybody and everybody, everyone one chances to meet, all and sundry.

досада - disappointment; метель – blizzard; за неимением комнаты для проезжающих на станции, нам отвели ночлег в дымной сакле – due to the absence of a room for travelers, we were given a bed in *saklya* (see an aside with Asian vocabulary on p. 83); пригласить – to invite; спутник – companion; выпить – to drink; стакан чая – a glass of tea; чугунный чайник – cast iron kettle; единственная отрада – the only consolation, the only joy; путешествия – *plural:* travels; крепость – fortress; рота – *military:* company; подстрекать – to incite, to provoke; любопытство – curiosity.

[4] щипать – to pinch; левый – left; ус – moustache; повесить – to hang; голова – head; призадуматься – to become thoughtful, to hesitate; вытянуть – to drag out, to take out; вытащить – to take out; желание – wish, desire; свойственный – peculiar; чай поспел (past tense) – tea is ready; походный стакан – travel glass; налить – to pour; поставить – to put, to set; отхлебнуть – to sip; про себя – to oneself; восклицание – exclamation; подавать большие надежды – to give big hopes; старый кавказец – old Caucasian; любить поговорить, порассказать – to like to talk and to tell; подбавить – to add; собеседник; я дал себе заклятье – I promised myself; услышать – to hear; потерять надежду – to lose hope; черкес – Circassian (a nation in Caucasus); продолжать – to continue; напиться на свадьбе – to get drunk at the wedding; похороны – funeral; насилу ноги унести – barely escape alive.

[5] набить трубку – to fill the pipe; осень – autumn, fall; явиться – to show up, to come; объявить – to announce; остаться – to stay, to leave; тонкий – thin; беленький – *diminutive form of белый*: white; мундир – military uniform in pre-revolutionary Russia; новенький - *diminutive form of новый*: new; тотчас – at once; догадаться – to guess; перевести – to transfer, to translate; немножко – a bit; скучно – boring; мы с вами будем жить по-приятельски – we'll live as friends; фуражка – service cap; ему отвели квартиру – he was given an apartment.

[6] славный был малый – he was a nice fellow; странен – *short form of странный*: strange; дождик - *diminutive form of дождь*: rain; охота – hunt, hunting; иззябнуть – to get cold, to chill to the bone; слова не добьешься – can't get a word out of somebody; животик – *diminutive form of живот:* belly; надорвать со смеха – to burst one's gut laughing; богатый – rich; дорогой – expensive; памятен - *short form of памятный:* memorable; наделать хлопот – to give a lot of trouble; этакие люди (такие люди) – such people;

необыкновенные вещи – unusual things; воскликнуть – to exclaim; с видом любопытства – with a look of curiosity.

[7] повадиться – to fall into the habit; избаловать – to spoil (somebody); головорез – bandit; проворный – quick; шапку поднять на всем скаку – to pick up a hat while riding on a horse; из ружья стрелять – to shoot from a rifle; нехорошо – badly; падкий - having a weakness; падкий на деньги – having a weakness for money; раз – once; старый – old; звать на свадьбу – to invite to the wedding; аул – aul, a mountain village in Caucasus (see an aside with Asian vocabulary on p.83); громкий лай – loud barking; погоди – just wait!

[8] собраться – to gather; народ – people, nation; азиат – Asian; обычай – custom; приглашать встречных и поперечных – to invite everybody; приглашать на свадьбу – to invite to the wedding; почести – honors; позабыть – to forget; подметить – to notice; лошадь – horse; непредвидимый – unpredictable; как же у них празднуют свадьбу? – how do they celebrate a wedding?; читать (imperf.) - to read; прочитать (perf.) – to read; потом дарят молодых и всех их родственников – *in modern Russian:* потом дарят [подарки] моло**дым** и вс**ем** их родственни**кам**; есть – to eat; пить – to drink; становится – to become; шеренга – *military:* rank; хлопать в ладоши – to clap; петь – to sing; середина – middle; стих – verse; хор – chorus; почетный - honorable; меньшая дочь (младшая дочь) - younger daughter; хозяин – master, owner; комплимент – compliment.

[9] стройный – slender, thin, well-built; джигит – *Caucasian:* horse rider; кафтан – *old Russian:* long man's coat; серебро – silver; молодой русский офицер – young Russian officer; золотой – gold; тополь - poplar; расти – to grow; цвести – to bloom; сад – garden; поклониться – to bow; ответ – answer; шепнуть – to whisper.

[10] высокий – tall; тоненький – thin; горная серна - chamois; заглядывать в душу – to look into one's soul; задумчивость – reverie, pensiveness; не сводить глаз – can't take one's eyes off; неподвижный – motionless; вглядываться – to look closely; баран - sheep; дешево – cheap; маленький – small; сухой – dry; широкоплечий – wide-shouldered; ловкий – dexterous, deft; бес – devil; бешмет – buttonless Caucasian piece of clothing; изорванный – ripped; оружие – gun; славиться – to be famous for; невозможно – impossibly; завидовать – to envy; наездник – rider;

украсть – to steal; сила – strength; голос – voice; знать – to know; привязывать – to tie up; угрюмый – sullen, gloomy, morose; заметить – to notice; кольчуга – chain mail, chain armour; замышлять – to scheme.

[11] душно – stuffy; воздух – air; освежиться – to freshen up; туман – fog, mist; бродить – to wander; ущелье – gorge, ravine, canyon; корм – feed; осторожность никогда не мешает – it never hurts to be careful; кабардинец – Kabardian, Kabardinian; вдоль забора – along the fence; повеса – playboy; редко – seldom; реже – *comparative form of редкий*: rare; тихо – quiet; тише – *comparative form of quiet*; о чем они тут толкуют? – What are they talking about?; табун - herd; скакун – fast horse runner, racer; молчание – silence; ласково - affectionately; храбрый – brave; бояться – to be afraid of; отдать – to give away; лезвие – blade; впиваться – to cling to, to seize; впиваться взглядом – to fix eyes on.

[12] в первый раз – for the first time; крутиться – to spin; прыгать – to jump; кремень – flint; брызги – splashes; лететь из-под копыт – to fly from under the hooves; в моей душе сделалось что-то непонятное – something odd happened in my soul; с тех пор – since then; все опостылело – to be tired of everything; презрение – despise, disdain; показаться – to show up; утес – cliff; ежеминутно – every minute; мысль – thought; вороной скакун – black horse; стройная поступь – slender walk; прямой – straight; стрела – arrow; хребет – *here:* spine; смотреть в глаза – to look into eyes; бойкий – brave; вымолвить слово – to say; продать – to sell; дрожащий голос – shivering voice.

[13] мне послышалось – I heard; заплакать – to start crying; преупрямый (упрямый) – stubborn; слезы – tears; помоложе (моложе) – younger; ответ – answer, response; смех – laugh; я на все решаюсь – I am ready for everything; сестра – sister; плясать – to dance (when talking about Russian folk dance); вышивать – to embroider; чудо – miracle; жена – wife; дождись меня – wait for me; завтра – tomorrow; ночью – at night.

[14] напрасно – in vain; упрашивать – to persuade; согласиться – to agree; льстить – to flatter; клясться – to swear; нетерпеливо – impatiently; прервать – to interrupt; поди прочь – go away; безумный – mad, crazy; шаг – step; камень – stone; пересказать – to retell.

81

[15] дня через четыре – in about four days; по обыкновению – as usual; кормить лакомствами – to feed with delicacies, to feed with delicacy; зашел разговор – conversation

СТАРОРУССКИЕ МЕРЫ ДЛИНЫ

ВЕРСТА = 100 саженей = 2,16 км.
500 саженей = 1,08 км.

САЖЕНЬ = 5 аршина = 2,16 метра

АРШИН = 4 четверти = 72 сантиметра

ЛОКОТЬ = 10 2/3 вершка = 48 сантиметров

ПЯДЬ = 4 вершка = 18 сантиметров

ВЕРШОК = 4,5 сантиметров

started; расхваливать – to praise; засверкали глазенки – eyes sparkled; бледнеть – to become pale; роман – novel.

[16] дразнить – to tease; хоть в воду – to be ready to commit suicide; больно – *colloquial:* very; не видать тебе ее как своего затылка – *idiom, literate:* you won't see her as you don't see your own back of the head, you won't get her; я тебе ее достану – I'll get her for you; с условием – on condition; владеть – to own, to possess; калым (in Caucasus) – dowry; торг выгоден – deal is profitable; бледный как смерть – pale as death.

[17] дик – *short form of adjective дикий*: wild; счастлив – *short form of счастливый:* happy; милый – dear, nice; вооружиться – to arm; выехать из крепости – to ride out of the fortress; возвратиться – to return; часовой – soldier on duty; поперек седла – across the saddle; голова окутана чадрой – head wrapped with yashmak; пригнать баранов на продажу – to bring sheep for sale; попотчевать чаем – to gave tea, to serve tea; болтать – to chat.

[18] топот копыт – trampling of hooves; реветь – to rear; броситься опрометью – headlong, at top speed; барс – snow leopard; ворота – gate (always in plural); перескочить через ружье – to jump over the rifle; кинуться бежать – to start running; пыль – dust; дать промах – to miss; завизжать – to scream; ударить ружье о камень – to hit the rifle on the stone; разбить его вдребезги – to break into small pieces; ребенок – child; поверите ли – believe it or not; скрывать – to hide; отправиться в аул – to go to the village.

[19] возвратиться – to return; не сносить ему головы если б он попался – he wouldn't be alive if he was caught; пропасть – to disappear; моя доля – my share; как я только проведал – as soon as I learned; шпага – sword; постель – bed, bedding; затылок – back of the head; дверь заперта на замок, и ключа в замке не было – door was locked and there was no key in the door; кашлять – to cough; постукивать – to knock repeatedly; каблук – heel; порог – threshold; притворяться – to pretend; строгий – strict; мучит меня забота! – I am worried; не в духе – not in the mood; шутка – joke.

КАВКАЗСКАЯ ЛЕКСИКА

АУЛ – селение на Кавказе или в Средней Азии;

БЕШМЕТ – верхняя распашная, обычно стеганная одежда у некоторых народов Кавказа и Средней Азии;

ДЖИГИТ – искусный наездник у народов Кавказа и Средней Азии;

ДУХАН – небольшой трактир или лавочка на Кавказе или Ближноем Востоке;

ДУХАНЩИК – хозяин трактира или лавки на Кавказе или Ближнем Востоке;

КАБАРДИНЕЦ – народ, составляющий основное коренное население Кавказа;

КАЛЫМ – выкуп за невесту у некоторых восточных народов;

ЛЕЗГИНКА – быстрый кавказский народный танец;

САКЛЯ – русское название жилища кавказских горцев;

ЧЕРКЕС – народ, относящийся к коренному населению Карачаево-Черкесии.

[20] принести – to bring; исполнить – to fulfill; долг – debt; кровать – bed; увезти – to take away; признаться – to confess; да когда она мне нравится?.. – what if I like her?; ну, что прикажете отвечать на это? – what am I supposed to answer to this?; стать в тупик – to be cornered; требовать – to demand.

[21] приподняться – to sit up; дикарь – a barbarian; зарезать – to stab; продать – to sell; дело сделано – what's done is done; нынче – now; напрасно – in vain; закутаться в покрывало – to wrap in a blanket; смотреть – to look; пугливый – fearful, scared; духанщица – female owner of a tavern in Caucasus (see aside with Asian vocabulary on p.83); она знает по-татарски – *archaism:* she speaks Tartar; ходить за нею – *archaism:* to look after her; принадлежать – to belong; кроме – except; кулак – fiest; зачахнуть в неволе – to wither, shrivel in captivity; с тоски по родине/дому – homesick.

[22] помилуйте – for Goodness sake; ничего не надобно – *archaism for ничего не надо*; да притом – and besides; дарить – to give present; гордо отталкивать подарки – to refuse presents proudly; которые тогда доставались духанщице – which were going to the owner of the tavern; возбуждать – to excite, to stir up, to arouse, to incite; красноречие – eloquence; чего не сделает женщина – what a woman wouldn't do; учиться говорить по-татарски – to learn to speak Tartar; понимать – to understand; мало-помалу – little by little, slowly; приучилась на него смотреть – learned to look at him; исподлобья - frowningly; искоса – askance; грустить – to be sad; вполголоса – in a low voice; соседняя комната – next room; идти мимо – to be passing by; заглянуть в окно – to look into the window.

[23] рано или поздно – sooner or later; мучить – to torture; отпустить – to let go; вздрогнуть – to shudder; едва приметно – hardly noticeable; покачать головой – to shake head; совершенно – absolutely, perfectly; ненавистен – *short form of ненавистный*: hated; ненависть – hatred; вера – faith, religion; полюбить – to love; племя – tribe, people; взаимность – reciprocity; пристально - intently; пораженный – shocked; недоверчивость – mistrust; желание убедиться – desire to make sure; будто два угля – like two pieces of coal; развеселить – to make happy, to make laugh.

[24] улыбнуться – to smile; ласково - affectionately; кивнуть – to nod; согласие – permission, agreement; защищать – to defend; повторять – to repeat; задрожать – to shiver; пленник - slave (male); пленница – slave (female); раб – slave (male); раба – slave (female); принудить – to make.

[25] ударить – to hit; выскочить – to jump out, to rush out; дать честное слово – to give a word; отправить – to send; персидский

– Persian; материя – fabric, material; всех не перечесть – can't mention everything; устоит ли азиатская красавица против такой батареи? – will an Asian beauty resist such amount [of presents]?; они иначе воспитаны – they are brought up differently; насвистывать – to whistle; марш - march.

[26] я был прав – I was right; подарки подействовали – presents worked; доверчивый – gullible; последнее средство – last means; ошибиться – to make a mistake; оставайся полной хозяйкой всего, что я имею – be a full master of all I have; свободна – *short form of свободный, feminine:* free; виноват – *short form of виноватый, masculine:* guilty; наказать – to punish; гоняться за пулей – to chase a bullet; вспомнить – to remember; отвернуться – to turn away; прощание – good-bye; едва он коснулся двери – as soon as he touched the door.

[27] признаваться – to confess; теребить усы – to touch moustache; и продолжительно было их счастье? – did their happiness last long? грезиться – *archaism:* to dream; производить впечатление – to produce impression; как это скучно! – it's so boring; ожидать – to expect; трагический – tragic; развязка – outcome, ending; обмануть надежды – to fail hopes; догадаться – to guess; подозревать – to suspect; спустя несколько дней – several days later.

[28] вообразить – to imagine; с согласия – with permission; по крайней мере – at least; полагать – to believe; поиск – search; за дочерью – after daughter; сумерки (always plural) – twilight; будто кошка – like a cat; догонять – to chase; досказать – to finish telling; быть уверенным – to be sure, to be confident.

[29] привыкнуть – to get used to; надо вам сказать – I have to tell you; у меня нет семейства – I don't have a family; запастись женой – to take a wife; не к лицу – not proper; баловать – to spoil; лезгинка – lezghinka (a fast traditional Caucasian dance); барышня – young lady; совсем не то – not the same; наряжать – to dress up; загар – tan; подшучивать – to joke, to pull one's leg; скрывать – to hide; привыкнуть к своему положению – to get used to one's position; забыть – to forget.

[30] месяц – month; страстно – passionately; лес – forest; кабан - boer; коза – goat (feminine); крепостной вал – hill by the fortress; ходить по комнате, загнув руки назад – paces the room with hands behind the back; стрелять – to shoot; черная кошка

проскочила – *literate:* like a black cat in front of, like a black cat crossed your pass; печальный – sad; выговорить – to utter, to pronounce; вздох – sigh; придумывать – to make up, to think of something; несчастье – misfortune; ранить – to wound; утащить в горы – to take into the mountains; с гордостью поднять голову – to rise head proudly; отереть слезы (вытереть глаза) – to wipe tears; княжеская дочь – princess.

[31] думать – to think; утешать – to console, to comfort; ничего не придумать – can't think of anything; время – time; пренеприятное положение – unpleasant situation; чудесный – wonderful; жаркий – hot; блюдечко – *short form of блюдце:* saucer; взад и вперед – back and forth; дерн - turf; бегать – to run; нянька – *colloquial of няня:* nurse, nanny.

[32] на углу – on the corner; бастион – bastion, fortress; в обе стороны – in both ends, in both directions; все ближе и ближе – closer and closer; по ту сторону речки – on other side of the river; сажень – *sazhen* (see aside about Russian length measures on p.82); кружить – to circle around; молодой – young; кого это он приехал тешить? – whom did he come to entertain?;

ВОЕННАЯ ЛЕКСИКА

МУНДИР – военная или гражданская форменная одежда; картофель в мундире – картофель, сваренный в кожуре.

РОТА – военное подразделение, входящее обычно в состав батальона. Роты бывают: стрелковая, мотопехотная, минометная и саперная.

ШЕРЕНГА – военный строй, в котором люди стоят один возле другого на одной линии.

всматриваться – to look closer; смуглый – with olive skin; рожа – *vulgar:* face, mug; грязный – dirty; схватить – to grab; четверть часа спустя – quarter hour later; вернуться – to return; шея – neck; ни одной жалобы – not a single complaint; ни одного упрека – not a single reproach; долгое отсутствие – long absence; рассердиться - to get mad; река – river; наткнуться – to come across; горец - mountaineer; мстительный – revengeful; помогать – to help; я бьюсь об заклад – I bet; больно – *colloquial:* very, in modern Russian means painful; калым – dowry in Asian and Middle Eastern countries.

[33] надо быть осторожнее – you have to be more careful; с нынешнего дня – from now on; объяснение – explanation; заметно - noticeably; начать сохнуть – to start fading; потускнеть - to grow dim.

[34] несчастный – unhappy; воспитание – upbringing; создать – to create; причина – cause; разумеется – certainly; плохое утешение – bad consolation; опека – care, custody; наслаждаться – to enjoy; бешено – crazy, madly; удовольствия, которые можно достать за деньги – pleasures that can be bought for money; опротиветь – to get disgusted with, to get tired of; большой свет – high society; общество – society; влюбляться – to fall in love; светская красавица – beauty of the high society; раздражать – to annoy; воображение – imagination; самолюбие – self-esteem; сердце – heart; слава – glory; зависеть – to depend; невежда – ignorant person; удача – luck; скука не живет под чеченскими пулями – boredom doesn't live under the Chechen bullets; близость смерти – proximity of death; держать на коленях – to hold in one's laps; локон – curl, lock; ангел – angel; сострадательный – compassionate; судьба – fate; знатная барыня – wealthy and noble woman in pre-revolutionary Russia; невежество – ignorance; простосердечие – simple-heartiness; кокетство – flirting; благодарный – grateful; сладкий – sweet; я за нее отдам жизнь – I'll give my life for her.

[35] я не мог выбить из головы мысль – I couldn't stop thinking; недаром – not in vain; затевать что-нибудь худое – to plan something bad; ехать на кабана – to go boer hunting; отнекиваться – to find excuses; шнырять – to poke about; камыш - reed; зверь – beast; упрямиться – to be stubborn; зной – heat; усталость – fatigue, tiredness; добыча – catch; в полдень – at noon.

[36] кустарник – bush; выстрел – shot; нас поразило одинаковое подозрение – the same suspicion occurred to both of us; опрометью – headlong, at very high speed; поскакать на выстрел - to ride towards the shooting; поле – field; чехол – case; кони не были измучены – horses weren't tired; с каждым мгновением – with every moment; не мог разобрать – couldn't make out; поравняться – to level; кивнуть головой – to nod.

[37] на скаку – while riding; некстати горячится – to fly into passion without reason; споткнуться – to trip over; закричать по-своему – to yell in one's language; занести кинжал – to put a knife

over; медлить – to linger; в очередь – in turn; плечо – shoulder; опустить руку – to put the arm down; карабкаться на утес – to climb on the cliff; кинуться – to rush; неподвижно – motionlessly; ручей – stream; без памяти – unconscious; туже – tighter.

[38] земля – land, Earth; он обхватил ее рукой – he put his arm around her; раненый – wounded; послать за – to send for; лекарь – *archaism:* doctor; пьян – *short form of пьяный*: drunk; она больше дня жить не может – she can't live more than a day; она еще два дня прожила – she lived two more days; похищать – to kidnap.

[39] запрещение – prohibition; камень – stone; опустить ноги в воду – to put feet into water; зажать рот – to put hand over mouth; потащить в кусты – to drag into the bushes; вскочить на коня – to jump on a horse; закричать – to shout; часовые – guards; всполошиться – to alarm.

[40] она пришла в себя – she came into consciousness; звать – to call; обещать – to promise; вылечить – to cure; непременно – for certain; отвернуться к стене – to turn to the wall; бредить – to be delirious; лихорадка - fever; несвязный – incoherent; разлюбить – to stop loving.

[41] ресница – eyelash; владеть собою – to hold well; едва можно было заметить, что она дышит – one could hardly see that she was breathing; печалиться о том, что она не христианка – to regret that she wasn't a Christian; душа – soul; иная женщина будет в раю его подругой – another woman will be his mate in heaven; окрестить (крестить) – to baptize; предложить – to offer; стонать – to moan; метаться – to toss, to rush about; стать на колени возле кровати – to kneel by the bed; подушка – pillow; передать ему свою душу – to pass him her soul; что бы с ней сталось ? – what would happen to her?

[42] похоронить – to bury; за крепостью – behind the fortress; у речки – by the river; могила – grave; разрослись кусты белой акации – bushes of white acacia spread out; бузина – elder bush; крест – cross; нездоров – *short form of нездоровый*: ill; исхудать – to lose weight, to get thin.

Вопросы к обсуждению

1. Каким вы представляете себе рассказчика в «Герое нашего времени»? Его возраст, род занятий, отношение к людям? Как он очутился на Кавказе? Думаете ли вы, что он был сослан на Кавказ, как и молодой Лермонтов?

2. Зачем Печорину понадобилось организовать похищение Бэлы?

3. Как вы воспринимаете образ Казбича?

4. Почему Печорин постепенно охладел к Бэле? У русского критика Белинского по этому поводу сказано, что «... для продолжительного чувства мало одной оригинальности, для счастья в любви мало одной любви». Как вы понимаете эти слова?

5. В 1840 году, когда роман «Герой нашего времени» был уже написан, Лермонтов создал одно из своих лучших стихотворений: «И скучно, и грустно...».

И скучно и грустно, и некому руку подать
В минуту душевной невзгоды...
Желанья!.. что пользы напрасно и вечно желать?...
А годы проходят — все лучшие годы!

Любить... но кого же? На время - не стоит труда,
А вечно любить невозможно.
В себя ли заглянешь? – там прошлого нет и следа:
И радость, и муки, все там ничтожно...
Что страсти? – ведь рано иль поздно их сладкий недуг
Исчезнет при слове рассудка;
И жизнь, как посмотришь с холодным вниманьем вокруг,
Такая пустая и глупая шутка....

Проанализируйте это стихотворение. Отражает ли оно мироощущение Печорина? Считаете ли вы, что «вечно любить невозможно»? Согласны ли вы с лермонтовским утверждением, что «страсти? – ведь рано иль поздно их сладкий недуг/Исчезнет при слове рассудка?»

6. Как вы относитесь к Печорину?

7. Опишите, как бы сложилась дальнейшая жизнь Печорина и Бэлы, если бы Бэла не умерла?

8. Сравните образы Евгения Онегина Александра Пушкина и лермонтовского Печорина из «Героя нашего времени». Как вы можете объяснить различие между пушкинским Онегиным и лермонтовским Печориным? Отрывки из «Евгения Онегина», приведенные ниже, помогут вам ответить на эти вопросы:

Нет: рано чувства в нем остыли;
Ему наскучил света шум;
Красавицы не долго были
Предмет его привычных дум;
Измены утомить успели;
Друзья и дружба надоели,
Затем, что не всегда же мог
Beef-steaks и страсбургский пирог
Шампанской обливать бутылкой
И сыпать острые слова,
Когда болела голова;
И хоть он был повеса пылкой,
Но разлюбил он наконец
И брань, и саблю, и свинец. (Chapter XXXVII)

Недуг, которого причину
Давно бы отыскать пора,
Подобный английскому сплину,
Короче: русская хандра
Им овладела понемногу;
Он застрелиться, слава богу,
Попробовать не захотел,
Но к жизни вовсе охладел.
Как Child-Harold, угрюмый, томный
В гостиных появлялся он;
Ни сплетни света, ни бостон,

Ни милый взгляд, ни вздох нескромный,
Ничто не трогало его,
Не замечал он ничего. (Chapter XXXVIII)

И вы, красотки молодые,
Которых позднею порой
Уносят дрожки удалые
По петербургской мостовой,
И вас покинул мой Евгений.
Отступник бурных наслаждений,
Онегин дома заперся,
Зевая, за перо взялся,
Хотел писать - но труд упорный
Ему был тошен; ничего
Не вышло из пера его ... (Chapter XLIII)

Условий света свергнув бремя,
Как он, отстав от суеты,
С ним подружился я в то время.
Мне нравились его черты,
Мечтам невольная преданность,
Неподражательная странность
И резкий, охлажденный ум.
Я был озлоблен, он угрюм;
Страстей игру мы знали оба;
Томила жизнь обоих нас;
В обоих сердца жар угас;
Обоих ожидала злоба
Слепой Фортуны и людей
На самом утре наших дней. (Chapter XLV)

Кто жил и мыслил, тот не может
В душе не презирать людей;
Кто чувствовал, того тревожит
Призрак невозвратимых дней:
Тому уж нет очарований,
Того змия воспоминаний,
Того раскаянье грызет.
Все это часто придает
Большую прелесть разговору.
Сперва Онегина язык
Меня смущал; но я привык
К его язвительному спору,

И к шутке, с желчью пополам,
И злости мрачных эпиграмм. (Chapter XLVI)

Два дня ему казались новы
Уединенные поля,
Прохлада сумрачной дубровы,
Журчанье тихого ручья;
На третий роща, холм и поле
Его не занимали боле;
Потом уж наводили сон;
Потом увидел ясно он,
Что и в деревне скука та же,
Хоть нет ни улиц, ни дворцов,
Ни карт, ни балов, ни стихов.
Хандра ждала его на страже,
И бегала за ним она,
Как тень иль верная жена. (Chapter LIV)

9. Согласны ли вы со следующим утверждением в тексте романа: «что началось необыкновенным образом, то должно так же и закончиться». Приведите примеры из жизни.

10. Согласны ли с утверждением Печорина, что «самые счастливые люди – невежды, а слава – удача, и чтоб добиться ее надо быть только ловким...».

11. Прочитайте следующий отрывок из шестого номера «Литературной газеты» за 2003 год (автор – В. Пьецух) о любовном романе между Лермонтовым и Екатериной Сушковой. Напоминает ли вам поведение самого Лермонтова поведение Печорина?

Против правды не пойдешь: Лермонтов действительно был мал ростом, кривоног (bow-legged), простоват лицом, очень плотен торсом и отличался непропорционально большой головой, какие бывают у карликов и детей. Между тем он был чрезвычайно влюбчив (amorous) [и] боготворил женщину. ... он был сильно озлоблен (resentful) против прекрасной половины человечества и оттого желчен (astra-bilious), мелко мстителен (revengeful), изобретательно жесток (cruel) до такой степени, что позволял себе поступки, на которые не отважится даже относительно порядочный человек. Он и чужие письма вскрывал (open), и наговаривал (slander), и однажды довел девицу Екатерину Сушкову до нервного заболевания. ... Эта самая Екатерина Сушкова собиралась замуж за товарища нашего поэта, молодого богача и камер-юнкера Алексея Лопухина. И вот Михаил Юрьевич решил испробовать (try out) свои чары (charms) на бедной девушке, возвыситься в собственных глазах, спутать (mix) планы целому семейству и заодно сорвать зло на всех хорошеньких [девушках] провинций и столиц. Непостижимым (incomprehensible) образом он влюбил в себя Сушкову, заставил ее отказать (refuse) богатому и знатному (noble) жениху и, таким образом, предпочесть (prefer) ... союз (marriage) с человеком бедным и нетитулованным, да еще косолапым (pigeon-toed), да еще непрезентабельным на лицо. В конце концов, Лопухин получил от ворот поворот (refusal), девушку родные посадили под домашний арест (house arrest), а Лермонтов написал несчастной анонимное письмо, в котором разоблачал (disclose) коварство (insidiousness) и [свой] чудовищный (monstrous) план. После он сознался Сушковой, что не любит ее, да и никогда не любил, и девушка осталась, что называется, на бобах (with nothing). Занятно предположить: если бы Михаил Юрьевич был статен и красив лицом или вовсе не придавал значения своей внешности, он вряд ли опустился бы до такой низкой выходки (low trick), хотя, вероятно, поэзия его была бы не столь пронзительна (shrill) и остра (sharp).

Личный словарь

Слово	Перевод	Пример употребления в предложении

PART TWO
ADVANCED LEVEL

Глава четвертая

Иван Тургенев
Ася

Глава I

[1] «Мне было тогда лет двадцать пять, - начал Н.Н., - дела давно минувших дней, как видите. Я только что вырвался на волю и уехал за границу, не для того, чтобы «окончить мое воспитание», как говаривалось тогда, а просто мне захотелось посмотреть на мир божий. Я был здоров, молод, весел, деньги у меня не переводились[10], заботы еще не успели завестись - я жил без оглядки, делал, что хотел, процветал, одним словом. Мне тогда и в голову не приходило, что человек не растение и процветать ему долго нельзя. Молодость ест пряники золоченые да и думает, что это-то и есть хлеб насущный; а придет время - и хлебца напросишься. Но толковать об этом не для чего.

Я путешествовал без всякой цели, без плана; останавливался везде, где мне нравилось, и отправлялся тотчас далее, как только чувствовал желание видеть новые лица - именно лица. Меня занимали исключительно одни люди; я ненавидел любопытные памятники, замечательные собрания, один вид лон-лакея[11] возбуждал во мне ощущение

---

[10] lit. money didn't finish; I had plenty of money
[11] лон-лакей – проводник

99

тоски и злобы; я чуть с ума не сошел в дрезденском «Грюне Гевелбе»[12]. Природа действовала на меня чрезвычайно, но я не любил так называемых ее красот, необыкновенных гор, утесов, водопадов; я не любил, чтобы она навязывалась мне, чтобы она мне мешала. Зато лица, живые человеческие лица - речи людей, их движения, смех - вот без чего я обойтись не мог. В толпе мне было всегда особенно легко и отрадно; мне было весело идти туда, куда шли другие, кричать, когда другие кричали, и в то же время я любил смотреть, как эти другие кричат. Меня забавляло наблюдать людей... да я даже не наблюдал их - я их рассматривал с каким-то радостным и ненасытным любопытством. Но я опять сбиваюсь в сторону.

Итак, лет двадцать тому назад я жил в немецком небольшом городке З., на левом берегу Рейна. Я искал уединения: я только что был поражен в сердце одной молодой вдовой, с которой познакомился на водах. Она была очень хороша собой и умна, кокетничала со всеми - и со мною, грешным, - сперва даже поощряла меня, а потом жестоко меня уязвила, пожертвовав мною одному краснощекому баварскому лейтенанту. Признаться сказать, рана моего сердца не очень была глубока; но я почел долгом предаться на некоторое время печали и одиночеству - чем молодость не тешится! - и поселился в З.

[2] Городок этот мне понравился своим местоположением у подошвы двух высоких холмов, своими дряхлыми стенами и башнями, вековыми липами, крутым мостом над светлой речкой, впадавшей в Рейн, - а главное, своим хорошим вином. По его узким улицам гуляли вечером, тотчас после захождения солнца (дело было в июне), прехорошенькие белокурые немочки и, встретясь с

---

[12] «Грюне Гевелбе» - «Зеленый свод» (нем.); коллекция драгоценных камней в дрезденском королевском замке.

Иван Сергеевич Тургенев
(1818 – 1883)

Русский писатель Иван Сергеевич Тургенев родился 9 ноября 1818 года в богатой дворянской семье. Отец Тургенева, Сергей Николаевич, отставной полковник, участник Отечественной войны 1812 года, мужчина-красавец, женился на немолодой и некрасивой, но богатой Варваре Петровне Лутовиновой. Брак был не из счастливых и не сдерживал Сергея Николаевича от бурных романов на стороне (одно из его любовных приключений описано в повести Тургенева «Первая любовь»). Больше всего в жизни Иван Тургенев боялся матери, которая заправляла всем в доме и подвергала прислугу и сыновей частым побоям. Много лет спустя, унаследовав состояние от матери, Тургенев дал вольную многим крепостным и во многом облегчил жизнь оставшимся крестьянам. Телесные наказания в доме Тургеневых более не применялись.

В 1833 Тургенев поступил в Московский университет, а через год перешел в Петербургский университет на словесное отделение философского факультета, которое окончил в 1836 со степенью действительного студента, а в 1837 получил степень кандидата. В 1838-1840 он учился в Берлинском университете, занимаясь философией, древними языками и историей. Вернувшись в 1842 в Санкт-Петербург, Тургенев поступил в министерство внутренних дел, где служил чиновником особых поручений до 1844 года. В 1843 году Тургенев познакомился с французской певицей Полиной Виардо-Гарсия, муж которой переводил его сочинения на французский язык. За столь странную привязанность к «проклятой цыганке» мать Тургенева в течение трех лет не давала ему ни гроша. Любовь писателя к знаменитой певице, покорившей Европу в 22 года, была действительно странной – Тургенев прожил в тесном общении с семьей Виардо около 38 лет, путешествуя с ними по миру. Супруги Виардо даже воспитывали незаконорожденную дочь Тургенева от крепостной крестьянки, Авдотьи Ивановой.

Среди произведений Ивана Сергеевича Тургенева – стихи, поэмы, очерки, рассказы, повести, романы, пьесы, критические статьи, рецензии, письма. К его наиболее известным произведениям относятся цикл рассказов «Записки охотника», рассказ «Первая любовь», повести «Ася», «Вешние воды», и, конечно же, романы «Отцы и дети», «Рудин», «Дворянское гнездо», «Накануне» и «Дым».

Fig. 5. Vasily Perov. *Portrait of the Author Ivan Turgenev*. 1872. The Russian Museum, St. Petersburg, Russia. Courtesy of Olga's Gallery (www.abcgallery.com).

иностранцем, произносили приятным голоском: «Guten Abend!»[13] - а некоторые из них не уходили даже и тогда, когда луна поднималась из-за острых крыш стареньких домов и мелкие каменья мостовой четко рисовались в ее неподвижных лучах. Я любил бродить тогда по городу; луна, казалось, пристально глядела на него с чистого неба; и город чувствовал этот взгляд и стоял чутко и мирно, весь облитый ее светом, этим безмятежным и в то же время тихо душу волнующим светом. Петух на высокой готической колокольне блестел бледным золотом; таким же золотом переливались струйки по черному глянцу речки; тоненькие свечки (немец бережлив!) скромно теплились в узких окнах под грифельными кровлями; виноградные лозы таинственно высовывали свои завитые усики из-за каменных оград; что-то пробегало в тени около старинного колодца на трехугольной площади, внезапно раздавался сонливый свисток ночного сторожа, добродушная собака ворчала вполголоса, а воздух так и ластился к лицу, и липы пахли так сладко, что грудь поневоле все глубже и глубже дышала, и слово «Гретхен» - не то восклицание, не то вопрос - так и просилось на уста.

[3] Городок З. лежит в двух верстах от Рейна. Я часто ходил смотреть на величавую реку и, не без некоторого напряжения мечтая о коварной вдове, просиживал долгие часы на каменной скамье под одиноким огромным ясенем. Маленькая статуя мадонны с почти детским лицом и красным сердцем на груди, пронзенным мечами, печально выглядывала из его ветвей. На противоположном берегу находился городок Л., немного побольше того, в котором я поселился. Однажды вечером я сидел на своей любимой скамье и глядел то на реку, то на небо, то на виноградники. Передо мной белоголовые мальчишки карабкались по бокам лодки, вытащенной на берег и опрокинутой насмоленным брюхом кверху. Кораблики тихо бежали на слабо надувшихся

_____

[13] Добрый вечер!

парусах; зеленоватые волны скользили мимо, чуть-чуть вспухая и урча. Вдруг донеслись до меня звуки музыки; я прислушался. В городе Л. играли вальс; контрабас гудел отрывисто, скрипка неясно заливалась, флейта свистала бойко.

- Что это? - спросил я у подошедшего ко мне старика в плисовом жилете, синих чулках и башмаках с пряжками.

ВЫРАЖЕНИЯ СО СЛОВОМ УСТАНОВЛЕННЫЙ (ESTABLISHED, FIXED; PRESCRIBED)

УСТАНОВЛЕННЫЙ ПОРЯДОК, ФАКТ
Established order, fact;

УСТАНОВЛЕННЫЙ ЧАС
Fixed hour;

В УСТАНОВЛЕННОМ ПОРЯДКЕ
In prescribed manner;

ПО УСТАНОВЛЕННОЙ ФОРМЕ
In accordance with, according to a set form;

УСТАНОВЛЕННАЯ СКОРОСТЬ
Regulation/set speed;

УСТАНОВЛЕННОГО РАЗМЕРА
Of standard/set size.

- Это, - отвечал он мне, предварительно передвинув мундштук своей трубки из одного угла губ в другой, - студенты приехали из Б. на коммерш.

«А посмотрю-ка я на этот коммерш, - подумал я, - кстати же, я в Л. не бывал». Я отыскал перевозчика и отправился на другую сторону.

Глава II

[4] Может быть, не всякий знает, что такое коммерш. Это особенного рода торжественный пир, на который сходятся студенты одной земли или братства (Landsmannschaft). Почти все участники в коммерше носят издавна установленный костюм немецких студентов: венгерки, большие сапоги и

103

маленькие шапочки с околышами известных цветов. Собираются студенты обыкновенно к обеду под председательством сениора, то есть старшины, - и пируют до утра, пьют, поют песни, Landesvater[14], Gaudeamus[15], курят, бранят филистеров[16]; иногда они нанимают оркестр.

Такой точно коммерш происходил в г. Л. перед небольшой гостиницей под вывескою Солнца, в саду, выходившем на улицу. Над самой гостиницей и над садом веяли флаги; студенты сидели за столами под обстриженными липками; огромный бульдог лежал под одним из столов; в стороне, в беседке из плюща, помещались музыканты и усердно играли, то и дело подкрепляя себя пивом. На улице, перед низкой оградой сада, собралось довольно много народа: добрые граждане Л. не хотели пропустить случая поглазеть на заезжих гостей. Я тоже вмешался в толпу зрителей. Мне было весело смотреть на лица студентов; их объятия, восклицания, невинное кокетничанье молодости, горящие взгляды, смех без причины - лучший смех на свете, - все это радостное кипение жизни юной, свежей, этот порыв вперед - куда бы то ни было, лишь бы вперед, - это добродушное раздолье меня трогало и поджигало. «Уж не пойти ли к ним?» - спрашивал я себя...

- Ася, довольно тебе? - вдруг произнес за мной мужской голос по-русски.

- Подождем еще, - отвечал другой, женский голос на том же языке.

[5] Я быстро обернулся... Взор мой упал на красивого молодого человека в фуражке и широкой куртке; он держал[1] под руку девушку невысокого

---

[14] старинная немецкая песня.

[15] старинная студенческая песня на латыни.
[16] самодовольный, ограниченный человек, заботящийся о собственном благополучии.

роста, в соломенной шляпе, закрывавшей всю верхнюю часть ее лица.

- Вы русские? - сорвалось у меня невольно с языка.

Молодой человек улыбнулся и промолвил:

- Да, русские.

- Я никак не ожидал... в таком захолустье, - начал было я.

- И мы не ожидали, - перебил он меня, - что ж? тем лучше. Позвольте рекомендоваться[17]: меня зовут Гагиным, а вот это моя... - он запнулся на мгновение, - моя сестра. А ваше имя позвольте узнать?

Я назвал себя, и мы разговорились. Я узнал, что Гагин, путешествуя, так же как и я, для своего удовольствия, неделю тому назад заехал в городок Л., да и застрял в нем. Правду сказать, я неохотно знакомился с русскими за границей. Я их узнавал даже издали по их походке, покрою платья, а главное, по выраженью их лица. Самодовольное и презрительное, часто повелительное, оно вдруг сменялось выражением осторожности и робости... Человек внезапно настораживался весь, глаз беспокойно бегал... «Батюшки мои! не соврал ли я, не смеются ли надо мною», - казалось, говорил этот уторопленный взгляд... Проходило мгновенье -- и снова восстановлялось величие физиономии, изредка чередуясь с тупым недоуменьем. Да, я избегал русских, но Гагин мне понравился тотчас. Есть на свете такие счастливые лица: глядеть на них всякому любо, точно они греют вас или гладят. У Гагина было именно такое лицо, милое, ласковое, с большими мягкими глазами и мягкими курчавыми волосами. Говорил он так, что даже не видя его лица, вы по одному звуку его голоса чувствовали, что он улыбается.

[6] Девушка, которую он назвал своей сестрой, с первого взгляда показалась мне очень миловидной. Было что-то свое, особенное, в складе ее смугловатого,

---

[17] позвольте представиться

круглого лица, с небольшим тонким носом, почти детскими щечками и черными, светлыми глазами. Она была грациозно сложена, но как будто не вполне еще развита. Она нисколько не походила на своего брата.

- Хотите вы зайти к нам? - сказал мне Гагин, - кажется, довольно мы насмотрелись на немцев... Ася, пойти нам домой?

Девушка утвердительно кивнула головой.

- Мы живем за городом, - продолжал Гагин, - в винограднике, в одиноком домишке, высоко. У нас славно, посмотрите. Хозяйка обещала приготовить нам кислого молока. Теперь же скоро стемнеет, и вам лучше будет переезжать Рейн при луне.

[7] Мы отправились. Через низкие ворота города (старинная стена из булыжника окружала его со всех сторон, даже бойницы не все еще обрушились) мы вышли в поле и, пройдя шагов сто вдоль каменной ограды, остановились перед узенькой калиткой. Гагин отворил ее и повел нас в гору по крутой тропинке. С обеих сторон, на уступах, рос виноград; солнце только что село, и алый тонкий свет лежал на зеленых лозах, на высоких тычинках, на сухой земле, усыпанной сплошь крупным и мелким плитняком, и на белой стене небольшого домика, с косыми черными перекладинами и четырьмя светлыми окошками, стоявшего на самом верху горы, по которой мы взбирались.

- Вот и наше жилище! - воскликнул Гагин, как только мы стали приближаться к домику, - а вот и хозяйка несет молоко. Guten Abend, Madame!.. Мы сейчас примемся за еду; но прежде, - прибавил он, - оглянитесь... каков вид?

Вид был, точно, чудесный. Рейн лежал перед нами весь серебряный, между зелеными берегами; в одном месте он горел багряным золотом заката. Приютившийся к берегу городок показывал все свои дома и улицы; широко разбегались холмы и поля. Внизу было хорошо, но наверху еще лучше: меня особенно поразил чистота и глубина неба, сияющая прозрачность воздуха. Свежий и легкий, он тихо

106

колыхался и перекатывался волнами, словно и ему было раздольнее на высоте.

- Отличную вы выбрали квартиру, - промолвил я.

- Это Ася ее нашла, - отвечал Гагин. - ну-ка, Ася, - продолжал он, - распоряжайся. Вели все сюда подать. Мы станем ужинать на воздухе. Тут музыка слышнее. Заметили ли вы, - прибавил он, обратясь ко мне, - вблизи иной вальс никуда не годится - пошлые, грубые звуки, - а в отдаленье, - чудо! так и шевелит в вас все романтические струны.

[8] Ася (собственное имя ее было Анна, но Гагин называл ее Асей, и уж вы позвольте мне ее так называть) - Ася отправилась в дом и скоро вернулась вместе с хозяйкой. Они вдвоем несли большой поднос с горшком молока, тарелками, ложками, сахаром, ягодами, хлебом. Мы уселись и принялись за ужин. Ася сняла шляпу; ее черные волосы, остриженные и причесанные, как у мальчика, падали крупными завитками на шею и уши. Сначала она дичилась меня; но Гагин сказал ей:

- Ася, полно ежиться! он не кусается.

Она улыбнулась и немного спустя уже сама заговаривала со мной. Я не видел существа более подвижного. Ни одно мгновение она не сидела смирно; вставала, убегала в дом и прибегала снова, напевала вполголоса, часто смеялась, и престранным образом: казалось, она смеялась не тому, что слышала, а разным мыслям, приходившим ей в голову. Ее большие глаза глядели прямо, светло, смело, но иногда веки ее слегка щурились, и тогда взор ее внезапно становился глубок и нежен.

Мы проболтали часа два. День давно погас, и вечер, сперва весь огнистый, потом ясный и алый, потом бледный и смутный, тихо таял и переливался в ночь, а беседа наша все продолжалась, мирная и кроткая, как воздух, окружавший нас. Гагин велел принести бутылку рейнвейна; мы ее роспили не спеша. Музыка по-прежнему долетала до нас, звуки ее казались слаще и нежнее; огни зажглись в городе и над рекою. Ася вдруг опустила голову, так что кудри ей на глаза упали, замолкла и вздохнула, а потом сказала нам, что хочет спать, и ушла в дом; я, однако, видел, как она, не зажигая свечи, долго стояла за нераскрытым окном. Наконец, луна встала и заиграла по Рейну; все осветилось, потемнело, изменилось, даже вино в наших граненых стаканах заблестело таинственным блеском. Ветер упал, точно крылья сложил, и замер; ночным, душистым теплом повеяло от земли.

- Пора! - воскликнул я, - а то, пожалуй, перевозчика не сыщешь.

- Пора, - повторил Гагин.

Мы пошли вниз по тропинке. Камни вдруг посыпались за нами: это Ася нас догоняла.

- Ты разве не спишь? - спросил ее брат, но она, не ответив ему ни слова, пробежала мимо.

[9] Последние умирающие плошки, зажженные студентами в саду гостиницы, освещали снизу листья деревьев, что придавало им праздничный и фантастический вид. Мы нашли Асю у берега: она разговаривала с перевозчиком. Я прыгнул в лодку и простился с новыми моими друзьями. Гагин обещал навестить меня следующий день; я пожал его руку и протянул свою Асе; но она только посмотрела на меня и покачала головой. Лодка отчалила и понеслась по быстрой реке. Перевозчик, бодрый старик, с напряжением погружал весла в темную воду.

- Вы в лунный столб въехали, вы его разбили! - закричала мне Ася.

Я опустил глаза; вокруг лодки, чернея, колыхались волны.

- Прощайте! - раздался опять ее голос.

- До завтра, - проговорил за нею Гагин.

Лодка причалила. Я вышел и оглянулся. Никого уж не было видно на противоположном берегу. Лунный столб опять тянулся золотым мостом через всю реку. Словно на прощание примчались звуки старинного лансеровского вальса[18]. Гагин был прав: я почувствовал, что все струны сердца моего задрожали в ответ на те заискивающие напевы. Я отправился домой через потемневшие поля, медленно вдыхая пахучий воздух, и пришел в свою комнату весь разнеженный сладостным томлением беспредметных и бесконечных ожиданий.

Я чувствовал себя счастливым... Но отчего я был счастлив? Я ничего не желал, я ни о чем не думал... Я был счастлив.

[10] Чуть не смеясь от избытка приятных и игривых чувств, я нырнул в постель и уже закрыл было глаза, как вдруг мне пришло на ум, что в течение вечера я ни разу не вспомнил о моей жестокой красавице... «Что же это значит? - спросил я самого себя. - Разве я не влюблен?» Но, задав себе этот вопрос, я, кажется, немедленно заснул, как дитя в колыбели.

Глава III

На другое утро (я уже проснулся, но еще не вставал) стук палки раздался у меня под окном, и голос, который я тотчас признал за голос Гагина, запел:

Ты спишь ли? Гитарой
Тебя разбужу...[19]

Я поспешил отворить ему дверь.

- Здравствуйте, - сказал Гагин, входя, - я вас раненько потревожил, но посмотрите, какое утро. Свежесть, роса, жаворонки поют...

[11] Со своими курчавыми блестящими волосами, открытой шеей и розовыми щеками он сам был свеж, как утро.

---

[18] вальсы популярного австрийского композитора Иосифа Ланнера
    (1801-1843).

[19] из стихотворенья Пушкина «Я здесь, Инезилья...»

Я оделся; мы вышли в садик, сели на лавочку, велели подать себе кофе и принялись беседовать. Гагин сообщил мне свои планы на будущее: владея порядочным состоянием и ни от кого не завися, он хотел посвятить себя живописи и только сожалел о том, что поздно хватился за ум и много времени потратил по-пустому; я также упомянул о моих предположениях, да, кстати, поведал ему тайну моей несчастной любви. Он выслушал меня со снисхождением, но, сколько я мог заметить, сильного сочувствия к моей страсти я в нем не возбудил. Вздохнувши вслед за мной два раза из вежливости, Гагин предложил мне пойти к нему посмотреть его этюды. Я тотчас согласился.

Мы не застали Асю. Она, по словам хозяйки, отправилась на «развалину». Верстах в двух от города Л. находились остатки феодального замка. Гагин раскрыл мне все свои картоны. В них было много жизни и правды, что-то свободное и широкое; но ни один из них не был окончен, и рисунок показался мне небрежен и неверен. Я откровенно высказал ему мое мнение.

- Да, да, - подхватил он со вздохом, - вы правы; все это очень плохо и незрело, что делать! Не учился я как следует, да и проклятая славянская распущенность берет свое. Пока мечтаешь о работе, так и паришь орлом: землю, кажется, сдвинул бы с места - а в исполнении тотчас слабеешь и устаешь.

Я начал было ободрять его, но он махнул рукой и, собравши картоны в охапку, бросил их на диван.

- Коли хватит терпенья, из меня выйдет что-нибудь, - промолвил он сквозь зубы, - не хватит, останусь недорослем из дворян. Пойдемте-ка лучше Асю отыскивать.

Мы пошли.

Глава IV

[12] Дорога к развалине вилась по скату узкой лесистой долины; на дне ее бежал ручей и шумно прядал через камни, как бы торопясь слиться с

110

великой рекой, спокойно сиявшей за темной гранью круто рассеченных горных гребней. Гагин обратил мое внимание на некоторые счастливо освещенные места; в словах его слышался если не живописец, то уже наверное художник. Скоро показалась развалина. На самой вершине голой скалы возвышалась четырехугольная башня, вся черная, еще крепкая, но словно разрубленная продольной трещиной. Мшистые стены примыкали к башне; кое-где лепился плющ; искривленные деревца свешивались с седых бойниц и рухнувших сводов. Каменистая тропинка вела к уцелевшим воротам. Мы уже подходили к ним, как вдруг впереди нас мелькнула женская фигура, быстро перебежала по груде обломков и уселась на уступе стены, прямо над пропастью.

- А ведь это Ася! - воскликнул Гагин, - экая сумасшедшая!

Мы вошли в ворота и очутились на небольшом дворике, до половины заросшем дикими яблонями и крапивой. На уступе сидела, точно, Ася. Она повернулась к нам лицом и засмеялась, но не тронулась с места. Гагин погрозил ей пальцем, а я громко упрекнул ее в неосторожности.

- Полноте, - сказал мне шепотом Гагин, - не дразните ее; вы ее не знаете: она, пожалуй, еще на башню взберется. А вот вы лучше подивитесь смышлености здешних жителей.

[13] Я оглянулся. В уголке, приютившись в крошечном деревянном балаганчике, старушка вязала чулок и косилась на нас через очки. Она продавала туристам пиво, пряники и зельтерскую воду. Мы уместились на лавочке и принялись пить из тяжелых оловянных кружек довольно холодное пиво. Ася продолжала сидеть неподвижно, подобрав под себя ноги и закутав голову кисейным шарфом; стройный облик ее отчетливо и красиво рисовался на ясном небе; но я с неприязненным чувством посматривал на нее. Уже накануне заметил я в ней что-то напряженное, не совсем

111

естественное... «Она хочет удивить нас, - думал я, - к чему это? Что за детская выходка?» Словно угадавши мои мысли, она вдруг бросила на меня быстрый и пронзительный взгляд, засмеялась опять, в два прыжка соскочила со стены и, подойдя к старушке, попросила у ней стакан воды.

- Ты думаешь, я хочу пить? - промолвила она, обратившись к брату, - нет; тут есть цветы на стенах, которые непременно полить надо.

[14] Гагин ничего не отвечал ей; а она, с стаканом в руке, пустилась карабкаться по развалинам, изредка останавливаясь, наклоняясь и с забавной важностью роняя несколько капель воды, ярко блестевших на солнце. Ее движения были очень милы, но мне по-прежнему было досадно на нее, хотя я невольно любовался ее легкостью и ловкостью. На одном опасном месте она нарочно вскрикнула и потом захохотала... Мне стало еще досаднее.

- Да она как коза лазит, - пробормотала себе под нос старушка, оторвавшись на мгновенье от своего чулка.

Наконец, Ася опорожнила весь свой стакан и, шаловливо покачиваясь, возвратилась к нам. Странная усмешка слегка подергивала ее брови, ноздри и губы; полудерзко, полувесело щурились темные глаза.

«Вы находите мое поведение неприличным, - казалось, говорило ее лицо - все равно: я знаю, вы мной любуетесь».

- Искусно, Ася, искусно, - промолвил Гагин вполголоса.

Она вдруг как будто застыдилась, опустила свои длинные ресницы и скромно подсела к нам, как виноватая. Я тут в первый раз хорошенько рассмотрел ее лицо, самое изменчивое лицо, какое я только видел. Несколько мгновений спустя оно уже все побледнело и приняло сосредоточенное, почти печальное выражение; самые черты ее мне показались больше, строже, проще. Она вся затихла. Мы обошли развалину кругом (Ася шла за нами следом) и

полюбовались видами. Между тем час обеда приближался. Расплачиваясь со старушкой, Гагин спросил еще кружку пива и, обернувшись ко мне, воскликнул с лукавой ужимкой:

- За здоровье дамы вашего сердца!

- А разве у него, - разве у вас есть такая дама? - спросила вдруг Ася.

- Да у кого же ее нет? - возразил Гагин.

Ася задумалась на мгновение; ее лицо опять изменилось, опять появилась на нем вызывающая, почти дерзкая усмешка.

[15] На возвратном[20] пути она пуще хохотала и шалила. Она сломала длинную ветку, положила ее к себе на плечо, как ружье, повязала себе голову шарфом. Помнится, нам встретилась многочисленная семья белокурых и чопорных англичан; все они, словно по команде, с холодным изумлением проводили Асю своими стеклянными глазами, а она, как бы им назло, громко запела. Воротясь домой, она тотчас ушла к себе в комнату и появилась только к самому обеду, одетая в лучшее свое платье, тщательно причесанная, перетянутая и в перчатках. За столом она держалась очень чинно, почти чопорно, едва отведывала кушанья и пила воду из рюмки. Ей явно хотелось разыграть передо мною новую роль - роль приличной и благовоспитанной барышни. Гагин не мешал ей: заметно было, что он привык потакать ей во всем. Он только по временам добродушно взглядывал на меня и слегка пожимал плечом, как бы желая сказать: «Она ребенок; будьте снисходительны». Как только кончился обед, Ася встала ... и, надевая шляпу, спросила Гагина: можно ли ей пойти к фрау Луизе?

- Давно ли ты стала спрашиваться? - отвечал он со своей неизменной, на этот раз несколько смущенной улыбкой, - разве тебе скучно с нами?

---

[20] на обратном

- Нет, но я вчера еще обещала фрау Луизе побывать у ней; притом же я думала, вам будет лучше вдвоем: господин Н. (она указала на меня) что-нибудь еще тебе расскажет.

Она ушла.

- Фрау Луизе, - сказал Гагин, стараясь избегать моего взора, - вдова бывшего здешнего бургомистра, добрая, впрочем пустая старушка. Она очень полюбила Асю. У Аси страсть знакомиться с людьми круга низшего: я заметил: причиною этому всегда бывает гордость. Она у меня очень избалована, как видите, - прибавил он, помолчав немного, - да что прикажете делать? Взыскивать я ни с кого не умею, а с нее и подавно. Я *обязан* быть снисходительным с нею.

[16] Я промолчал. Гагин переменил разговор. Чем больше я узнавал его, тем сильнее я к нему привязывался. Я скоро его понял. Это была прямо русская душа, правдивая, честная, простая, но, к сожалению, немного вялая, без цепкости и внутреннего жара. Молодость не кипела в нем ключом; она светилась тихим светом. Он был очень мил и умен, но я не мог себе представить, что с ним станется, как только он возмужает. Быть художником... Без горького, постоянного труда не бывает художников..., а трудиться, думал я, глядя на его мягкие черты, слушая его неспешную речь, - нет! трудиться ты не будешь, сдаться ты не сумеешь. Но не полюбить его не было возможности: сердце так и влеклось к нему. Часа четыре провели мы вдвоем, то сидя на диване, то медленно расхаживая перед домом; и в эти четыре часа сошлись окончательно.

Солнце село, и мне уже пора было идти домой. Ася все еще не возвращалась.

- Экая она у меня вольница! - промолвил Гагин. - Хотите, я пойду провожать вас? Мы по пути завернем к фрау Луизе; я спрошу, там ли она? Крюк не велик.

Мы спустились в город и, свернувши в узкий, кривой переулочек, остановились перед домом в два окна шириною и вышиною в четыре этажа. Второй этаж выступал на улицу больше

первого, третий и четвертый еще больше второго; весь дом с своей ветхой резьбой, двумя толстыми внизу, острой черепичной кровлей и протянутым в виде клюва воротом на чердаке казался огромной, сгорбленной птицей.

ВЫРАЖЕНИЯ СО СЛОВОМ РАЗБИРАТЬ

ВСЕ РАЗОБРАНО
Everything is taken;

РАЗБИРАТЬ ПОЧЕРК
To make out handwriting;

НЕ РАЗОБРАТЬ
To fail to make out;

НЕ РАЗОБРАТЬ ВОПРОСА
Not to understand the question;

СМЕХ РАЗБИРАЕТ КОГО-Л.
To be bursting with laughter;

БРАТЬ НЕ РАЗБИРАЯ
To take indiscriminately, to take without thinking.

- Ася! - крикнул Гагин, - ты здесь?

Освещенное окно в третьем этаже стукнуло и отворилось, и мы увидали темную головку Аси. Из-за нее выглядывало беззубое и подслеповатое лицо старой немки.

- Я здесь, - проговорила Ася, кокетливо опершись локтями на оконницу, - мне здесь хорошо. На тебе, возьми, - прибавила она, бросая Гагину ветку гераниума[21], - вообрази, что я дама твоего сердца.

Фрау Луизе засмеялась.

- Н. уходит, - возразил Гагин, - он хочет с тобой проститься. - Будто? - промолвила Ася, - в таком случае дай ему мою ветку, а я сейчас вернусь.

[17] Она захлопнула окно и, кажется, поцеловала фрау Луизе. Гагин протянул мне молча ветку.

---

[21] in modern Russian - герань

115

Я молча положил ее в карман, дошел до перевоза и пере-брался на другую сторону. Помнится, я шел домой, ни о чем не размышляя, но с странной тяжестью на сердце, как вдруг меня поразил сильный, знакомый, но в Германии редкий запах.

Я остановился и увидал возле дороги небольшую грядку конопли. Ее степной запах мгновенно напомнил мне родину и возбудил в душе страстную тоску по ней. Мне захотелось дышать русским воздухом, ходить по русской земле. «Что я здесь делаю, зачем таскаюсь в чужой стороне, между чужими?» - воскликнул я, и мертвенная тяжесть, которую я ощущал на сердце, разрешилась внезапно в горькое и жгучее волнение. Я пришел домой совсем в другом настроении духа, чем накануне. Я чувствовал себя почти рассерженным и долго не мог успокоиться. Непонятная мне самому досада меня разбирала. Наконец, я сел, и, вспомнив о своей коварной вдове, (официальным воспоминанием об этой даме заключался каждый мой день), достал одну из ее записок. Но я даже не раскрыл ее; мысли мои тотчас приняли иное направление. Я начал думать... думать об Асе. Мне пришло в голову, что Гагин в течение разговора намекнул мне на какие-то затруднения препятствующие его возвращению в Россию... «Полно, сестра ли она его?» - произнес я громко.

Я разделся, лег и старался заснуть; но час спустя я опять сидел в постели, облокотившись локтем на подушку, и снова думал об этой «капризной девочке с натянутым смехом...». «Она сложена, как маленькая рафаэлевская Галатея в Фарнезине[22], - шептал я, - да; и она ему не сестра...»

А записка вдовы преспокойно лежала на полу, белея в лучах луны.

---

[22] знаменитая фреска Рафаэля (1483-1520) «Триумф Галатеи» на вилле Фарнезина в Риме.

Глава V

[18] На следующее утро опять я пошел в Л. Я уверял себя, что мне хочется повидаться с Гагиным, но втайне меня тянуло посмотреть, что станет делать Ася, так ли она будет «чудить», как накануне. Я застал обоих в гостиной, и, странное дело! - оттого ли, что я ночью и утром много размышлял о России, - Ася показалась мне совершенно русской девушкой, да простою девушкой, чуть не горничной. На ней было старенькое платьице, волосы она зачесала за уши и сидела, не шевелясь, у окна да шила в пяльцах, скромно, тихо, точно она век свой ничем другим не занималась. Она почти ничего не говорила, спокойно посматривала на свою работу, и черты ее приняли такое незначительное, будничное выражение, что мне невольно вспомнились наши доморощенные Кати и Маши. Для довершения сходства она принялась напевать вполголоса «Матушку, голубушку»²³. Я глядел на ее желтоватое, угасшее личико, вспоминал о вчерашних мечтаниях, и жаль мне было чего-то. Погода была чудесная. Гагин объявил нам, что пойдет сегодня рисовать этюд с натуры: я спросил его, позволит ли он мне провожать его, не помешаю ли я ему? - Напротив, - возразил он, - вы мне можете хоро-ший совет дать.

[19] Он надел круглую шляпу a la Van Dyck²⁴, блузу, взял картон под мышку и отправился; я поплелся вслед за ним. Ася осталась дома. Гагин, уходя, попросил ее позаботиться о том, чтобы суп был не слишком жидок: Ася обещала побывать на кухне. Гагин добрался до знакомой уже мне долины, присел на камень и начал срисовывать старый дуплистый дуб с раскидистыми сучьями. Я

---

²³ «Матушка, голубушка» - песня композитора А.Гурилева (1802-1857).

²⁴ Ван-Дейк (1599-1640) – голландский художник.

лег на траву и достал книжку; но я двух страниц не прочел, а он только бумагу измарал; мы все больше рассуждали, и, сколько я могу судить, довольно умно и тонко рассуждали о том, как именно должно работать, чего следует избегать, чего придерживаться и какое собственно значение художника в наш век. Гагин, наконец, решил, что он «сегодня не в ударе», лег рядом со мной, и уж тут свободно потекли молодые

ВЫРАЖЕНИЯ СО СЛОВОМ УДАР

УДАР В СПИНУ
A stab in the back;

ТЯЖЁЛЫЙ УДАР
Hard/sad blow;

ОДНИМ УДАРОМ
At one blow/stroke;

СМЕРТЕЛЬНЫЙ, РОКОВОЙ УДАР
Fatal blow; death-blow;

БОМБОВЫЙ УДАР
Bombing raid/attack;

УДАР С ВОЗДУХА
Air raid;

ГЛАВНЫЙ УДАР
Main blow/attack;

НАНОСИТЬ УДАР
To strike;

УДАР ГРОМА
Thunder-clap, crash of thunder;

СТАВИТЬ ПОД УДАР
To endanger, to jeopardize;

БЫТЬ В УДАРЕ
To be at one's best, to be in good form;

УБИТЬ ДВУХ ЗАЙЦЕВ ОДНИМ УДАРОМ
To kill two birds with one stone.

наши речи, то горячие, то задумчивые, то восторженные, но почти всегда неясные речи, в

118

которых так охотно разливается русский человек. Наболтавшись досыта и наполнившись чувством удовлетворения, словно мы что-то сделали, успели в чем-то, вернулись мы домой. Я нашел Асю точно такою же, какою я ее оставил; как я ни старался наблюдать за нею - ни тени кокетства, ни признака намеренно принятой роли я в ней не заметил; на этот раз не было возможности упрекнуть ее в неестественности.

- А-га! - говорил Гагин, - пост и покаяние на себя наложила.

К вечеру она несколько раз непритворно зевнула и рано ушла к себе. Я сам скоро простился с Гагиным, и, возвратившись домой, не мечтал уже ни о чем: этот день прошел в трезвых ощущениях. Помнится, однако, ложась спать, я невольно промолвил вслух:

- Что за хамелеон эта девушка! - и, подумав немного, прибавил: - А все-таки она ему не сестра.

Глава VI

[20] Прошли целые две недели. Я каждый день посещал Гагиных. Ася словно избегала меня, но уже не позволяла себе ни одной из тех шалостей, которые так удивили меня в первые два дня нашего знакомства. Она казалась втайне огорченной или смущенной; она и смеялась меньше. Я с любопытством наблюдал за ней.

Она довольно хорошо говорила по-французски и по-немецки; но по всему было заметно, что она с детства не была в женских руках и получила воспитание странное, необычное, не имевшее ничего общего с воспитанием самого Гагина. От него, несмотря на его шляпу a la Van Dyck и блузу, так и веяло мягким, полуизнеженным, великорусским дворянином, а она не походила на барышню; во всех ее движениях было что-то неспокойное: этот дичок недавно был привит, это вино еще бродило. По природе стыдливая и

119

робкая, она досадовала на свою застенчивость и с досады насильственно старалась быть развязной и смелой, что ей не всегда удавалось. Я несколько раз заговаривал с ней об ее жизни в России, о ее прошедшем: она неохотно отвечала на мои расспросы; я узнал, однако, что до отъезда за границу она долго жила в деревне. Я застал ее раз за книгой, одну. Опершись головой на обе руки и запустив пальцы глубоко в волосы, она пожирала глазами строки.

- Браво! - сказал я, подойдя к ней, - как вы прилежны!

[21] Она подняла голову, важно и строго посмотрела на меня.

- Вы думаете, что я только смеяться умею, - промолвила она и хотела удалиться...

Я взглянул на заглавие книги: это был какой-то французский роман.

- Однако я ваш выбор похвалить не могу, - заметил я.

- Что же читать! - воскликнула она, и, бросив книгу на стол, прибавила: - Так лучше пойду дурачиться, - и побежала в сад.

В тот же день, вечером, я читал Гагину «Германа и Доротею»[25]. Ася сперва все только шныряла мимо нас, потом вдруг остановилась, приникла ухом, тихонько подсела ко мне и прослушала чтение до конца. На следующий день я опять не узнал ее, пока не догадался, что ей вдруг вошло в голову: быть домовитой и степенной, как Доротея. Словом, она являлась мне полузагадочным существом. Самолюбивая до крайности, она привлекала меня, даже когда я сердился на нее. В одном только я более и более убеждался, а именно в том, что она не сестра Гагина. Он обходился с нею не по-братски: слишком ласково, слишком снисходительно и в то же время несколько принужденно.

---

[25] «Герман и Доротея» поэма И. В. Гете (1749-1832).

Странный случай, по-видимому, подтвердил мои подозрения.

[22] Однажды вечером, подходя к винограднику, где жили Гагины, я нашел калитку запертою. Не долго думавши добрался я до одного обрушенного места в ограде, уже прежде замеченного мною, и перескочил через нее. Недалеко от этого места, в стороне от дорожки, находилась небольшая беседка из акаций; я поравнялся с нею и уже прошел было мимо... Вдруг меня поразил голос Аси, с жаром и сквозь слезы произносившей следующие слова:

- Нет, я никого не хочу любить, кроме тебя, нет, нет, одного тебя я хочу любить - и навсегда.

- Полно, Ася, успокойся, - говорил Гагин, - ты знаешь, я тебе верю.

Голоса их раздавались в беседке. Я увидал их обоих сквозь негустой переплет ветвей. Они меня не заметили.

- Тебя, тебя одного, - повторила она, бросилась ему на шею и с судорожными рыданиями начала целовать его и прижиматься к его груди.

- Полно, полно, - твердил он, слегка проводя рукой по ее волосам.

Несколько мгновений остался я неподвижным... Вдруг я встрепенулся. «Подойти к ним?.. Ни за что!» - сверкнуло у меня в голове. Быстрыми шагами вернулся я к ограде, перескочил через нее на дорогу и чуть не бегом пустился домой. Я улыбался, потирал руки, удивлялся случаю, внезапно подтвердившему мои догадки (я ни на одно мгновение не усомнился в их справедливости), а между тем на сердце у меня было очень горько. «Однако, - думал я, - умеют же они притворяться! Но к чему? Что за охота меня морочить? Не ожидал я этого от него... И что за чувствительное объяснение?»

Глава VII

[23] Я спал дурно и на другое утро встал рано, привязал походную котомочку за спину и, объявив своей хозяйке, чтобы она не ждала меня к ночи, отправился пешком в горы, вверх по течению реки, на которой лежит городок З. Эти горы, отрасли хребта, называемого Собачьей спиной (Hundsruck), очень любопытны в геологическом отношении; в особенности замечательные они правильностью и чистотой базальтовых слоев; но мне было не до геологических наблюдений. Я не отдавал себе отчета в том, что во мне происходило; одно чувство было мне ясно: нежелание видеться с Гагиным. Я

ВЫРАЖЕНИЯ СО СЛОВОМ МЕЛЬНИЦА

РУЧНАЯ МЕЛЬНИЦА
Hand-mill;

ВЕТРЯНАЯ МЕЛЬНИЦА
Windmill;

ВОДЯНАЯ МЕЛЬНИЦА
Water-mill;

КОФЕЙНАЯ МЕЛЬНИЦА
Coffee-mill;

ВОЕВАТЬ С ВЕТРЯНЫМИ МЕЛЬНИЦАМИ
To fight windmills.

уверял себя, что единственной причиной моего внезапного нерасположения к ним была досада на их лукавство. Кто принуждал их выдавать себя за родственников? Впрочем, я старался о них не думать; бродил не спеша по горам и долинам, засиживался в деревенских харчевнях, мирно беседуя с хозяевами и гостями, или ложился на плоский согретый камень и смотрел, как плыли облака, благо погода стояла удивительная. В таких занятиях я провел три дня и не без удовольствия, - хотя на сердце у меня щемило по временам.

Настроение моих мыслей приходилось как раз под стать спокойной природе того края.

Я отдал себя всего тихой игре случайности, набегавшим впечатлениям; неторопливо сменяясь, протекали они по душе и оставили в ней, наконец, одно общее чувство, в котором слилось все, что я видел, ощутил, слышал в эти три дня, - все: тонкий запах смолы по лесам, крик и стук дятлов, ... болтовня светлых ручейков с пестрыми форелями на песчаном дне, не слишком смелые очертания гор, хмурые скалы, чистенькие деревеньки с почтенными старыми церквами и деревьями, аисты в лугах, уютные мельницы с проворно вертящимися колесами, радушные лица поселян, их синие камзолы и серые чулки, скрипучие, медлительные возы, запряженные жирными лошадьми, а иногда коровами, молодые длинноволосые странники по чистым дорогам, обсаженным яблонями и грушами...

[24] Даже теперь мне приятно вспоминать мои тогдашние впечатления. Привет тебе, скромный уголок германской земли, с твоим незатейливым довольством, с повсеместными следами прилежных рук, терпеливой, хотя неспешной работы... Привет тебе и мир!

Я пришел домой к самому концу третьего дня. Я забыл сказать, что с досады на Гагиных я попытался воскресить образ жестокосердной вдовы; но мои усилия остались тщетны. Помнится, когда я принялся мечтать о ней, я увидел перед собой крестьянскую девочку лет пяти, с круглым любопытным личиком, с невинно выпученными глазенками. Она так детски-простодушно смотрела на меня... Мне стало стыдно ее чистого взора, я не хотел лгать в ее присутствии и тотчас же окончательно и навсегда раскланялся с моим прежним предметом.

Дома я нашел записку от Гагина. Он удивлялся неожиданности моего решения, пенял мне, зачем я не взял его с собою, и просил прийти к ним, как только я вернусь. Я с неудовольствием прочел эту записку, но на другой же день отправился в Л.

Глава VIII

[25] Гагин встретил меня по-приятельски, осыпал меня ласковыми упреками; но Ася, точно нарочно, как только увидела меня, расхохоталась без всякого повода и, по своей привычке, тотчас убежала. Гагин смутился, пробормотал ей вслед, что она сумасшедшая, попросил меня извинить ее. Признаюсь, мне стало очень досадно на Асю; уж и без того мне было не по себе, а тут опять этот неестественный смех, эти странные ужимки. Я, однако, показал вид, будто ничего не заметил, и сообщил Гагину подробности моего небольшого путешествия. Он рассказал мне, что делал, когда я отсутствовал. Но речи наши не клеились; Ася входила в комнатку и убегала снова; я объявил наконец, что у меня есть спешная работа и что мне пора вернуться домой. Гагин сперва меня удерживал, потом, посмотрев на меня пристально, вызвался провожать меня. В передней Ася вдруг подошла ко мне и протянула мне руку; я слегка пожал ее пальцы и едва поклонился ей. Мы вместе с Гагиным переправились через Рейн, и, проходя мимо любимого моего ясеня с статуйкой мадонны, присели на скамью, чтобы полюбоваться видом. Замечательный разговор произошел тут между нами.

Сперва мы перекинулись немногими словами, потом замолкли, глядя на светлую реку.
- Скажите, - начал вдруг Гагин, со своей обычной улыбкой, - какого вы мнения об Асе? Не правда ли, она должна казаться вам немного странной?

- Да, - ответил я не без некоторого недоумения. Я не ожидал, что он заговорит о ней.

- Ее надо хорошенько узнать, чтобы о ней судить, - промолвил он, - у ней сердце очень доброе, но голова бедовая. Трудно с ней ладить. Впрочем, ее нельзя винить, и если б вы знали ее историю...

- Ее историю?... - перебил я, - разве она не ваша ...

Гагин взглянул на меня.

- Уж не думаете ли вы, что она не сестра мне?.. Нет, - продолжал он, не обращая внимания на мое замешательство, - она точно мне сестра, она дочь моего отца. Выслушайте меня. Я чувствую к вам доверие и расскажу вам все.

ВЫРАЖЕНИЯ СО СЛОВОМ ГОЛОВА

ПРИХОДИТЬ В ГОЛОВУ
To come to one's mind, to occur;

ИМЕТЬ СВОЮ ГОЛОВУ НА ПЛЕЧАХ
To be able to think for oneself;

ГОРЯЧАЯ ГОЛОВА
Hothead;

СВЕТЛАЯ ГОЛОВА
Lucid mind, bright intellect, bright spirit;

ГОЛОВУ ДАВАТЬ НА ОТСЕЧЕНИЕ
To stake one's head/life, to lay one's life;

ДЕЙСТВОВАТЬ ЧЕРЕЗ ЧЬЮ-Л. ГОЛОВУ
To act over someone's head;

ЛОМАТЬ СЕБЕ ГОЛОВУ (НАД)
To puzzle (over), to rack one's brains (over);

НА СВОЮ ГОЛОВУ
To bring something upon oneself;

ОЧЕРТЯ ГОЛОВУ
Headlong, rashly;

ПОПЛАТИТЬСЯ ГОЛОВОЙ
To pay for something with one's life;

УДАРЯТЬ В ГОЛОВУ
To rush to one's head;

ОКУНУТЬСЯ, УЙТИ С ГОЛОВОЙ ВО ЧТО-Л.
To plunge into something, to get up to one's neck in something.

[26] Отец мой был человек весьма добрый, умный, образованный - и несчастливый... Он женился рано, по любви; жена его, моя мать, умерла очень скоро; я остался после нее шести месяцев. Отец увез меня в деревню и целые двенадцать лет не выезжал никуда. Он сам занимался моим воспитанием и никогда бы со мной не расстался, если б брат его, мой родной дядя, не заехал к нам в деревню. Дядя этот жил постоянно в Петербурге и занимал довольно важное место. Он уговорил отца отдать меня к нему на руки, так как отец ни за что не соглашался покинуть деревню. Дядя представил ему, что мальчику моих лет вредно жить в совершенном уединении, что с таким вечно унылым и молчаливым наставником, каков был мой отец, я непременно отстану от моих сверстников, да и самый нрав мой легко может испортиться. Отец долго противился увещаниям своего брата, однако уступил, наконец. Я плакал, расставаясь с отцом; я любил его, хотя никогда не видел улыбки на лице его... но, попавши в Петербург, скоро позабыл наше темное и невеселое гнездо. Я поступил в юнкерскую школу, а из школы перешел в гвардейский полк. Каждый год приезжал я в деревню на несколько недель и с каждым годом находил моего отца все более и более грустным, в себя углубленным, задумчивым до робости. Он каждый день ходил в церковь и почти разу-чился говорить. В одно из моих посещений (мне уже было лет двадцать с лишком) я в первый раз увидал у нас в доме худенькую черноглазую девочку лет десяти - Асю. Отец сказал, что она сирота и взята им на прокормление - он именно так выразился. Я не обратил особенного внимания на нее; она была дика, проворна и молчалива, как зверек, и как только я входил в любимую комнату моего отца, огромную и мрачную комнату, где скончалась моя мать и где даже днем зажигались свечи, она тотчас пряталась за вольтеровское кресло его или за шкаф с книгами. Случилось так, что в последовавшие за тем

126

три, четыре года обязанности службы помешали мне побывать в деревне. Я получал от отца ежемесячно по короткому письму; об Асе он упоминал редко, и то вскользь. Ему было уже за пятьдесят лет, но он казался еще молодым человеком. Представьте же мой ужас: вдруг я, ничего не подозревавший, получаю от приказчика письмо, в котором он меня извещает о смертельной болезни моего отца и умоляет приехать как можно скорее, если хочу проститься с ним. Я поскакал сломя голову и застал отца в живых, но уже при последнем издыхании. Он обрадовался мне чрезвычайно, обнял меня своими исхудалыми руками, долго поглядел мне в глаза каким-то не то испытующим, не то умоляющим взором, и, взяв с меня слово, что я исполню его последнюю просьбу, велел своему старому камердинеру привести Асю. Старик привел ее: она едва держалась на ногах и дрожала всем телом.

- Вот, - сказал мне с усилием отец, - завещаю тебе мою дочь - твою сестру. Ты все узнаешь от Якова, - прибавил он, указав на камердинера.

[27] Ася зарыдала и упала лицом на кровать... Полчаса спустя мой отец скончался.

Вот что я узнал. Ася была дочь моего отца и бывшей горничной моей матери, Татьяны. Живо помню я эту Татьяну, помню ее высокую стройную фигуру, ее благообразное, строгое, умное лицо с большими темными глазами. Она слыла девушкой гордой и неприступной. Сколько я мог понять из почтительных недомолвок Якова, отец мой сошелся с нею несколько лет спустя после смерти матушки. Татьяна уже не жила тогда в господском доме, а в избе у замужней сестры своей, скотницы. Отец мой сильно к ней привязался и после моего отъезда из деревни хотел даже жениться на ней, но она сама не согласилась быть его женой, несмотря на его просьбы.

- Покойница Татьяна Васильевна, - так докладывал мне Яков, стоя у двери с закинутыми назад руками, - во всем были рассудительны и не

127

захотели батюшку вашего обидеть. Что, мол, я вам за жена? Какая я барыня? Так они говорить изволили, при мне говорили-с.

Татьяна даже не хотела переселится к нам в дом и продолжала жить у своей сестры, вместе с Асей. В детстве я видывал Татьяну только по праздникам, в

ВЫРАЖЕНИЯ СО СЛОВОМ КИПЕТЬ

КИПЕТЬ ЗЛОБОЙ
To boil/seethe with anger;

ДЕЛО, РАБОТА КИПИТ
Work is in full swing;

КАК В КОТЛЕ КИПЕТЬ
To be hard pressed/driven.

церкви. Повязанная темным платком, с желтой шалью на плечах, она становилась в толпе, возле окна, - ее строгий профиль четко вырезывался на прозрачном стекле, - и смиренно и важно молилась, кланяясь низко, по-старинному. Когда дядя увез меня, Асе было всего два года, а на девятом году она лишилась матери.

[28] Как только Татьяна умерла, отец взял Асю к себе в дом. Он и прежде изъявлял желание иметь ее при себе, но Татьяна ему и в этом отказала. Представьте же себе, что должно было произойти в Асе, когда ее взяли к барину. Она до сих пор не может забыть ту минуту, когда ей в первый раз надели шелковое платье и поцеловали у ней ручку. Мать, пока была жива, держала ее очень строго; у отца она пользовалась совершенной свободой. Он был ее учителем; кроме него, она никого не видала. Он не баловал ее, то есть не нянчился с нею; но он любил ее страстно и никогда ничего ей не запрещал: он в душе считал себя перед ней виноватым. Ася скоро поняла, что она главное лицо в доме, она знала, что барин ее отец; но она так же скоро поняла свое ложное положение; самолюбие развилось в ней сильно, недоверчивость тоже; дурные привычки укоренялись, простота исчезла. Она хотела (она сама

мне раз призналась в этом) заставить *целый мир* забыть ее происхождение; она и стыдилась своей матери, и стыдилась своего стыда, и гордилась ею. Вы видите, что она многое знала и знает, чего не должно бы знать в ее годы... Но разве она виновата? Молодые силы разыгрывались в ней, кровь кипела, а вблизи ни одной руки, которая бы ее направила. Полная независимость во всем! да разве легко ее вынести? Она хотела быть не хуже других барышень; она бросилась на книги. Что тут могло выйти путного? Неправильно начатая жизнь слагалась неправильно, но сердце в ней не испортилось, ум уцелел.

И вот я, двадцатилетний малый, очутился с тринадцатилетней девочкой на руках! В первые дни после смерти отца, при одном звуке моего голоса, ее била лихорадка, ласки мои повергали ее в тоску, только понемногу, исподволь, привыкла она ко мне. Правда, потом, когда она убедилась, что я точно признаю ее за сестру и полюбил ее, как сестру, она страстно ко мне привязалась: у ней ни одно чувство не бывает вполовину.

[29] Я привез ее в Петербург. Как мне ни больно было с ней расстаться, - жить с ней вместе я никак не мог; я поместил ее в один из лучших пансионов. Ася поняла необходимость нашей разлуки, но начала с того, что заболела и чуть не умерла. Потом она обтерпелась и выжила в пансионе четыре года; но, против моих ожиданий, осталась почти такою же, какою была прежде. Начальница пансиона часто жаловалась мне на нее. «И наказать ее нельзя, - говаривала она мне, - и на ласку она не подается». Ася была чрезвычайно понятлива, училась прекрасно, лучше всех; но никак не хотела подойти под общий уровень, упрямилась, глядела букой... Я не мог слишком винить ее: в ее положении ей надо было либо прислуживаться, либо дичиться. Изо всех подруг она сошлась только с одной, некрасивой, загнанной и бедной девушкой. Остальные барышни, с которыми она воспитывалась, большей частью из

хороших фамилий, не любили ее, язвили ее и кололи, как только могли; Ася им на волос не уступала. Однажды на уроке из закона божия преподаватель заговорил о пороках. «Лесть и трусость - самые дурные пороки», - громко промолвила Ася. Словом, она продолжала идти своей дорогой; только манеры ее стали лучше, хотя и в этом отношении она, кажется, не много успела.

Наконец, ей минуло семнадцать лет; оставаться ей долее в пансионе было невозможно. Я находился в довольно большом затруднении. Вдруг мне пришла благая мысль: выйти в отставку, поехать за границу на год или на два и взять Асю с собой. Задумано - сделано; и вот мы с ней на берегах Рейна, где я стараюсь заниматься живописью, а она... шалит и чудит по-прежнему. Но теперь я надеюсь, что вы не станете судить ее слишком строго; а она хоть и притворяется, что ей все нипочем, - мнением каждого дорожит, вашим же мнением в особенности.

[30] И Гагин опять улыбнулся своей тихой улыбкой. Я крепко стиснул ему руку.

- Все так, - заговорил опять Гагин, - но с нею мне беда. Порох она настоящий. До сих пор ей никто не нравился, но беда, если она кого полюбит! Я иногда не знаю, как с ней быть. На днях она что вздумала: начала вдруг уверять меня, что я к ней стал холоднее прежнего и что она одного меня любит и век будет меня одного любить ... И при этом так расплакалась ...

- Так вот что... - промолвил было я и прикусил язык. - А скажите-ка мне, - спросил я Гагина: дело между нами пошло на откровенность, - неужели в самом деле ей до сих пор никто не нравился? В Петербурге видела же она молодых людей?

- Они-то ей и не нравились вовсе. Нет, Асе нужен герой, необыкновенный человек - или живописный пастух в горном ущелье. А впрочем, я заболтался с вами, задержал вас, - прибавил он, вставая.

130

- Послушайте, - начал я, - пойдемте к вам, мне домой не хочется.

- А работа ваша?

Я ничего не отвечал; Гагин добродушно усмехнулся, и мы вернулись в Л. Увидев знакомый виноградник и белый домик на верху горы, я почувствовал какую-то сладость - именно сладость на сердце... Мне стало легко после гагинского рассказа.

Глава IX

[31] Ася встретила нас на самом пороге дома; я снова ожидал смеха; но она вышла к нам вся бледная, молчаливая, с потупленными глазами.

- Вот он опять, - заговорил Гагин, - и, заметь, сам захотел вернуться.

Ася вопросительно посмотрела на меня. Я, в свою очередь, протянул ей руку и на этот раз крепко пожал ее холодные пальчики. Мне стало очень жаль ее; теперь я многое понимал в ней, что прежде сбивало меня с толку: ее внутреннее беспокойство, неуменье держать себя, желание порисоваться - все мне стало ясно... Я понял, почему эта странная девочка меня привлекала; не одной только полудикой прелестью, разлитой по всему ее тонкому телу, привлекала она меня: ее душа мне нравилась.

Гагин начал копаться в своих рисунках; я предложил Асе погулять со мной по винограднику. Она тотчас согласилась, с веселой и почти покорной готовностью. Мы спустились до половины горы и присели на широкую плиту.

- И вам не скучно было без нас? - начала Ася.

- А вам без меня было скучно? - спросил я.

Ася взглянула на меня сбоку.

- Да, - отвечала она. - Хорошо в горах? - продолжала она тотчас, - они высоки? Выше облаков? Расскажите мне, что вы видели. Вы рассказывали брату, но я ничего не слыхала.

- Вольно ж было вам уходить, - заметил я.

- Я уходила ... потому что ... Я теперь вот не уйду, - прибавила она с доверчивой лаской в голосе, - вы сегодня были сердиты.

- Я?

- Вы.

- Отчего же, помилуйте...

- Не знаю, но вы были сердиты и ушли сердитыми. Мне было очень досадно, что вы так ушли, и я рада, что вы вернулись.

- И я рад, что вернулся, - промолвил я.

[32] Ася повел плечами, как это часто делают дети, когда им хорошо.

- О, я умею отгадывать! - продолжала она, - бывало, я по одному папашиному кашлю из другой комнаты узнавала, доволен ли он мной или нет.

До этого дня Ася ни разу не говорила мне о своем отце. Меня это поразило.

- Вы любили вашего батюшку? - проговорил я и вдруг, к великой моей досаде, почувствовал, что краснею.

Она ничего не отвечала и покраснела тоже. Мы оба замолкли. Вдали по Рейну бежал и дымился пароход. Мы принялись глядеть на него.

- Что же вы не рассказываете? - прошептала Ася.

- Отчего вы сегодня рассмеялись, как только увидели меня? - спросил я.

- Сама не знаю. Иногда мне хочется плакать, а я смеюсь. Вы не должны судить меня... по тому, что я делаю. Ах, кстати, что это за сказка о Лорелее?[26] Ведь это *ее* скала виднеется? Говорят, она прежде всех топила, а как полюбила, сама бросилась в воду. Мне нравится эта сказка. Фрау Луизе мне всякие сказки сказывает. У фрау Луизе есть черный кот с желтыми глазами...

[33] Ася подняла голову и встряхнула кудрями.

- Ах, мне хорошо, - проговорила она.

---

[26] Лорелея – немецкая народная легенда о Лорелее легла в основу баллады Г. Гейне (1797-1856), ставшей народной песней.

В это мгновенье до нас долетели отрывочные, однообразные звуки. Сотни голосов разом и с мерными расстановками повторяли молитвенный напев: толпа богомольцев тянулась внизу по дороге с крестами и хоругвями...

- Вот бы пойти с ними, - сказала Ася, прислушиваясь к постепенно ослабевавшим взрывам голосов.

- Разве вы так набожны?

- Пойти куда-нибудь далеко, на молитву, на трудный подвиг, - продолжала она. - А то дни уходят, жизнь уйдет, а что мы сделали?

- Вы честолюбивы, - заметил я, - вы хотите прожить не даром, след за собой оставить...

- А разве это невозможно?

«Невозможно», - чуть было не повторил я... Но я взглянул в ее светлые глаза и только промолвил:

- Попытайтесь.

- Скажите,- заговорила Ася после небольшого молчания, в течение которого какие-то тени пробежали у ней по лицу, уже успевшему побледнеть, - вам очень нравилась та дама ... Вы помните, брат пил за ее здоровье в развалине, на второй день нашего знакомства?

Я засмеялся.

- Ваш брат шутил; мне ни одна дама не нравилась; по крайней мере теперь ни одна не нравится.

- А что вам нравится в женщинах? - спросила Ася, закинув голову с невинным любопытством.

- Какой странный вопрос! - воскликнул я.

Ася слегка смутилась.

- Я не должна была сделать вам такой вопрос, не правда ли? Извините меня, я привыкла болтать все, что мне в голову входит. Оттого-то я и боюсь говорить.

- Говорите ради бога, не бойтесь, - подхватил я, - я так рад, что вы, наконец, перестаете дичиться.

Ася потупилась и засмеялась тихим и легким смехом; я не знал за ней такого смеха.

- Ну, рассказывайте же, - продолжала она, разглаживая полы своего платья и укладывая их себе на ноги, точно она усаживалась надолго, - рассказывайте или прочтите что-нибудь, как, помните, вы нам читали из «Онегина» ...

Она вдруг задумалась ...

> *Где нынче крест и тень ветвей*
> *Над бедной матерью моей!* [27] -

проговорила она вполголоса.

- У Пушкина не так, - заметил я.

- А я хотела бы быть Татьяной, - продолжала она все так же задумчиво. - Рассказывайте, - подхватила она с живостью.

[34] Но мне было не до рассказов. Я глядел на нее, всю облитую ясным солнечным лучом, всю успокоенную и кроткую. Все радостно сияло вокруг нас, внизу, над нами - небо, земля и воды; самый воздух, казалось, был насыщен блеском.

- Посмотрите, как хорошо! - сказал я, невольно понизив голос.

- Да, хорошо! - так же тихо отвечала она, не смотря на меня. - Если бы мы с вами были птицы, - как бы мы взвились, как бы полетели... Так бы и утонули в этой синеве... Но мы не птицы.

- А крылья могут у нас вырасти, - возразил я.

- Как так?

- Поживите - узнаете. Есть чувства, которые поднимают нас от земли. Не беспокойтесь, у вас будут крылья.

- А у вас были?

- Как вам сказать... Кажется, до сих пор я еще не летал.

Ася опять задумалась. Я слегка наклонился к ней.

- Умеете вы вальсировать? - спросила она вдруг.

- Умею, - ответил я, несколько озадаченный.

---

[27] перифраза строк XLVI строфы VIII главы поэмы Пушкина «Евгений Онегин» (правильно: «Над бедной нянею моей...»).

- Так пойдемте, пойдемте ... Я попрошу брата сыграть нам вальс... Мы вообразим, что мы летаем, что у нас выросли крылья.

Она побежала к дому. Я побежал вслед за нею - и несколько мгновений спустя мы кружились в тесной комнате, под сладкие звуки Ланнера. Ася вальсировала прекрасно, с увлечением. Что-то мягкое, женское проступило вдруг сквозь ее девически строгий облик. Долго потом рука моя чувствовала прикосновение ее нежного стана, долго слышалось мне ее ускоренное, близкое дыхание, долго мерещились мне темные, неподвижные, почти закрытые глаза на бледном, но оживленном лице, резво обвеянном кудрями.

Глава X

[35] Весь этот день прошел как нельзя лучше. Мы веселились, как дети. Ася была очень мила и проста. Гагин радовался, глядя на нее. Я ушел поздно. Въехавши на середину Рейна, я попросил перевозчика пустить лодку вниз по течению. Старик поднял весла - и царственная река понесла нас. Глядя кругом, слушая, вспоминая, я вдруг почувствовал тайное беспокойство на сердце... поднял глаза к небу - но и в небе не было покоя: испещренное звездами, оно все шевелилось, двигалось, содрогалось; я склонился к реке... но и там, и в этой темной, холодной глубине, тоже колыхались, дрожали звезды; тревожное оживление мне чудилось повсюду - и тревога росла во мне самом. Я облокотился на край лодки... Шепот ветра в моих ушах, тихое журчанье воды за кормою меня раздражали, и свежее дыханье волны не охлаждало меня; соловей запел на берегу и заразил меня сладким ядом своих звуков. Слезы закипали у меня на глазах, но то не были слезы беспредметного восторга. Что я чувствовал, было не то смутное, еще недавно испытанное ощущение всеобъемлющих желаний, когда душа ширится, звучит, когда ей

кажется, что она все понимает и все любит.. Нет! во мне зажглась жажда счастия... Я еще не смел назвать его по имени, - но счастья, счастья до пресыщения - вот чего хотел я, вот о чем томился... А лодка все неслась, и старик перевозчик сидел и дремал, наклонясь над веслами.

Глава XI

[36] Отправляясь на следующий день к Гагиным, я не спрашивал себя, влюблен ли я в Асю, но я много размышлял о ней, ее судьба меня занимала, я радовался неожиданному нашему сближению. Я чувствовал, что только со вчерашнего дня я узнал ее; до тех пор она отворачивалась от меня. И вот, когда она раскрылась, наконец, передо мною, каким пленительным светом озарился ее образ, как он был нов для меня, какие тайный обаяния стыдливо в нем сквозили...

Бодро шел я по знакомой дороге, беспрестанно посматривая на издали белевший домик, я не только о будущем - я о завтрашнем дне не думал; мне было очень хорошо.

Ася покраснела, когда я вошел в комнату; я заметил, что она опять принарядилась, но выражение ее лица не шло к ее наряду: оно было печально. А я пришел таким веселым! Мне показалось даже, что она, по обыкновению своему, собралась было бежать, но сделала усилие над собой - и осталась. Гагин находился в том особенном состоянии художнического жара и ярости, которое, в виде припадка, внезапно овладевает дилетантами, когда они вообразят, что им удалось, как они выражаются, «поймать природу за хвост». Он стоял, весь взъерошенный и выпачканный красками, перед натянутым холстом и, широко размахивая по нем кистью, почти свирепо кивнул мне головой, отодвинулся, прищурил глаза и снова накинулся на свою картину. Я не стал мешать ему

136

и подсел к Асе. Медленно обратились ко мне ее темные глаза.

- Вы сегодня не такая, как вчера, - заметил я после тщетных усилий вызвать улыбку на ее губы.

- Нет, не такая, - возразила она неторопливым и глухим голосом. - Но это ничего. Я нехорошо спала, всю ночь думала.

- О чем?

- Ах, я о многом думала. Это у меня привычка с детства: еще с того времени, когда я жила с матушкой...

[37] Она с усилием выговорила это слово и потом еще раз повторила:

- Когда я жила с матушкой... я думала, отчего это никто не может знать, что с ним будет; а иногда и видишь беду - да спастись нельзя; и отчего никогда нельзя сказать всей правды?... Потом я думала, что я ничего не знаю, что мне надобно учиться. Меня перевоспитать надо, я очень дурно воспитана. Я не умею играть на фортепьяно, не умею рисовать, я даже шью плохо. У меня нет никаких способностей, со мной должно быть очень скучно.

- Вы несправедливы к себе, - возразил я. - Вы много читали, вы образованны, и с вашим умом...

- А я умна? - спросила она с такой наивной любознательностью, что я невольно засмеялся; но она даже не улыбнулась. - Брат, я умна? - спросила она Гагина.

Он ничего не отвечал ей и продолжал трудиться, беспрестанно меняя кисти и высоко поднимая руку.

- Я сама не знаю иногда, что у меня в голове, - продолжала Ася с тем же задумчивым видом. - Я иногда самой себя боюсь, ей-богу. Ах, я хотела бы... Правда ли, что женщинам не следует читать много?

- Много не нужно, но...

- Скажите мне, что я должна читать? скажите, что я должна делать? Я все буду делать, что вы мне скажете, - прибавила она, с невинной доверчивостью обратясь ко мне.

Я не тотчас нашелся, что сказать ей.

137

- Ведь вам не будет скучно со мной?

- Помилуйте, - начал я.

- Ну, спасибо! - возразила Ася, - а я думала, что вам скучно будет.

И ее маленькая горячая ручка крепко стиснула мою.

- Н.! - вскрикнул в это мгновение Гагин, - не темен ли этот фон?

Я подошел к нему. Ася встала и удалилась.

Глава XII

[38] Она вернулась через час, остановилась в дверях и подозвала меня рукою.

- Послушайте, - сказала она, - если б я умерла, вам было бы жаль меня?

- Что у вас за мысли сегодня! - воскликнул я.

- Я воображаю, что я скоро умру; мне иногда кажется, что все вокруг меня со мною прощается. Умереть лучше, чем жить так... Ах! не глядите так на меня; я, право, не притворяюсь. А то я вас опять бояться буду.

- Разве вы меня боялись?

- Если я такая странная, я, право, не виновата, - возразила она. - Видите, я уж и смеяться не могу...

Она осталась печальной и озабоченной до самого вечера. Что-то происходило в ней, чего я не понимал. Ее взор часто останавливался на мне; сердце мое тихо сжималось под этим загадочным взором. Она казалась спокойною - а мне, глядя на нее, все хотелось сказать ей, чтобы она не волновалась. Я любовался ею, я находил трогательную прелесть в ее побледневших чертах, в ее нерешительных, замедленных движениях - а ей почему-то воображалось, что я не в духе.

- Послушайте, - сказала она мне незадолго до прощанья, - меня мучит мысль, что вы меня считаете легкомысленной... Вы вперед всегда верьте тому, что я вам говорить буду, только и вы будьте со мной откровенны: а я вам всегда буду говорить правду, даю вам честное слово...

[39] Это «честное слово» опять заставило меня засмеяться.

- Ах, не смейтесь, - проговорила она с живостью, - а то я вам скажу сегодня то, что вы мне сказали вчера: «Зачем вы смеетесь?» - и, помолчав немного, она прибавила: - Помните, вы вчера говорили о крыльях?... Крылья у меня выросли - да лететь некуда.

- Помилуйте, - промолвил я, - перед вами все пути открыты...

Ася посмотрела мне прямо и пристально в глаза.

- Вы сегодня дурного мнения обо мне, - сказала она, нахмурив брови.

- Я? дурного мнения? о вас!...

- Что вы точно в воду опущенные, - перебил меня Гагин, - хотите, я, по-вчерашнему, сыграю вам вальс?

- Нет, нет, - возразила Ася и стиснула руки, - сегодня ни за что!

- Я тебя не принуждаю, успокойся...

- Ни за что, - повторила она, бледнея.

«Неужели она меня любит?» - думал я, подходя к Рейну, быстро катившему темные волны.

Глава XIII

«Неужели она меня любит?» - спрашивал я себя на другой день, только что проснувшись. Я не хотел заглядывать в самого себя. Я чувствовал, что ее образ, образ «девушки с натянутым смехом», втеснился мне в душу и что мне от него не скоро отделаться. Я пошел в Л. и остался там целый день, но Асю видел только мельком. Ей нездоровилось, у ней голова болела. Она сошла вниз, на минутку, с повязанным лбом, бледная, худенькая, с почти закрытыми глазами; слабо улыбнулась, сказала: «Это пройдет, это ничего, все пройдет, не правда ли?» - и ушла. Мне стало скучно и как-то грустно-пусто; я, однако, долго не хотел уходить и вернулся поздно, не увидав ее более.

[40] Следующее утро прошло в каком-то полусне сознания. Я хотел приняться за работу - не мог; хотел ничего не делать и не думать... и это не удалось. Я бродил по городу; возвращался домой, выходил снова.

- Вы ли господин Н.? - раздался вдруг за мной детский голос. Я оглянулся; передо мною стоял мальчик. - Это вам от фрейлейн Annette, - прибавил он, подавая мне записку.

Я развернул ее - и узнал неправильный и быстрый почерк Аси. «Я непременно должна вас видеть, - писала мне она, - приходите сегодня в четыре часа к каменной часовне на дороге возле развалины. Я сделала сегодня большую неосторожность... Приходите, ради бога, вы все узнаете... Скажите посланному: да».

- Будет ответ? - спросил меня мальчик.
- Скажи, что да, - отвечал я.
Мальчик убежал.

Глава XIV

[41] Я пришел к себе в комнату, сел и задумался. Сердце во мне сильно билось. Несколько раз перечел я записку Аси. Я посмотрел на часы: и двенадцати еще не было.

Дверь отворилась - вошел Гагин.

Лицо его было пасмурно. Он схватил меня за руку и крепко пожал ее. Он казался очень взволнованным.

- Что с вами? - спросил я.

Гагин взял стул и сел против меня.

- Четвертого дня, - начал он с принужденной улыбкой и запинаясь, - я удивил вас своим рассказом; сегодня удивлю еще более. С другим я, вероятно, не решился бы...так прямо... Но вы благородный человек, вы мне друг, не так ли? Послушайте: моя сестра, Ася, в вас влюблена.

140

Я вздрогнул и приподнялся...

- Ваша сестра, говорите вы...

- Да, да, - перебил меня Гагин. - Я вам говорю, она сумасшедшая и меня с ума сведет. Но, к счастью, она не умеет лгать - и доверяет мне. Ах, что за душа у этой девочки... но она себя погубит, непременно.

- Да вы ошибаетесь, - начал я.

- Нет, не ошибаюсь. Вчера, вы знаете, она почти целый день пролежала, ничего не ела, впрочем не жаловалась... Она никогда не жалуется. Я не беспокоился, хотя к вечеру у нее сделался небольшой жар. Сегодня, в два часа ночи, меня разбудила наша хозяйка: «Ступайте, говорит, к вашей сестре: с ней что-то худо». Я побежал к Асе и нашел ее нераздетою, в лихорадке, в слезах; голова у нее горела, зубы стучали. «Что с тобой? - спросил я, - ты больна?» Она бросилась мне на шею и начала умолять меня увезти ее как можно скорее, если я хочу, чтобы она осталась в живых... Я ничего не понимаю, стараюсь ее успокоить... Рыдания ее усиливаются... и вдруг сквозь эти рыдания услышал я... Ну, словом, я услышал, что она вас любит. Уверяю вас, мы с вами, благоразумные люди, и представить себе не можем, как она глубоко чувствует и с какой невероятной силой высказываются в ней эти чувства; это находит на нее так же неожиданно и так же неотразимо, как гроза. Вы очень милый человек, - продолжал Гагин, - но почему она вас так полюбила - этого я, признаюсь, не понимаю. Она говорит, что привязалась к вам с первого взгляда. Оттого она и плакала на днях, когда уверяла меня, что, кроме меня, никого любить не хочет. Она воображает, что вы ее презираете, что вы, вероятно, знаете, кто она; она спрашивала меня, не рассказал ли я вам ее историю, - я, разумеется, сказал, что нет; но чуткость ее - просто страшна. Она желает одного: уехать, уехать тотчас. Я просидел с ней до утра; она взяла с меня слово, что нас завтра же здесь не будет, - и

141

тогда только она заснула. Я подумал, подумал и решился - поговорить с вами. По-моему, Ася права: самое лучшее - уехать нам обоим отсюда. И я сегодня же бы увез ее, если б не пришла мне в голову мысль, которая меня остановила. Может быть... как знать? - вам сестра моя нравится? Если так, с какой стати я увезу ее? Я вот и решился, отбросив в сторону всякий стыд... Притом же я сам кое-что заметил... Я решился... узнать от вас... - Бедный Гагин смутился. – Извините меня, пожалуйста, - прибавил он, - я не привык к таким передрягам.

[42] Я взял его за руку.

- Вы хотите знать, - произнес я твердым голосом, - нравится ли мне ваша сестра? Да, она мне нравится...

Гагин взглянул на меня.

- Но, - проговорил он, запинаясь, - ведь вы не женитесь на ней?

- Как вы хотите, чтобы я отвечал на такой вопрос? Посудите сами, могу ли я теперь...

- Знаю, знаю, - перебил меня Гагин. - Я не имею никакого права требовать от вас ответа, и вопрос мой - верх неприличия... Но что прикажете делать? С огнем шутить нельзя. Вы не знаете Асю; она в состоянии занемочь, убежать, свиданье вам назначить... Другая умела бы все скрыть и выждать – но не она. С нею это в первый раз - вот что беда! Если бы вы видели, как она сегодня рыдала у ног моих, вы бы поняли мои опасения.

Я задумался. Слова Гагина «свиданье вам назначить» кольнули меня в сердце. Мне показалось постыдным не отвечать откровенностью на его честную откровенность.

- Да, - сказал я наконец, - вы правы. Час тому назад я получил от вашей сестры записку. Вот она.

[43] Гагин взял записку, быстро пробежал ее и уронил руки на колени. Выражение изумления на его лице было очень забавно, но мне было не до смеху.

- Вы, повторяю, благородный человек, - проговорил он, - но что же теперь делать? Как? она сама хочет уехать, и пишет к вам, и упрекает себя в неосторожности... и когда это она успела написать? Чего ж она хочет от вас?

Я успокоил его, и мы принялись толковать хладно-кровно по мере возможности о том, что нам следовало пред-принять.

Вот на чем мы остановились, наконец: во избежание беды я должен был идти на свидание и честно объясниться с Асей; Гагин обязался сидеть дома и не подать вида, что ему известна ее записка; а вечером мы положили сойтись опять.

- Я твердо надеюсь на вас, - сказал Гагин и стиснул мне руку, - пощадите и ее и меня. А уезжаем мы все-таки завтра - прибавил он, вставая, - потому что ведь вы на Асе не женитесь.

- Дайте мне сроку до вечера, - возразил я.

- Пожалуй, но вы не женитесь.

Он ушел, а я бросился на диван и закрыл глаза. Голова у меня ходила кругом: слишком много впечатлений в нее нахлынуло разом. Я досадовал на откровенность Гагина, я досадовал на Асю, ее любовь меня и радовала и смущала. Я не мог понять, что заставило ее все высказать брату; неизбежность скорого, почти мгновенного решения терзала меня...

«Жениться на семнадцатилетней девочке, с ее нравом, как это можно!» - сказал я, вставая.

Глава XV

[44] В условленный час я переправился через Рейн, и первое лицо, встретившее меня на противоположном берегу, был тот самый мальчик, который приходил ко мне поутру. Он, по-видимому, ждал меня.

- От фрейлейн Annette, - сказал он шепотом и подал мне другую записку.

Ася извещала меня о перемене места нашего свидания. Я должен был прийти через полтора часа не к часовне, а в дом к фрау Луизе, постучаться внизу и войти в третий этаж.

- Опять: да? - спросил меня мальчик.

- Да, - повторил я и пошел по берегу Рейна.

Вернуться домой было некогда, я не хотел бродить по улицам. За городской стеною находился маленький сад с навесом для кеглей и столами для любителей пива. Я вошел туда. Несколько уже пожилых немцев играли в кегли; со стуком катились деревянные шары, изредка раздавались одобрительные восклицания. Хорошенькая служанка с заплаканными глазами принесла мне кружку пива; я взглянул в ее лицо. Она быстро отворотилась и отошла прочь.

- Да, да, - промолвил тут же сидевший толстый и краснощекий гражданин, - Ганхен наша сегодня очень огорчена: жених ее пошел в солдаты.

[45] Я посмотрел на нее; она прижалась в уголок и подперла рукой щеку; слезы капали одна за другой по ее пальцам. Кто-то спросил пива; она принесла ему кружку и опять вернулась на свое место. Ее горе подействовало на меня; я начал думать об ожидавшем меня свидании, но мои думы были заботливые, невеселые думы. Не с легким сердцем шел я на это свидание, не предаваться радостям взаимной любви предстояло мне; мне предстояло сдержать данное слово, исполнить трудную обязанность. «С ней шутить нельзя» - эти слова Гагина, как стрелы, впились в мою душу. А еще четвертого дня в этой лодке, не томился ли я жаждой счастья? Оно стало возможным - и я колебался, и отталкивал, я должен был оттолкнуть его прочь... Его внезапность меня смущала. Сама Ася, с ее огненной головой, с ее прошедшим, с ее воспитанием, это привлекательное, но странное существо - признаюсь, она меня пугала. Долго боролись во мне чувства. Назначенный срок

144

приближался. «Я не могу на ней жениться, - решил я, наконец, - она не узнает, что и я полюбил ее».

Я встал - и, положив талер в руку бедной Ганхен (она даже не поблагодарила меня), направился к дому фрау Луизе. Вечерние тени уже разливались в воздухе, и узкая полоса неба, над темной улицей, алела отблеском зари. Я слабо стукнул в дверь; она тотчас отворилась. Я переступил порог и очутился в совершенной темноте.

- Сюда! - послышался старушечий голос. - Вас ждут.

Я шагнул раза два ощупью, чья-то костлявая рука взяла мою руку.

- Вы это, фрау Луизе? - спросил я.

- Я, - отвечал мне тот же голос, - я, мой прекрасный молодой человек.

Старуха повела меня опять вверх, по крутой лестнице, и остановилась на площадке третьего этажа. При слабом свете, падавшем из крошечного окошка, я увидал морщинистое лицо вдовы бургомистра. Приторно-лукавая улыбка растя-гивала ее ввалившиеся губы, ежила тусклые глазки. Она указала мне на маленькую дверь. Судорожным движением руки отворил я ее и захлопнул за собой.

Глава XVI

[46] В небольшой комнате, куда я вошел, было довольно темно, и я не тотчас увидел Асю. Закутанная в длинную шаль, она сидела на стуле возле окна, отвернув и почти спрятав голову, как испуганная птичка. Она дышала быстро и вся дрожала. Мне стало несказанно жалко ее. Я подошел к ней. Она еще больше отвернула голову...

- Анна Николаевна, - сказал я.

Она вдруг вся выпрямилась, хотела взглянуть на меня - и не могла. Я схватил ее руку, она была холодна и лежала, как мертвая, на моей ладони.

- Я желала... - начала Ася, стараясь улыбнуться, но ее бледные губы не слушались ее, - я хотела... Нет, не могу, - проговорила она и умолкла. Действительно, голос ее прерывался на каждом слове.

Я сел подле нее.

- Анна Николаевна, - повторил я и тоже не мог ничего прибавить.

Настало молчание. Я продолжал держать ее руку и глядел на нее. Она по-прежнему вся сжималась, дышала с трудом и тихонько покусывала нижнюю губу, чтобы не заплакать, чтобы удержать накипавшие слезы... Я глядел на нее; было что-то трогательно-беспомощное в ее робкой неподвижности: точно она от усталости едва добралась до стула и так и упала на него. Сердце во мне растаяло...

- Ася, - сказал я чуть слышно...

Она медленно подняла на меня свои глаза... О, взгляд женщины, которая полюбила, - кто тебя опишет? Они молили, эти глаза, они доверялись, вопрошали, отдавались... Я не мог противиться их обаянию. Тонкий огонь пробежал по мне жгучими иглами, я нагнулся и приник к ее руке...

[47] Послышался трепетный звук, похожий на прерывистый вздох, и я почувствовал на моих волосах прикосновение слабой, как лист дрожавшей руки. Я поднял голову и увидел ее лицо. Как оно вдруг преобразилось! Выражение страха исчезло с него, взор ушел куда-то далеко и увлекал меня за собою, губы слегка раскрылись, лоб побледнел как мрамор, и кудри отодвинулись назад, как будто ветер их откинул. Я забыл все, я потянул ее к себе - покорно повиновалась ее рука, все тело ее повлеклось вслед за рукою, шаль покатилась с плеч, и голова ее тихо легла на мою грудь, легла под мои загоревшиеся губы...

- Ваша... - прошептала она чуть слышно.

146

Уже руки мои скользили вокруг ее стана... Но вдруг воспоминание о Гагине, как молния, меня озарило.

- Что мы делаем!.. - воскликнул я и судорожно отодвинулся назад. - Ваш брат... ведь он все знает... Он знает, что я вижусь с вами.

Ася опустилась на стул.

- Да, - продолжал я, вставая и отходя на другой угол комнаты. - Ваш брат все знает... Я должен был ему все сказать.

- Должны? - проговорила она невнятно. Она, видимо, не могла еще прийти в себя и плохо меня понимала.

- Да, да, - повторил я с каким-то ожесточением, - и в этом вы одни виноваты, вы одни. Зачем вы сами выдали вашу тайну? Кто заставлял вас все высказать вашему брату? Он сегодня был сам у меня и передал мне ваш разговор с ним. - Я старался не глядеть на Асю и ходил большими шагами по комнате. - Теперь все пропало, все, все.

Ася поднялась было со стула.

- Останьтесь, - воскликнул я, - останьтесь, прошу вас. Вы имеете дело с честным человеком, - да, с честным человеком.

[48] Но, ради бога, что взволновало вас? Разве вы заметили во мне какую перемену? А я не мог скрываться перед вашим братом, когда он пришел сегодня ко мне.

«Что я такое говорю?» - думал я про себя, и мысль, что я безнравственный обманщик, что Гагин знает о нашем свидании, что все искажено, обнаружено, - так и звенела у меня в голове.

- Я не звала брата, - послышался испуганный шепот Аси, - он пришел сам.

- Посмотрите же, что вы наделали, - продолжал я. - Теперь вы хотите уехать...

- Да, я должна уехать, - так же тихо проговорила она, - я и попросила вас сюда для того только, чтобы проститься с вами.

- И вы думаете, - возразил я, - мне будет легко с вами расстаться?

- Но зачем же вы сказали брату? - с недоумением повторила Ася.

- Я вам говорю - я не мог поступить иначе. Если бы вы сами не выдали себя...

- Я заперлась в моей комнате,- возразила она простодушно, - я не знала, что у моей хозяйки был другой ключ...

Это невинное извинение, в ее устах, в такую минуту - меня тогда чуть не рассердило... а теперь я без умиления не могу его вспомнить. Бедное, честное, искреннее дитя!

- И вот теперь все кончено! - начал я снова. - Все. Теперь нам должно расстаться. - Я украдкой взглянул на Асю... лицо ее быстро краснело. Ей, я это чувствовал, и стыдно становилось и страшно. Я сам ходил и говорил как в лихорадке. - Вы не дали развиться чувству, которое начинало созревать, вы сами разорвали нашу связь, вы не имели ко мне доверия, вы усомнились во мне...

[49] Пока я говорил, Ася все больше и больше наклонялась вперед - и вдруг упала на колени, уронила голову на руки и зарыдала. Я подбежал к ней, пытался поднять ее, но она мне не давалась. Я не выношу женских слез: при виде их я теряюсь тотчас.

- Анна Николаевна, Ася, - твердил я, - пожалуйста, умоляю вас, ради бога, перестаньте... - Я снова взял ее за руку...

Но, к величайшему моему изумлению, она вдруг вскочила - с быстротою молнии бросилась к двери и исчезла...

Когда несколько минут спустя фрау Луизе вошла в комнату - я все еще стоял по самой середине ее, уж точно как громом пораженный. Я не понимал, как могло это свидание так быстро, так глупо кончиться - кончиться, когда я и сотой доли не сказал того, что хотел, что должен был сказать, когда я еще сам не знал, чем оно разрешиться...

- Фрейлейн ушла? - спросила меня фрау Луизе, приподняв свои желтые брови до самой накладки.

Я посмотрел на нее как дурак - и вышел вон.

Глава XVII

[50] Я выбрался из города и пустился прямо в поле. Досада, досада бешеная, меня грызла. Я осыпал себя укоризнами. Как я мог не понять причину, которая заставила Асю переменить место нашего свидания, как не оценить, чего ей стоило прийти к этой старухе, как я не удержал ее! Наедине с ней в той глухой, едва освещенной комнате у меня достало силы, достало духа - оттолкнуть ее от себя, даже упрекать ее... А теперь ее образ меня преследовал, я просил у нее прощения; воспоминания об этом бледном лице, об этих влажных и робких глазах, о развитых волосах, о легком прикосновении ее головы к моей груди - жгли меня. «Ваша...» - слышался мне ее шепот. «Я поступил по совести», - уверял я себя... Неправда! Разве я точно хотел такой развязки? Разве я в состоянии с ней расстаться? Разве я могу лишиться ее? «Безумец! Безумец!» - повторял я с озлоблением...

Между тем ночь наступала. Большими шагами направился я к дому, где жила Ася.

Глава XVIII

[51] Гагин вышел мне навстречу.

- Видели вы сестру? - закричал он мне еще издали.

- Разве ее нет дома? - спросил я.

- Нет.

- Она не возвращалась?

- Нет. Я виноват, - продолжал Гагин, - не мог утерпеть: против нашего уговора, ходил к часовне; там ее не было; стало быть, она не приходила?

- Она не была у часовни.

- И вы ее не видели?

149

Я должен был сознаться, что я ее видел.

- Где?

- У фрау Луизе. Я расстался с ней час тому назад, - прибавил я, - я был уверен, что она домой вернулась.

- Подождем, - сказал Гагин.

Мы вошли в дом и сели друг подле друга. Мы молчали. Нам очень неловко было обоим. Мы беспрестанно оглядывались, посматривали на дверь, прислушивались. Наконец, Гагин встал.

- Это ни на что не похоже! - воскликнул он, - у меня сердце не на месте. Она меня уморит, ей-богу... пойдемте искать ее.

Мы вышли. На дворе уже совсем стемнело.

- О чем же вы с ней говорили? - спросил меня Гагин, надвигая шляпу на глаза.

- Я видел ее всего минут пять, - отвечал я, - я говорил с ней, как было условлено.

- Знаете ли что? - возразил он, - лучше нам разойтись, этак мы скорее на нее наткнуться можем. Во всяком случае приходите сюда через час.

Глава XIX

[52] Я проворно спустился с виноградника и бросился в город. Быстро обошел я все улицы, заглянул всюду, даже в окна фрау Луизе, вернулся к Рейну и побежал по берегу... Изредка попадались мне женские фигуры, но Аси нигде не было видно. Уже не досада меня грызла, - тайный страх терзал меня, и не один страх я чувствовал... нет, я чувствовал раскаяние, сожаление самое жгучее, любовь - да! - самую нежную любовь. Я ломал руки, я звал Асю посреди надвигавшейся ночной тьмы, сперва вполголоса, потом все громче и громче; я повторял сто раз, что я ее люблю, я клялся никогда с ней не расставаться; я дал бы все на свете, чтобы опять держать ее холодную руку, опять слышать ее тихий голос, опять видеть ее перед собою... Она была так близка, она пришла ко мне с полной решимостью, в полной невинности сердца

и чувств, она принесла мне свою нетронутую молодость... и я не прижал ее к своей груди, я лишил себя блаженства увидеть, как ее милое лицо расцвело бы радостью и тишиной восторга... Эта мысль меня с ума сводила.

«Куда она могла пойти, что она с собою сделала?» - восклицал я в тоске бессильного отчаяния... Что-то белое мелькнуло вдруг на самом берегу реки. Я знал это место; там, над могилой человека, утонувшего лет семьдесят тому назад, стоял до половины вросший в землю каменный крест со старинной надписью. Сердце во мне замерло... Я подбежал к кресту: белая фигура исчезла. Я крикнул: «Ася!» Дикий голос испугал меня самого - но никто не отозвался...

Я решил пойти узнать, не нашел ли ее Гагин.

Глава XX

[53] Быстро взбираясь по тропинке виноградника, я увидел свет в комнате Аси... Это меня несколько успокоило.

Я подошел к дому; дверь внизу была заперта, я постучался. Неосвещенное окошко в нижнем этаже осторожно отворилось, и показалась голова Гагина.

- Нашли? - спросил я его.

- Она вернулась, - ответил он мне шепотом, - она в своей комнате и раздевается. Все в порядке.

- Слава богу! - воскликнул я с несказанным порывом радости, - слава богу! Теперь все прекрасно. Но вы знаете, мы должны еще переговорить.

- В другое время, - возразил он, тихо потянув к себе раму, - в другое время, а теперь прощайте.

- До завтра, - сказал я, - завтра все будет решено.

- Прощайте, - повторил Гагин. Окно затворилось.

Я чуть было не постучал в окно. Я хотел тогда же сказать Гагину, что я прошу руки его сестры. Но такой сватанье в такую пору... «До завтра, - подумал я, - завтра я буду счастлив...»

Завтра я буду счастлив! У счастья нет завтрашнего дня; у него нет и вчерашнего; оно не помнит прошедшего, не думает о будущем; у него есть настоящее - и то не день, а мгновенье.

Я не помню, как я дошел до З. Не ноги меня несли, не лодка меня везла: меня поднимали какие-то широкие, сильные крылья. Я прошел мимо куста, где пел соловей, я остановился и долго слушал: мне казалось, он пел мою любовь и мое счастье.

Глава XXI

[54] Когда, на другой день утром, я стал подходить к знакомому домику, меня поразило одно обстоятельство: все окна в нем были раскрыты и дверь тоже была раскрыта; какие-то бумажки валялись перед порогом; служанка с метлой показалась за дверью.

Я приблизился к ней...

- Уехали! - брякнула она, прежде чем я успел спросить ее: дома ли Гагин?

- Уехали?... - повторил я. - Как уехали? Куда?

- Уехали сегодня утром, в шесть часов, и не сказали куда. Постойте, ведь вы, кажется, господин Н.?

- Я господин Н.

- К вам есть письмо у хозяйки. - Служанка пошла наверх и вернулась с письмом. - Вот-с, извольте.

- Да не может быть... Как же это так?.. - начал было я.

Служанка тупо посмотрела на меня и принялась мести.

Я развернул письмо. Ко мне писал Гагин; от Аси не было ни строчки. Он начал с того, что просил не сердиться на него за внезапный отъезд; он был уверен, что, по зрелом соображении, я одобрю его решение. Он не находил другого выхода из положения, которое могло сделаться затруднительным и опасным. «Вчера вечером, - писал он, - пока мы оба молча ждали Асю, я

152

убедился окончательно в необходимости разлуки. Есть предрассудки, которые я уважаю; я понимаю, что вам нельзя жениться на Асе. Она мне все сказала; для ее спокойствия я должен был уступить ее повторенным, усиленным просьбам». В конце письма он изъявлял сожаление о том, что наше знакомство так скоро прекратилось, желал мне счастья, дружески жал мне руку и умолял меня не стараться их отыскивать.

«Какие предрассудки? - вскричал я, как будто он мог меня слышать, - что за вздор! Кто дал право похитить ее у меня...» Я схватил себя за голову...

[55] Служанка начала громко кликать хозяйку: ее испуг заставил меня прийти в себя. Одна мысль во мне загорелась: сыскать их, сыскать во что бы то ни стало. Принять этот удар, примириться с такой развязкой было невозможно. Я узнал от хозяйки, что они в шесть часов утра сели на пароход и поплыли вниз по Рейну. Я отправился в контору: там мне сказали, что они взяли билеты до Кельна. Я пошел домой с тем, чтобы тотчас уложиться и поплыть вслед за ними. Мне пришлось идти мимо дома фрау Луизе... Вдруг я слышу: меня кличет кто-то. Я поднял голову и увидал в окне той самой комнаты, где я накануне виделся с Асей, вдову бургомистра. Она улыбалась своей противной улыбкой и звала меня. Я отвернулся и прошел было мимо; но она мне крикнула мне вслед, что у нее есть что-то для меня. Эти слова меня остановили, и я вошел в ее дом. Как передать мои чувства, когда я увидал опять эту комнатку...

- По-настоящему, - начала старуха, показывая мне маленькую записку, - я бы должна была дать вам это только в случае, если бы вы зашли ко мне сами, но вы такой прекрасный молодой человек. Возьмите.

Я взял записку.

На крошечном клочке бумаги стояли следующие слова, торопливо начерченные карандашом:

«Прощайте, мы не увидимся более. Не из гордости я уезжаю - нет, мне нельзя иначе. Вчера, когда я плакала перед вами, если б вы мне сказали одно слово, одно только слово - я бы осталась. Вы его не сказали. Видно, так лучше... Прощайте навсегда!»

[56] Одно слово... О, я безумец! Это слово... я со слезами повторял его накануне, я расточал его на ветер, я твердил его среди пустых полей... но я не сказал его ей, я не сказал ей, что я люблю ее... ... Когда я встретился с ней в той роковой комнате, во мне еще не было ясного сознания моей любви: оно не проснулось даже тогда, когда я сидел с ее братом в бессмысленном и тягостном молчании... оно вспыхнуло с неудержимой силой лишь несколько мгновений спустя, когда, испуганный возможностью несчастья, я стал искать и звать ее... но тогда уже было поздно. «Да это невозможно!» - скажут мне; не знаю, возможно ли это, - знаю, что это правда. Ася бы не уехала, если б в ней была хоть тень кокетства и если б ее положение не было ложно. Она не могла вынести того, что всякая другая снесла бы; я этого не понял. Недобрый мой гений остановил признание на устах моих при последнем свидании с Гагиным перед потемневшим окном, и последняя нить, за которую я еще мог ухватиться, - выскользнула из рук моих.

В тот же день я вернулся с уложенным чемоданом в город Л. и поплыл в Кельн. Помню, пароход уже отчаливал, и я мысленно прощался с этими улицами, со всеми этими местами, которые я уже никогда не должен был позабыть, - я увидел Ганхен. Она сидела возле берега на скамье. Лицо ее было бледно, но не грустно; молодой красивый парень стоял рядом с нею и, смеясь, рассказывал ей что-то, а на другой стороне Рейна маленькая моя мадонна все так же печально выглядывала из темной зелени старого ясеня.

Глава XXII

[57] В Кельне я напал на след Гагиных; я узнал, что они поехали в Лондон; я пустился вслед за ними; но в Лондоне все мои розыски остались тщетными. Я долго не хотел смириться, я долго упорствовал, но я должен был отказаться, наконец, от надежды настигнуть их.

И я не увидел их более - я не увидел Аси. Темные слухи доходили до меня о нем, но она навсегда для меня исчезла. Я даже не знаю, жива ли она. Однажды, несколько лет спустя, я мельком увидал за границей, в вагоне железной дороги, женщину, лицо которой живо напомнило мне незабвенные черты... но я, вероятно, был обманут случайным сходством. Ася осталась в моей памяти той самой девочкой, какою я знавал ее в лучшую пору своей жизни, какою я ее видел в последний раз, наклоненной на спинку низкого деревянного стула.

Впрочем, я должен сознаться, что я не слишком долго грустил по ней; я даже нашел, что судьба хорошо распоря-дилась, не соединив меня с Асей; я утешался мыслию, что я, вероятно, не был бы счастлив с такой женой. Я был тогда молод - и будущее, это короткое, быстрое будущее, казалось мне беспредельным. Разве не может повториться то, что было, думал я, и еще лучше, еще прекраснее?.. Я знавал других женщин - но чувство, возбужденное во мне Асей, то жгучее, нежное, глубокое чувство, уже не повторилось. Нет! ни одни глаза не заменили мне тех, когда-то с любовию устремленных на меня глаз, ни на чье сердце, припавшее к моей груди, не отвечало мое сердце таким радостным и сладким замиранием! Осужденный на одиночество бессемейного бобыля, доживаю я скучные годы, но я храню, как святыню, ее записочки и высохший цветок гераниума, тот самый цветок, который она некогда бросила мне из окна. Он до сих пор издает слабый запах, а рука, мне давшая его, та рука, которую мне только раз

155

пришлось прижать к губам моим, быть может, давно уже тлеет в могиле... И я сам - что сталось со мною? Что осталось от меня, от тех блаженных и тревожных дней, от тех крылатых надежд и стремлений? Так легкое испарение ничтожной травки переживает все радости и все горести человека - переживает самого человека.

1858 г.

Словарь

[1] вырваться на волю – to break free; мир божий – God's world; заботы (plural) – troubles; заводиться – to be set up, to be established; to be wound up (about mechanism), to get worked out (about a person); без оглядки – without looking back; процветать – to flourish; не приходить в голову – not to come to one's head; пряник – gingerbread cookie; золоченый – gilded; памятник – sight, place of interest; возбуждать – excite, arouse; тоска - melancholy, depression, yearning; чрезвычайно – extremely; утес – cliff; водопад – waterfall; забавлять – to entertain; ненасытный – insatiable; уединение – solitude, seclusion; быть пораженным в сердце – to be struck in the heart; вдова – widow; хорош собой – good-looking; кокетничать – to flirt; уязвить – to sting, to wound; пожертвовать – sacrifice; баварский лейтенант – Bavarian lieutenant; тешиться – to enjoy oneself.

[2] местоположение – location; у подошвы холмов – at the foot of hills; дряхлый – decrepit; башня – tower; липа – lime-tree; крутой мост – steep bridge; пристально – intently; безмятежный – serene, tranquil, placid; волнующий – exciting, perturbing, disturbing; колокольня – bell tower; переливаться – *here:* to play, to glitter; струя – stream, jet; глянец – polish, gloss; бережливый – thrifty; теплиться – glimmer, gleam; виноградная лоза – grape vine; колодец – well; свисток – whistle; ночной сторож – night guard; ластиться – to caress.

156

[3] величавый – stately, majestic; напряжение – tension; коварный – insidious, crafty; ясень – ash-tree; пронзенный – pierce; противоположный – opposite; карабкаться – to climb; насмоленный – resined, tar pitched; брюхо – belly; надувшиеся паруса – filled sails; вспухать – to swell; урчать – to purr; контрабас – *musical:* double-bass, contrabass;

ФРАЗЕОЛОГИЗМЫ

ЧЕМ БЫ ДИТЯ НЕ ТЕШИЛОСЬ, ЛИШЬ БЫ НЕ ПЛАКАЛО
Literate: no matter what a child is playing with, as long as he doesn't cry; everything for a quiet life;

МИЛЫЕ БРАНЯТСЯ – ТОЛЬКО ТЕШАТСЯ
Lovers don't argue seriously, lovers argue only to make peace;

ПРОНЗАТЬ ВЗГЛЯДОМ
To pierce with one's glance;

НЕ ПЛЮЙ В КОЛОДЕЦ, ПРИГОДИТСЯ ВОДЫ НАПИТЬСЯ
Don't spit into the well – you might have to drink from it.

гудеть – to honk; отрывисто – abrupt; свистать – to whistle; плисовый жилет – velveteen waistcoat; башмак с пряжкой – buckled shoe; предварительно – in advance; мундштук трубки – mouthpiece for a pipe.

[4] торжественный пир – solemn feast; братство – fraternity; установленный – established, fixed; пировать – to feast; нанимать - to hire; вывеска – sign; веять – to blow; бульдог – bulldog; беседка из плюща – ivy pavilion; усердно – zealous; глазеть – to stare; заезжий – stranger; кипение – boiling; порыв – impulse; поджигать – to set fire, to set on fire.

[5] захолустье – back of beyond, remote place; запнуться – to stumble, to halt; to hesitate, to stammer; неохотно unwillingly; за границей – abroad; покрой платья – cut of a dress; повелительный - imperative, authoritative; настораживаться – to prick up one's ears, to put on one's guard; чередоваться – to alternate, to take turns; недоуменье

– bewilderment, perplexity; избегать – to avoid.

[6] миловидный – pretty; развитый – developed; походить на своего брата – to look like his/her brother.

[7] булыжник – cobble stone; бойница – loop hole, gun slot; ограда – fence; калитка – wicket-gate; отворить – to open; тропинка – path; алый – crimson, scarlet; лоза – vine; тычинка – stamen; плитняк – flagstone; перекладина – cross beam, horizontal bar; багряный – crimson; приютиться – to take shelter; колыхаться – to sway, to wave; раздольный – free, easy; распоряжаться – to order, to make arrangements.

[8] поднос – tray; подвижный – mobile, lively; смирно – quietly;

ВЫРАЖЕНИЯ СО СЛОВОМ УМ

В СВОЁМ, В ЗДРАВОМ УМЕ
In one's senses, in one's right mind;

СХОДИТЬ С УМА
To go mad, go off one's head;

УМА НЕ ПРИЛОЖУ
I am at a loss, I am at my wit's end;

СКОЛЬКО ГОЛОВ — СТОЛЬКО УМОВ
Many men, many minds;

УМ ХОРОШО, А ДВА ЛУЧШЕ
Two heads are better than one; four eyes see more than two;

БРАТЬСЯ ЗА УМ
To come to one's senses, become reasonable;

ЕМУ ПРИШЛО НА УМ
It occurred to him; it crossed his mind

БЫТЬ СЕБЕ НА УМЕ
To know on which side one's bread is buttered;

БЫТЬ БЕЗ УМА ОТ КОГО-Л., ЧЕГО-Л.
To be crazy/wild about somebody or something;

У НЕГО ЧТО НА УМЕ, ТО И НА ЯЗЫКЕ
He wears his heart on his sleeve;

НАУЧИТЬСЯ УМУ-РАЗУМУ
To learn sense, to grow wise.

щуриться – squint; кудри – curls; таинственный - mysterious;

[9] навестить – to visit; пожать руку – to shake one's hand; покачать головой – to shake one's head; отчалить – to cast off; понестись – to rush off after, to dash off after; погружать – to dip, to submerge; въехать – to enter, to drive in; тянуться – to stretch; дрожать – to shiver, to tremble; заискивающий – ingratiating; напев – tune; вдыхать – inhale; бесконечный – infinite, endless.

[10] нырять – to dive; роса – dew; жаворонок – skylark.

[11] курчавый – with curly hair; блестящие волосы – shiny hair; приняться беседовать – to start talking; сожалеть – to regret; хватиться за ум – to come to one's senses; предположение – assumption; снисхождение – lenience, indulgence; сочувствие – sympathy; этюд – study, sketch, *musical:* etude, exercise; славянская распущенность – Slavic lack of discipline; парить орлом – to soar like an eagle; ободрять – to cheer up; недоросль – minor.

[12] лесистая долина – forest valley; гребень – crest (of a mountain, wave); продольная трещина – vertical crack; мшистая стена – mossy wall; примыкать – to join, to adjoin; лепиться – to cling (to); плющ – ivy; свод – arch, vault; уцелевший – survived, spared; пропасть – precipis, abyss; дикая яблоня – wild apple tree; крапива – stringing-nettle; уступ – ledge; дразнить – to tease.

[13] балаганчик – show-booth; коситься – to look sideways; кисейный шарф – muslin scarf.

[14] забавный - amusing, funny; важность – importance; опорожнить – to empty; шаловливо – playfully.

[15] чопорный – stiff, prim; с изумлением – in amazement; благовоспитанный – well-bred, well brought up; потакать – to indulge; бургомистр – burgomaster; избалованный – spoilt; быть обязанным – to be obliged; снисходительный – indulgent, lenient.

[16] чем больше я узнавал его, тем сильнее я к нему привязывался – the more I learned about him, the more I was

159

becoming attached to him; правдивый – truthful; простой –
humble, simple; вялый – flabby; цепкость – tenacity;
внутренний жар – internal heat, internal passion; кипеть
ключом – to boil; вольница – strong-willed person; ветхий –
decrepit; резьба – carving, fretwork; черепичная кровля –
tiled roof; чердак – loft; сгорбленный – bent, hunched;
герань – geranium.

[17] захлопнуть – to slam; грядка – (garden) bed; конопля –
hemp; степной запах – smell of steppe; мгновенно –
immediately; напоминать – to remind; родина – homeland;
тоска – melancholy, depression; жгучее волнение – burning
excitement; досада разбирает – disappointment was getting to
him; коварный – insidious, perfidious, crafty; иной – another,
different; направление – direction; приходить в голову – to
come to one's head; намекать – to hint; затруднение –
difficulty; препятствовать – to prevent, to hinder; натянутый
смех – forced laugh.

[18] втайне – secretly; зачесать волосы за уши – to comb
hair behind the ears; шить – to sew; пяльцы – (for
embroidering) tambour; (for lace) lace-frame; будничный –
everyday; доморощенные Кати и Маши – home-grown
Katyas and Mashas; угасший – died away.

[19] картон – cardboard; под мышкой – under one's arm;
плестись – to tag along; жидкий – liquid; долина – valley;
дуплистый дуб – hollow oak; сук – tree branch; измарать –
to soil; избегать – to avoid; не в ударе – not to be at one's
best; восторженный - enthusiastic, rapturous; досыта – to
one's heart's content, to satiety; удовлетворение –satisfaction;
пост и покаяние – *here:* became modest, lent and repentance;
трезвый – sober; sensible; ощущение – feeling; хамелеон –
chameleon.

[20] огорченный – upset; смущенный – confused; получить
воспитание – to receive upbringing; не иметь ничего общего
– not to have anything to do (with); полуизнеженный –
delicate, pampered; великорусский дворянин – Great
Russian lord; не походить – not to be alike; бродить (о вине)
– to ferment; стыдливый – diffident, modest; shy; робкий –
timid, shy.

[21] промолвить – to utter; похвалить – to praise; воскликнуть – to exclaim; прибавить – to add; дурачиться – to play the fool; шнырять – to dart (about); приникнуть – press oneself close, to nestle close; домовитый – thrifty; степенный – sedate; существо – creature.

[22] беседка – pavilion; акация – acacia; поравняться с – to level with; полно – enough; подтвердить – to confirm; догадка – guess; усомниться – to doubt; на сердце горько – bitter heart; притворяться – to pretend; морочить – to confuse.

[23]
геологический – geological; базальтовый слой – layer of basalt; отдавать отчет – to give an account; лукавство – slyness; харчевня – *archaism:* eating-house, tavern; на сердце щемить – heart aches; смола – resin; дятел – woodpecker; болтовня – chatter; форель – trout; песчаное дно – sandy bottom;

ВЫРАЖЕНИЯ СО СЛОВОМ ОТЧЕТ

ДАВАТЬ КОМУ-Л. ОТЧЁТ В ЧЁМ-Л.
To give an account to somebody of something; to report to somebody;

ДАВАТЬ ДЕНЬГИ ПОД ОТЧЁТ
To give money to be accounted for;

БРАТЬ ДЕНЬГИ ПОД ОТЧЁТ
To take money on account;

ОТДАВАТЬ СЕБЕ ОТЧЁТ
To be aware (of, that, how); to realize;

НЕ ОТДАВАТЬ СЕБЕ ОТЧЁТА
To be unaware; to fail to realize.

очертание – outline; хмурая скала – sullen rock; аист – stork; уютная мельница – cosy mill; радушный – cordial; камзол – man's sleeveless jacket; скрипучий – squeaking, squeaky, creaking; воз – cart; запряженный – harnessed.

[24] германская земля – German land; прилежный – diligent, industrious; терпеливый – patient; неспешный – unhurried, slow, leisurely; досада – disappointment; воскресить – to raise from the dead; образ – image, apprearance; тщетный – vain; выпученные глазенки – protruding eyes; простодушно – simple-heartedly; взор –

161

look, gaze; лгать – to lie, to tell lies; в присутствии – in presence; раскланяться - to bid good bye; пенять – to reproach, to blame.

[25] осыпать упреками – to reproach; без всякого повода – without any reason; смущаться – to be confused, to be embarrassed; досадно – it is annoying, it is vexing; ужимка – grimace; будто – like, as if; речи наши не клеились – the conversation didn't go; спешная работа – rush job; удерживать – to hold; голова бедовая – trouble maker; винить - to blame; замешательство – confusion.

[26] уговорить – to persuade; покинуть – to leave, to abandon; вредно – harmful; наставник – guardian, mentor; сверстник – to be same age; нрав – temper; противиться – to be against; увещания – exhortation, admonition, admonishment; уступить – to give in; гнездо – nest; юнкерская школа – *military:* cadet school; гвардейский полк – *military:* guards school; углубленный – absorbed (in one's thoughts); сирота – orphan; зверек – little animal; вольтеровское кресло – Voltaire armchair; приказчик – steward, assistant, manager of an estate; извещать – to inform; умолять – to implore; поскакать сломя голову – gallop at full speed; застать в живых – to find someone alive; испытывающий - testing; умоляющий – begging; последняя просьба – last will; завещать – to leave by will; камердинер – valet.

[27] скончаться – to die; горничная – maid; живо – vividly; благообразный – handsome, fine-looking; недомолвка – reservation, unsaid; привязаться – to get attachedl рассудительный – reasonable; барыня – lady, a noble woman; профиль – profile.

[28] изъявлять желание – to wish; барин – lord; ложное положение – false position; самолюбие – self-respect, self-esteem; развиваться – to develop; недоверчивость – distrustfulness; дурные привычки укоренялись – bad habits developed; происхождение – origin; стыдиться – to be ashamed; направить – to direct; независимость – independence; барышня – young lady; что тут могло выйти путного? – what good could come out of it? исподволь – little by little, gradually.

162

[30] стиснуть – to squeeze; порох – powder, gunpowder; уверять – to assure, to make believe; прикусить язык – to bite one's tongue; пастух – shepherd; горное ущелье – mountain ravine.

[31] желание порисоваться – desire to show off; копаться – to dig, to rummage; покорный – submissive, obedient.

[32] поразить – to strike, to amaze; краснеть – to blush; дымиться – to smoke; пароход – steamer; топить – to drown.

[33] встряхнуть кудрями – to shake one's curls; однообразный – monotonous; напев – tune; хоругвь – *church:* gonfalon; взрыв – explosion; честолюбивый – ambitious; потупиться – to drop one's eyes, to look down; полы платья – bottom of the dress.

[34] кроткий – gentle, mild; невольно – involuntarily; понизить голос – to lower voice; синева – the blue (of the sky), deep blue color; озадаченный – puzzled, perplexed; стан – figure, posture; мерещиться – to seem, to appear.

[35] испещренный звездами – covered with stars; содрогаться – to shudder; колыхаться – to sway, to wave; журчанье – purl, babble; всеобъемлющий – universal, all-embracing; пресыщение – satiety; томиться – to pine, to languish.

[36] пленительный – fascinating, charming; озариться – to light up, to illuminate; припадок – fit; дилетант – amateur, dilettante; взъерошенный – disheveled; прищурить глаза – to squint one's eyes.

[37] перевоспитать – re-educate; любознательность - inquisitiveness, intellectual curiosity; невинная доверчивость – innocent trustfulness.

[38] воображать – to imagine; притворяться – to pretend; сердце мое сжималось – heart sank.

[39] нахмурить брови – to frown; точно в воду опущенный – downcast, depressed; отделаться – to get rid of; мельком – in passing; ей нездоровилось – she wasn't feeling well.

[40] полусон – doze; сознание - consciousness; бродить – to wander, to loiter; непременно – certainly.

[41] взволнованный – anxious; принужденная улыбка – forced smile; запинаться – to stammer; благородный – noble; вздрогнуть – to start, to shudder; погубить – to ruin, to destroy; рыдание – crying; невероятная сила – unbelievable force; неотразимо – irresistible; презирать – to despise; чуткость – sensitiveness.

[42] запинаться – to stammer; верх неприличия – top of undecency; с огнем шутить нельзя – one shouldn't play with fire; занемочь – to fall ill; выжидать – to wait, to wait till something is over; опасение – fear; кольнуть – to prick.

[43] изумление – amazement; хладнокровно – coolly, in cold blood; предпринять – to undertake; во избежание беды – to avoid trouble; щадить – to spare; нахлынуть разом – (memories, feelings, etc.) rushed at once; терзать – to torture.

[44] кегли – skittles; одобрительный – approving.

[45] стрела – arrow; алеть – to glow; отблеск зари – gleam of sunrise; ежиться – to hesitate, to shiver with cold.

[46] закутанная в длинную шаль – wrapped in a long shawl; выпрямиться – to straighten up; сжиматься – to clench; расстаять – to melt; доверяться – to confide; вопрошать – to question; обаяние – charm; жгучий – burning.

[47] трепетный – trembling; прерывистый – interrupted; вздох – deep breath; преображаться – to change, to transform; ожесточение – bitterness; выдать тайну – to tell a secret.

[48] безнравственный обманщик – immoral cheater; искажать – to distort; обнаружить – to discover; звенеть – to ring, to jingle; с недоумением – in amazement; в устах – on lips; умиление – tender emotion; украдкой – by stealth; лихорадка – fever; созревать – to ripe.

[49] как громом пораженный – thunderstruck; разрешиться – to resolve.

[50] грызть – to gnaw, to nibble, to nag; укоризна – reproach; оценить – to appreciate; наедине – in private; оттолкнуть – to push away; упрекать – to reproach; преследовать – to be after, to chase after, to follow; безумец – madman.

[51] утерпеть – to restrain oneself; беспрестанно – non-stop; прислушиваться – to listen to; уморить – to kill.

[52] проворно – quick, prompt; раскаяние – remorse; сожаление – pity; ломать руки – to wring one's hands; клясться – to swear; решимость - resolution, resoluteness, determination; бессильное отчаяние – helpless desperation; мелькнуть – to flash, to gleam; старинная надпись – old inscription.

[53] несказанный – unspeakable; порыв – impulse; просить руки – to ask one's hand; сватанье – marriage proposal.

[54] поразить – to strike; месть – revenge; развернуть – to open, to unwrap; внезапный – sudden; зрелый – mature; затруднительный – difficult; необходимость – necessity; разлука – separation; предрассудок – prejudice.

[55] испуг – fright, fear; принять удар – to accept the blow; примириться – to reconcile, to accept; развязка – outcome; противный - disgusting.

[56] расточать – to waste, to squander; роковой – fatal; бессмысленный – senseless; тягостный – painful, burdensome, onerous; с неудержимой силой – with irrepressible strength.

[57] напасть на след – to find trace of; тщетный – vain; упорствовать – to persist, to be stubborn; настигать – overtake; незабвенный – unforgettable; беспредельный – infinite, boundless; бобыль – bachelor; святыня – secret object; тлеть – to rot, to decay.

Вопросы к обсуждению

1. Какие чувства у вас вызвала повесть «Ася»?

2. Как Тургенев описывает русских за границей? Почему герой повести избегает своих соотечественников за границей?

3. Считаете ли вы конец повести логичным? В свое время многие критики считали, что характер главного героя не был выдержан, и что если герой таков, каким он представляется в первой половине повести, то он не мог так плохо поступить с Асей.

4. Как вы читаете, почему герой повести стушевался (got confused, got scared), когда Ася ждала от него решительного слова?

5. Как вы понимаете следующее высказывание Гагина: «Вы очень милый человек, но почему она вас так полюбила, -- этого я, признаюсь, не понимаю».

6. Почему Татьяна, мать Аси, отказалась стать женой барина? Почему Яков считает, что согласие Татьяны в ответ на просьбы барина стать его женой могло обидеть просящего? В чём эта обида?

7. Что должно было произойти в душе Аси, когда «её взяли к барину, ... в первый раз надели шёлковое платье и поцеловали у ней ручку».

8. Печему Ася хотела, чтобы целый мир забыл о ее происхождении?

9. Как вы понимаете следующие слова Гагина: «Есть предрассудки, которые я уважаю; я понимаю, что вам нельзя жениться на Асе»? Какие предрасудки имел в виду Гагин?

9. Как вы считаете, могли ли герои повести быть счастливы при другом стечении обстоятельств?

10. Опишите характер и внешность Аси. Что в ней привлекло главного героя?

11. Представьте себе будущее Аси после отъезда из Германии. Каким оно предстает в вашем воображении?

12. Проведите параллель между романом Пушкина «Евгений Онегин» и повестью Тургенева «Ася». Что было общего в объяснении в любви Татьяны Пушкина и Аси Тургенева?

Личный словарь

Слово	Перевод	Пример употребления в предложении

Глава пятая

Федор Достоевский
Игрок
(из записок молодого человека)

Глава I

[1] Наконец я возвратился из моей двухнедельной отлучки. Наши уже три дня как были в Рулетенбурге. Я думал, что они и бог знает как ждут меня, однако ж ошибся. Генерал смотрел чрезвычайно независимо, поговорил со мной свысока и отослал меня к сестре. Было ясно, что они где-нибудь перехватили денег. Мне показалось даже, что генералу несколько совестно глядеть на меня. Марья Филипповна была в чрезвычайных хлопотах и поговорила со мною слегка; деньги, однако ж, приняла, сосчитала и выслушала весь мой рапорт. К обеду ждали Мезенцова, французика и еще какого-то англичанина: как водится, деньги есть, так тотчас и званый обед, по-московски. Полина Александровна, увидев меня, спросила, что я так долго? и, не дождавшись ответа, ушла куда-то. Разумеется, она сделала это нарочно. Нам, однако ж, надо объясниться. Много накопилось.

[2] Мне отвели маленькую комнатку, в четвертом[28] этаже отеля. Здесь известно, что я принадлежу к свите генерала. По всему видно, что

---

[28] на четвертом

они успели-таки дать себя знать[29]. Генерала считают все здесь богатейшим русским вельможей. Еще до обеда он успел, между другими поручениями, дать мне два тысячефранковых билета разменять. Я разменял их в конторе отеля. Теперь на нас будут смотреть, как на миллионеров, по крайней мере целую неделю. Я хотел было взять Мишу и Надю и пойти с ними гулять, но с лестницы меня позвали к генералу; ему заблагорассудилось осведомиться, куда я их поведу. Этот человек решительно не может смотреть мне прямо в глаза; он бы и очень хотел, но я каждый раз отвечаю ему таким пристальным, то есть непочтительным взглядом, что он как будто конфузится. В весьма напыщенной речи, насаживая одну фразу на другую и наконец совсем запутавшись, он дал мне понять, чтоб я гулял с детьми где-нибудь, подальше от воксала, в парке. Наконец он рассердился совсем и круто прибавил:

- А то вы, пожалуй, их в воксал[30], на рулетку, поведете. Вы меня извините, - прибавил он, - но я знаю, вы еще довольно легкомысленны и способны, пожалуй, играть...

- Да ведь у меня и денег нет, - отвечал я спокойно; - чтобы проиграться, нужно их иметь.

- Вы их немедленно получите, - ответил генерал, покраснев немного, порылся у себя в бюро,

---

[29] дать о себе знать

[30] Устаревшее значение. Слово «воксал» первоначально означало название увеселительного сада. Первый такой сад был устроен в середине XVIII века в Лондоне французом по фамилии Во (Vaux-Hall). В нем устраивались вечерние гулянья для высшего лондонского общества с театральными представлениями, иллюминацией, фейерверками, фонтанами и прочим. Скоро такие «воксалы» распространились по всей Европе, включая Россию, и стали обычными местами развлечения также и для средних классов. В Москве в начале XIX века был популярен «воксал», устроенный содержателем Петровского театра Маддоксом, а само слово «воксал» в это время стало также и синонимом гулянья.

справился в книжке, и оказалось, что за ним моих денег около ста двадцати рублей.

- Как же мы сосчитаемся, - заговорил он, - надо переводить на талеры. Да вот возьмите сто талеров, круглым счетом, - остальное, конечно, не пропадет.

Я молча взял деньги.

- Вы, пожалуйста, не обижайтесь моими словами, вы так обидчивы... Если я вам заметил, то я, так сказать, вас предостерег и уж, конечно, имею на то некоторое право...

[3] Возвращаясь пред обедом с детьми домой, я встретил целую кавалькаду. Наши ездили осматривать какие-то развалины. Две превосходные коляски, великолепные лошади. Mademoiselle Blanche в одной коляске с Марьей Филипповной и Полиной; французик, англичанин и наш генерал верхами. Прохожие останавливались и смотрели; эффект был произведен; только генералу несдобровать. Я рассчитал, что с четырьмя тысячами франков, которые я привез, да прибавив сюда то, что они, очевидно, успели перехватить, у них теперь есть семь или восемь тысяч франков; этого слишком мало для m-lle Blanche.

M-lle Blanche стоит тоже в нашем отеле[31], вместе с матерью; где-то тут же и наш французик. Лакеи называют-его «monsieur le comte»[32], мать m-lle Blanche называется «madame la comtesse»[33]; что ж, может быть, и в самом деле они comte et comtesse[34].

[4] Я так и знал, что monsieur le comte меня не узнает, когда мы соединимся за обедом. Генерал, конечно, и не подумал бы нас знакомить или хоть

---

[31] стоит тоже в нашем отеле (arch.) - проживает в нашем отеле

[32] г-н граф (франц.)

[33] г-жа графиня (франц.)

[34] граф и графиня (франц.)

174

Федор Михайлович Достоевский (1821-1981)

Федор Михайлович Достоевский родился 30 октября 1821 г. в Москве. Его отец был врачом московской Мариинской больницы для бедных. Перед выходом в отставку в 1828 году он получил звание потомственного дворянина и уехал с семьей жить в свое поместье Даровое в Тульской губернии, где был убит своими крепостными крестьянами в 1839 году. 1837 год - важная дата для Достоевского. Это год смерти его матери, год смерти Пушкина, год переезда в Петербург и поступления в военно-инженерное училище. За год до оставления военной карьеры Достоевский впервые перевел и издал «Евгению Гранде» Бальзака (1843). Год спустя вышло в свет его первое произведение, «Бедные люди», и сразу для всех стало ясно – на свет родился большой писатель. В 1847 г. Достоевский был арестован в связи с «делом Петрашевского» и приговорен к смертной казни. Только на эшафоте политическим осужденным объявили о помиловании, заменив казнь каторгой. Один из приговоренных к казни в этот момент сошел с ума. Лишь через 10 лет Достоевский, будучи уже женатым на вдове М. Д. Исаевой, возвратился в Петербург, но политический надзор сохранялся над ним до 1875 г. В июне 1862 Достоевский впервые выехал за границу, посетив Германию, Францию, Швейцарию, Италию, Англию. В августе 1863 писатель вторично выехал за границу. В Париже он встретился с А.П. Сусловой, драматические взаимоотношения с которой (1861—1866) получили отражение в романе «Игрок», «Идиот» и других произведениях. В Баден-Бадене, увлеченный, по азартности своей натуры, игрой в рулетку, он проигрался «весь, совершенно дотла»; свое многолетнее увлечение игрой Достоевский с блеском описал в романе «Игрок». В октябре 1863 Достоевский возвратился в Россию, где до середины ноября жил с больной женой во Владимире, а в конце 1863 - апреле 1864 (год смерти жены) в Москве, наезжая по делам в Петербург. В безвыходном материальном положении Достоевский пишет главы «Преступления и наказания», посылая их прямо в журнальный набор, где они печатаются из номера в номер. В 1866 истекающий срок контракта с издателем вынудил Достоевского одновременно работать над двумя романами, «Преступление и наказание» и «Игрок», на что у него попросту не хватало физических сил. По совету друзей Достоевский нанял молодую стенографистку, которая легко справилась с непосильной задачей, и «Игрок» был готов через месяц. Роман «Преступление и наказание» был закончен и хорошо оплачен, но чтоб этих денег у него не отобрали кредиторы, писатель уехал за границу со своей помощницей Анной Григорьевной, ставшей его новой женой. Впервые в жизни Достоевскому действительно по-настоящему повезло. Эта женщина постепенно устроила ему нормальную жизнь, взяла на свои плечи все экономические заботы, и с 1871 г. он навсегда бросил рулетку.

(По книге *Русские писатели. 1800-1917.Т. 2. М.: Большая российская энциклопедия*. 1991. с. 165)

Fig. 6. Vasiliy Perov, *Portrait of the Author Feodor Dostoyevsky*, 1872. The Tretyakov Gallery, Moscow, Russia. Courtesy of Olga's Gallery (www.abcgallery.com).

175

меня ему отрекомендовать; monsieur le comte сам бывал в России и знает, как невелика птица - то, что они называют *outchitel*. Он, впрочем, меня очень хорошо знает. Но, признаться, я и к обеду-то явился непрошеным; кажется, генерал позабыл распорядиться, а то бы, наверно, послал меня обедать за table d'hot'ом[35]. Я явился сам, так что генерал посмотрел на меня с неудовольствием. Добрая Марья Филипповна тотчас же указала мне место; но встреча с мистером Астлеем меня выручила, и я поневоле оказался принадлежащим к их обществу.

Этого странного англичанина я встретил сначала в Пруссии, в вагоне, где мы сидели друг против друга, когда я догонял наших; потом я столкнулся с ним, въезжая во Францию, наконец - в Швейцарии; в течение этих двух недель - два раза, и вот теперь я вдруг встретил его уже в Рулетенбурге. Я никогда в жизни не встречал человека более застенчивого; он застенчив до глупости и сам, конечно, знает об этом, потому что он вовсе не глуп. Впрочем, он очень милый и тихий. Я заставил его разговориться при первой встрече в Пруссии. Он объявил мне, что был нынешним летом на Норд-Капе и что весьма хотелось ему быть на Нижегородской ярмарке. Не знаю, как он познакомился с генералом; мне кажется, что он беспредельно влюблен в Полину. Когда она вошла, он вспыхнул, как зарево. Он был очень рад, что за столом я сел с ним рядом, и, кажется, уже считает меня своим закадычным другом.

[5] За столом французик задавал тон необыкновенно; он со всеми небрежен и важен. А в Москве, я помню, пускал мыльные пузыри. Он ужасно много говорил о финансах и о русской политике. Генерал иногда осмеливался противоречить, но скромно, единственно настолько, чтобы не уронить окончательно своей важности.

---

[35] табльдот, общий стол (франц.)

Я был в странном настроении духа; разумеется, я еще до половины обеда успел задать себе мой обыкновенный и всегдашний вопрос: зачем я валандаюсь с этим генералом и давным-давно не отхожу от них? Изредка я взглядывал на Полину Александровну; она совершенно не примечала меня. Кончилось тем, что я разозлился и решился грубить.

[6] Началось тем, что я вдруг, ни с того ни с сего, громко и без спросу ввязался в чужой разговор. Мне, главное, хотелось поругаться с французиком. Я оборотился[36] к генералу и вдруг совершенно громко и отчетливо, и, кажется, перебив его, заметил, что нынешним летом русским почти совсем нельзя обедать в отелях за табльдотами. Генерал устремил на меня удивленный взгляд.

- Если вы человек себя уважающий, - пустился я далее, - то непременно напроситесь на ругательства и должны выносить чрезвычайные щелчки. В Париже и на Рейне, даже в Швейцарии, за табльдотами так много полячишек и им сочувствующих французиков, что нет возможности вымолвить слова, если вы только русский.

[7] Я проговорил это по-французски. Генерал смотрел на меня в недоумении, не зная, рассердиться ли ему или только удивиться, что я так забылся.

- Значит, вас кто-нибудь и где-нибудь проучил, - сказал французик небрежно и презрительно.

- Я в Париже сначала поругался с одним поляком, - ответил я, - потом с одним французским офицером, который поляка поддерживал. А затем уж часть французов перешла на мою сторону, когда я им рассказал, как я хотел плюнуть в кофе монсиньора.

- Плюнуть? - спросил генерал с важным недоумением и даже осматриваясь.
Французик оглядывал меня недоверчиво.

- Точно так-с, - отвечал я. - Так как я целых два дня был убежден, что придется, может быть,

---

[36] повернулся

отправиться по нашему делу на минутку в Рим, то и пошел в канцелярию посольства святейшего отца в Париже, чтоб визировать паспорт. Там меня встретил аббатик, лет пятидесяти, сухой и с морозом в физиономии, и, выслушав меня вежливо, но чрезвычайно сухо, просил подождать.

[8] Я хоть и спешил, но, конечно, сел ждать, вынул "Opinion nationale"[37] и стал читать страшнейшее ругательство против России. Между тем я слышал, как чрез[38] соседнюю комнату кто-то прошел к монсиньору; я видел, как мой аббат раскланивался. Я обратился к нему с прежнею просьбою; он еще суше попросил меня опять подождать. Немного спустя вошел кто-то еще незнакомый, но за делом, - какой-то австриец, его выслушали и тотчас же проводили наверх. Тогда мне стало очень досадно; я встал, подошел к аббату и сказал ему решительно, что так как монсиньор принимает, то может кончить и со мною. Вдруг аббат отшатнулся от меня с необычайным удивлением. Ему просто непонятно стало, каким это образом смеет ничтожный русский равнять себя с гостями монсиньора? Самым нахальным тоном, как бы радуясь, что может меня оскорбить, обмерил он меня с ног до головы и вскричал: «Так неужели ж вы думаете, что монсиньор бросит для вас свой кофе?» Тогда и я закричал, но еще сильнее его: «Так знайте ж, что мне наплевать на кофе вашего монсиньора! Если вы сию же минуту не кончите с моим паспортом, то я пойду к нему самому».

[9] «Как! в то же время, когда у него сидит кардинал!» - закричал аббатик, с ужасом от меня отстраняясь, бросился к дверям и расставил крестом руки, показывая вид, что скорее умрет, чем меня пропустит.

---

[37] «Народное мнение» (франц.)
[38] через

Тогда я ответил ему, что я еретик и варвар, «que je suis heretique et barbare», и что мне все эти архиепископы, кардиналы, монсиньоры и проч., и проч. - все равно. Одним словом, я показал вид, что не отстану. Аббат поглядел на меня с бесконечною злобою, потом вырвал мой паспорт и унес его наверх. Чрез минуту он был уже визирован. Вот-с, не угодно ли посмотреть? - Я вынул паспорт и показал римскую визу.

- Вы это, однако же, - начал было генерал...

- Вас спасло, что вы объявили себя варваром и еретиком, - заметил, усмехаясь, французик. – «Cela n'etait pas si bete»[39].

- Так неужели смотреть на наших русских? Они сидят здесь - пикнуть не смеют и готовы, пожалуй, отречься от того, что они русские. По крайней мере в Париже в моем отеле со мною стали обращаться гораздо внимательнее, когда я всем рассказал о моей драке с аббатом. Толстый польский пан, самый враждебный ко мне человек за табльдотом, стушевался на второй план...

[10] ... Вечером, как и следовало, мне удалось с четверть часа поговорить с Полиной Александровной. Разговор наш состоялся на прогулке. Все пошли в парк к воксалу. Полина села на скамейку против фонтана, а Наденьку пустила играть недалеко от себя с детьми. Я тоже отпустил к фонтану Мишу, и мы остались наконец одни.

Сначала начали, разумеется, о делах. Полина просто рассердилась, когда я передал ей всего только семьсот гульденов. Она была уверена, что я ей привезу из Парижа, под залог ее бриллиантов, по крайней мере две тысячи гульденов или даже более.

- Мне во что бы ни стало нужны деньги, - сказала она, - и их надо добыть; иначе я просто погибла.

---

[39] это не так глупо было (франц.)

Я стал расспрашивать о том, что сделалось в мое отсутствие.

- Больше ничего, что получены из Петербурга два известия: сначала, что бабушке очень плохо, а через два дня, что, кажется, она уже умерла. Это известие от Тимофея Петровича, - прибавила Полина, - а он человек точный. Ждем последнего, окончательного известия.

- Итак, здесь все в ожидании? - спросил я.

- Конечно: все и вся; целые полгода на одно это только и надеялись.

- И вы надеетесь? - спросил я.

- Ведь я ей вовсе не родня, я только генералова падчерица.

[11] Но я знаю наверно, что она обо мне вспомнит в завещании.

- Мне кажется, вам очень много достанется, - сказал я утвердительно.

- Да, она меня любила; но почему *вам* это кажется?

- Скажите, - отвечал я вопросом, - наш маркиз, кажется, тоже посвящен во все семейные тайны?

- А вы сами к чему об этом интересуетесь? - спросила Полина, поглядев на меня сурово и сухо.

- Еще бы; если не ошибаюсь, генерал успел уже занять у него денег.

- Вы очень верно угадываете.

- Ну, так дал ли бы он денег, если бы не знал про бабуленьку? Заметили ли вы, за столом: он раза три, что-то говоря о бабушке, назвал ее бабуленькой: «la baboulinka». Какие короткие и какие дружественные отношения!

- Да, вы правы. Как только он узнает, что и мне что-нибудь по завещанию досталось, то тотчас же ко мне и посватается. Это, что ли, вам хотелось узнать?

- Еще только посватается? Я думал, что он давно сватается.

- Вы отлично хорошо знаете, что нет! - с сердцем сказала Полина. - Где вы встретили этого

180

англичанина? - прибавила она после минутного молчания.

- Я так и знал, что вы о нем сейчас спросите.

Я рассказал ей о прежних моих встречах с мистером Астлеем по дороге.

- Он застенчив и влюбчив и уж, конечно, влюблен в вас?

- Да, он влюблен в меня, - отвечала Полина.

- И уж, конечно, он в десять раз богаче француза. Что, у француза действительно есть что-нибудь? Не подвержено это сомнению?

- Не подвержено. У него есть какой-то chateau[40]. Мне еще вчера генерал говорил об этом решительно. Ну что, довольно с вас?

- Я бы, на вашем месте, непременно вышла замуж за англичанина.

- Почему? - спросила Полина.

- Француз красивее, но он подлее; а англичанин, сверх того, что честен, еще в десять раз богаче, - отрезал я.

- Да; но зато француз - маркиз и умнее, - ответила она наиспокойнейшим образом.

- Да верно ли? - продолжал я по-прежнему.

- Совершенно так.

[12] Полине ужасно не нравились мои вопросы, и я видел, что ей хотелось разозлить меня тоном и дикостию своего ответа; я об этом ей тотчас же сказал...

... Она стала вставать. Она говорила с раздражением. В последнее время она всегда кончала со мною разговор со злобою и раздражением, с настоящею злобою.

- Позвольте вас спросить, что такое mademoiselle Blanche? - спросил я, не желая отпустить ее без объяснения.

- Вы сами знаете, что такое mademoiselle Blanche. Больше ничего с тех пор не прибавилось.

---

[40] замок (франц.)

Mademoiselle Blanche, наверно, будет генеральшей, - разумеется, если слух о кончине бабушки подтвердится, потому что и mademoiselle Blanche, и ее матушка, и троюродный cousin-маркиз - все очень хорошо знают, что мы разорились.

- А генерал влюблен окончательно?

- Теперь не в этом дело. Слушайте и запомните: возьмите эти семьсот флоринов и ступайте играть, выиграйте мне на рулетке сколько можете больше; мне деньги во что бы ни стало теперь нужны.

[13] Сказав это, она кликнула Наденьку и пошла к воксалу, где и присоединилась ко всей нашей компании. Я же свернул на первую попавшуюся дорожку влево, обдумывая и удивляясь. Меня точно в голову ударило после приказания идти на рулетку. Странное дело: мне было о чем раздуматься, а между тем я весь погрузился в анализ ощущений моих чувств к Полине. Право, мне было легче в эти две недели отсутствия, чем теперь, в день возвращения, хотя я, в дороге, и тосковал как

ВЫРАЖЕНИЯ СО СЛОВОМ СЕРДЦЕ

ДОБРОЕ, МЯГКОЕ СЕРДЦЕ
Kind heart, tender heart;

ЗОЛОТОЕ СЕРДЦЕ
Heart of gold;

У НЕГО СЕРДЦЕ УПАЛО, ЗАМЕРЛО
His heart sank;

С ЗАМИРАНИЕМ СЕРДЦА
With a sinking heart;

У НЕГО СЕРДЦЕ РАЗРЫВАЕТСЯ
His heart is breaking;

У НЕГО ТЯЖЕЛО НА СЕРДЦЕ
His heart is heavy, he is sick at heart;

У НЕГО СЕРДЦЕ КРОВЬЮ ОБЛИВАЕТСЯ
His heart aches.

сумасшедший, метался как угорелый, и даже во сне поминутно видел ее пред собою. Раз (это было в Швейцарии), заснув в вагоне, я, кажется, заговорил вслух с Полиной, чем рассмешил всех сидевших со мной проезжих. И еще раз теперь я задал себе вопрос: люблю ли я ее? И еще раз не сумел на него ответить, то есть, лучше сказать, я опять, в сотый раз, ответил себе, что я ее ненавижу. Да, она была мне ненавистна. Бывали минуты (а именно каждый раз при конце наших разговоров), что я отдал бы полжизни, чтоб задушить ее! Клянусь, если б возможно было медленно погрузить в ее грудь острый нож, то я, мне кажется, схватился бы за него с наслаждением... Мне кажется, она до сих пор смотрела на меня как та древняя императрица, которая стала раздеваться при своем невольнике, считая его не за человека. Да, она много раз считала меня не за человека...

[14] Однако ж у меня было ее поручение - выиграть на рулетке во что бы ни стало. Мне некогда было раздумывать: для чего и как скоро надо выиграть и какие новые соображения родились в этой вечно рассчитывающей голове? К тому же в эти две недели, очевидно, прибавилась бездна новых фактов, об которых я еще не имел понятия. Все это надо было угадать, во все проникнуть, и как можно скорее. Но покамест теперь было некогда: надо было отправляться на рулетку.

Глава II

[15] Признаюсь, мне это было неприятно; я хоть и решил, что буду играть, но вовсе не располагал начинать для других. Это даже сбивало меня несколько с толку, и в игорные залы я вошел с предосадным чувством. Мне там, с первого взгляда, все не понравилось... Как только я вошел в игорную залу (в первый раз в жизни), я некоторое время еще не решался играть. К тому же теснила толпа. Но если

б я был и один, то и тогда бы, я думаю, скорее ушел, а не начал играть. Признаюсь, у меня стукало сердце, и я был не хладнокровен; я наверное знал и давно уже решил, что из Рулетенбурга так не выеду; что-нибудь непременно произойдет в моей судьбе радикальное и окончательное. Так надо, и так будет. Как это

ВЫРАЖЕНИЯ СО СЛОВОМ ГРАМОТА

УЧИТЬСЯ ГРАМОТЕ
To learn to read and write;

НЕ ЗНАТЬ ГРАМОТЫ
To be unable to read and write;

ПОЧЁТНАЯ/ПОХВАЛЬНАЯ ГРАМОТА
Certificate of good work and conduct;

ФИЛЬКИНА ГРАМОТА
Useless scrap of paper.

ни смешно, что я так много жду для себя от рулетки, но мне кажется, еще смешнее рутинное мнение, всеми признанное, что глупо и нелепо ожидать чего-нибудь от игры. И почему игра хуже какого бы то ни было способа добывания денег, например, хоть торговли? Оно правда, что выигрывает из сотни один. Но - какое мне до того дело?

[16] Во всяком случае, я определил[41] сначала присмотреться и не начинать ничего серьезного в этот вечер. В этот вечер, если б что и случилось, то случилось бы нечаянно и слегка, - и я так и положил. К тому же надо было и самую игру изучить; потому что, несмотря на тысячи описаний рулетки, которые я читал всегда с такою жадностию, я решительно ничего не понимал в ее устройстве до тех пор, пока сам не увидел.

[17] Сначала вся эта штука была для меня тарабарскою грамотою; я только догадывался и различал кое-как, что ставки бывают на числа, на чет и нечет и на цвета. Из денег Полины Александровны

---

[41] я решил

я в этот вечер решился попытать сто гульденов. Мысль, что я приступаю к игре не для себя, как-то сбивала меня с толку.Ощуще-ние было чрезвычайно неприятное, и мне захотелось поскорее развязаться с ним. Мне все казалось, что, начиная для Полины, я подрываю собственное счастье. Я начал с того, что вынул пять фрид-рихсдоров, то есть пятьдесят гульденов, и поставил их на четку. Колесо обернулось, и вышло тринадцать - я проиграл. С каким-то болезненным ощущением, единственно чтобы как-нибудь развязаться и уйти, я поставил еще пять фридрихсдоров на красную. Вышла красная. Я поставил все десять фридрихсдоров - вышла опять красная. Я поставил опять все за раз, вышла опять красная. Получив сорок фридрихсдоров, я поставил двадцать на двенадцать средних цифр, не зная, что из этого выйдет. Мне заплатили втрое. Таким образом, из десяти фридрихсдоров у меня появилось вдруг восемьдесят. Мне стало до того невыносимо от какого-то необыкновенного и странного ощущения, что я решился уйти. Мне показалось, что я вовсе бы не так играл, если б играл для себя. Я, однако ж, поставил все восемьдесят фридрихсдоров еще раз на четку. На этот раз вышло четыре; мне отсыпали еще восемьдесят фридрихсдоров, и, захватив всю кучу в сто шестьдесят фридрихсдоров, я отправился отыскивать Полину Александровну.

[18] Они все где-то гуляли в парке, и я успел увидеться с нею только за ужином. На этот раз француза не было, и генерал развернулся: между прочим, он почел нужным опять мне заметить, что он бы не желал меня видеть за игорным столом. По его мнению, его очень скомпрометирует, если я как-нибудь слишком проиграюсь. «Но если б даже вы и выиграли очень много, то и тогда я буду тоже скомпрометирован, - прибавил он значительно. - Конечно, я не имею права располагать вашими поступками, но согласитесь сами...» Тут он по

185

обыкновению своему не докончил[42]. Я сухо ответил ему, что у меня очень мало денег и что, следовательно, я не могу слишком приметно проиграться, если б даже и стал играть. Придя к себе наверх, я успел передать Полине ее выигрыш и объявил ей, что в другой раз уже не буду играть для нее.

- Почему же? - спросила она тревожно.

- Потому что хочу играть для себя, - отвечал я, рассматривая ее с удивлением, - а это мешает.

- Так вы решительно продолжаете быть убеждены, что рулетка ваш единственный исход и спасение? - спросила она насмешливо. Я отвечал опять очень серьезно, что да; что же касается до моей уверенности непременно выиграть, то пускай это будет смешно, я согласен, «но чтоб оставили меня в покое».

[19] Полина Александровна настаивала, чтоб я непременно разделил с нею сегодняшний выигрыш пополам, и отдавала мне восемьдесят фридрихсдоров, предлагая и впредь продолжать игру на этом условии. Я отказался от половины решительно и окончательно и объявил, что для других не могу играть не потому, чтоб не желал, а потому, что наверное проиграю.

- И, однако ж, я сама, как ни глупо это, почти тоже надеюсь на одну рулетку, - сказала она задумываясь. - А потому вы непременно должны продолжать игру со мною вместе пополам, и, разумеется, будете. - Тут она ушла от меня, не слушая дальнейших моих возражений.

Глава III

[20] И, однако ж, вчера целый день она не говорила со мной об игре ни слова. Да и вообще она избегала со мной говорить вчера. Прежняя манера ее со мною не изменилась. Та же совершенная

---

[42] не закончил

небрежность в обращении при встречах, и даже что-то презрительное и ненавистное. Вообще она не желает скрывать своего ко мне отвращения; я это вижу. Несмотря на это, она не скрывает тоже от меня, что я ей для чего-то нужен и что она для чего-то меня бережет. Между нами установились какие-то странные отношения, во многом для меня непонятные, - взяв в соображение ее гордость и надменность со всеми. Она знает, например, что я люблю ее до безумия, допускает меня даже говорить о моей страсти - и уж, конечно, ничем она не выразила бы мне более своего презрения, как этим позволением говорить ей беспрепятственно и бесцензурно о моей любви. «Значит, дескать, до того считаю ни во что твои чувства, что мне решительно все равно, об чем бы ты ни говорил со мною и что бы ко мне ни чувствовал». Про свои собственные дела она разговаривала со мною много и прежде, но никогда не была вполне откровенна. Мало того, в пренебрежении ее ко мне были, например, вот какие утонченности: она знает, положим, что мне известно какое-нибудь обстоятельство ее жизни или что-нибудь о том, что сильно ее тревожит; она даже сама расскажет мне что-нибудь из ее обстоятельств, если надо употребить меня как-нибудь для своих целей, вроде раба, или на побегушки; но расскажет всегда ровно столько, сколько надо знать человеку, употребляющемуся на побегушки, и если мне еще неизвестна целая связь событий, если она и сама видит, как я мучусь и тревожусь ее же мучениями и тревогами, то никогда не удостоит меня успокоить вполне своей дружеской откровенностию, хотя, употребляя меня нередко по поручениям не только хлопотливым, но даже опасным, она, по моему мнению, обязана быть со мной откровенною. Да и стоит ли заботиться о моих чувствах, о том, что я тоже тревожусь и, может быть, втрое больше забочусь и мучусь ее же заботами и неудачами, чем она сама!...

АЗАРТНЫЕ ИГРЫ В РОССИИ (ЧАСТЬ I)

В 18-19 веке в азартные игры играли все: дворяне, светские дамы, аристократы и аристократки голубых кровей, английские королевы и русские царицы Елизавета и Екатерина Великая. Играли только на деньги. Правда, затейница Екатерина, лично издавшая указ о запрете игры на деньги, сама играть очень любила, поэтому играла на бриллианты. Один карат шел по сто рублей.

Пожалуй, только один человек той эпохи не играл в карты – Александр I, более того, он их терпеть не мог, но мирился с играми как с непременным атрибутом жизни аристократа. Однажды, генерал-губернатор Петербурга Милорадович проигрался в пух и прах и явился во дворец в гнусном расположении духа. До Александра I уже дошли слухи о случившемся, и царь спросил генерала: «Отчего ты невесел?» – «Да скучно жить, ваше величество», - ответил Милорадович. Царь вошел в библиотеку, взял книгу, выдрал оттуда листы и в толщину переплета положил сторублевые банкноты. Вынес Милорадовичу со словами: «Вот почитай на досуге. Может, станет веселее». Милорадович ушел домой с книгой, на следущий день его настроение заметно улучшилось, и с лукавой улыбкой он заявил царю: «Первый том прочитал, ваше величество. Очень хорош!» Царь снова вынес купюры в книжном переплете и протянул "книгу" генералу: «Это, граф, том второй и последний».

[21] ...Вчерашний день у нас много говорилось о телеграмме, пущенной еще четыре дня назад в Петербург и на которую не было ответа. Генерал видимо волнуется и задумчив. Дело идет, конечно, о бабушке. Волнуется и француз. Вчера, например, после обеда они долго и серьезно разговаривали. Тон француза со всеми нами необыкновенно высокомерный и небрежный.

Тут именно по пословице: посади за стол, и ноги на стол. Он даже с Полиной небрежен до грубости; впрочем, с удовольствием участвует в общих прогулках в воксале или в кавалькадах и поездках за город. Мне известны давно кой-какие из обстоятельств, связавших француза с генералом: в России они затевали вместе завод; я не знаю, лопнул ли их проект, или все еще об нем у них говорится. Кроме того, мне случайно известна часть семейной тайны: француз действительно выручил прошлого года[43] генерала и дал ему тридцать тысяч для пополнения недостающего в казенной сумме при сдаче должности. И уж разумеется, генерал у него в тисках; но теперь, собственно теперь, главную роль во всем этом играет все-таки m-lle Blanche, и я уверен, что и тут не ошибаюсь.

[22] Кто такая m-lle Blanche? Здесь у нас говорят, что она знатная француженка, имеющая с собой свою мать и колоссальное состояние. Известно тоже, что она какая-то родственница нашему маркизу, только очень дальняя, какая-то кузина или троюродная сестра. Говорят, что до моей поездки в Париж француз и m-lle Blanche сносились между собой как-то гораздо церемоннее, были как будто на более тонкой и деликатной ноге; теперь же знакомство их, дружба и родственность выглядывают как-то грубее, как-то короче. Может быть, наши дела кажутся им до того уж плохими, что они и не считают нужным слишком с нами церемониться и скрываться. Я еще третьего дня[44] заметил, как мистер Астлей разглядывал m-lle Blanche и ее матушку. Мне показалось, что он их знает. Мне показалось даже, что и наш француз встречался прежде с мистером Астлеем. Впрочем, мистер Астлей до того застенчив, стыдлив и молчалив, что на него почти можно понадеяться, - из избы сора не вынесет. По крайней мере француз едва ему кланяется и почти не глядит на него; а - стало быть, не боится. Это еще понятно; но почему m-lle Blanche тоже почти не глядит на него? Тем более что маркиз вчера проговорился: он вдруг сказал в общем разговоре, не помню по какому поводу, что мистер Астлей колоссально богат и что он про это знает; тут-то бы и глядеть m-lle Blanche на мистера Астлея! Вообще генерал находится в

---

[43] в прошлом году
[44] на третий день (современн.)

189

беспокойстве. Понятно, что может значить для него теперь телеграмма о смерти тетки!

[23] Мне хоть и показалось наверное, что Полина избегает разговора со мною, как бы с целью, но я и сам принял на себя вид холодный и равнодушный: все думал, что она нет-нет, да и подойдет ко мне. Зато вчера и сегодня я обратил все мое внимание преимущественно на m-lle Blanche. Бедный генерал, он погиб окончательно! Влюбиться в пятьдесят пять лет, с такою силою страсти, - конечно, несчастие. Прибавьте к тому его вдовство, его детей, совершенно

ВЫРАЖЕНИЯ СО СЛОВОМ СЕРДЦЕ
(продолжение)

ПРЕДЛАГАТЬ КОМУ-ЛИБО РУКУ И СЕРДЦЕ
To offer somebody one's hand and heart;

ОТ ВСЕГО СЕРДЦА
From the bottom of one's heart, whole-heartedly;

СКРЕПЯ СЕРДЦЕ
Reluctantly, grudgingly;

В СЕРДЦАХ (РАЗГ.)
In a temper, in a fit of temper;

У НЕГО НЕ ЛЕЖИТ СЕРДЦЕ (К)
He has no liking (for);

ПО СЕРДЦУ
To one's liking; after one's heart;

ОТ ЧИСТОГО СЕРДЦА
In all sincerity;

У НЕГО ОТЛЕГЛО ОТ СЕРДЦА
He felt relieved;

С ГЛАЗ ДОЛОЙ — ИЗ СЕРДЦА ВОН
Out of sight, out of mind.

разоренное имение, долги и, наконец, женщину, в которую ему пришлось влюбиться. M-lle Blanche красива собою. Но я не знаю, поймут ли меня, если я выражусь, что у ней одно из тех лиц, которых можно испугаться. По крайней мере я всегда боялся таких женщин. Ей, наверно, лет двадцать пять. Она рослая и широкоплечая, с крутыми плечами; шея и грудь у нее роскошны; цвет кожи смугло-желтый, цвет волос черный, как тушь, и волос ужасно много, достало бы на две куафюры. Глаза черные, белки глаз желтоватые, взгляд нахальный, зубы белейшие, губы всегда напомажены; от нее пахнет мускусом. Одевается она эффектно, богато, с шиком, но с большим вкусом. Ноги и руки удивительные. Голос ее – сиплый контральто. Она иногда расхохочется и при этом покажет все свои зубы, но обыкновенно смотрит молчаливо и нахально – по крайней мере при Полине и при Марье Филипповне. (Странный слух: Марья Филипповна уезжает в Россию.) Мне кажется, m-lle Blanche безо всякого образования, может быть даже и не умна, но зато подозрительна и хитра. Мне кажется, ее жизнь была-таки не без приключений. Если уж говорить все, то может быть, что маркиз вовсе ей не родственник, а мать совсем не мать. Но есть сведения, что в Берлине, где мы с ними съехались, она и мать ее имели несколько порядочных знакомств. Что касается до самого маркиза, то хоть я и до сих пор сомневаюсь, что он маркиз, но принадлежность его к порядочному обществу, как у нас, например, в Москве и кое-где и в Германии, кажется, не подвержена сомнению. Не знаю, что он такое во Франции? говорят, у него есть шато. Я думал, что в эти две недели много воды уйдет, и, однако ж, я все еще не знаю наверно, сказано ли у m-lle Blanche с генералом что-нибудь решительное? Вообще все зависит теперь от нашего состояния, то есть от того, много ли может генерал показать им денег. Если бы, например, пришло известие, что бабушка не умерла, то я уверен, m-lle Blanche тотчас бы исчезла. Удивительно и смешно мне самому, какой я, однако ж, стал сплетник. О, как мне все это противно! С каким наслаждением я бросил бы всех и все! Но разве я могу уехать от Полины, разве я могу не шпионить кругом нее? Шпионство, конечно, подло, но - какое мне до этого дело!

[24] Любопытен мне тоже был вчера и сегодня мистер Астлей. Да, я убежден, что он влюблен в Полину! Любопытно и смешно, сколько иногда может выразить взгляд стыдливого и болезненно-целомудренного человека, тронутого любовью, и именно в то время, когда человек уж, конечно, рад бы скорее сквозь землю провалиться, чем что-нибудь высказать или выразить, словом или взглядом. Мистер Астлей весьма часто встречается с нами на прогулках. Он снимает шляпу и проходит мимо, умирая, разумеется, от желания к нам присоединиться. Если же его приглашают, то он тотчас отказывается. На местах отдыха, в воксале, на музыке или пред фонтаном он уже непременно останавливается где-нибудь недалеко от нашей скамейки, и где бы мы ни были: в парке ли, в лесу ли, или на Шлангенберге, - стоит только вскинуть глазами, посмотреть кругом, и непременно где-нибудь, или на ближайшей тропинке, или из-за куста, покажется уголок мистера Астлея...

Глава IV

[25] Сегодня был день смешной, безобразный, нелепый. Теперь одиннадцать часов ночи. Я сижу в своей каморке и припоминаю. Началось с того, что утром принужден-таки был идти на рулетку, чтоб играть для Полины Александровны. Я взял все ее сто шестьдесят фридрихсдоров, но под двумя условиями: первое - что я не хочу играть в половине, то есть если выиграю, то ничего не возьму себе, второе - что вечером Полина разъяснит мне, для чего именно ей так нужно выиграть и сколько именно денег. Я все-таки никак не могу предположить, чтобы это было просто для денег. Тут, видимо, деньги необходимы, и как можно скорее, для какой-то особенной цели. Она обещалась разъяснить, и я отправился.

192

АЗАРТНЫЕ ИГРЫ В РОССИИ (ЧАСТЬ II)

Играли и русские поэты и писатели. Пушкин был заядлым игроком. Одно из его самых известных произведений, «Пиковая дама», полностью посвящено игре в карты. Однажды, он написал в письме другу Вяземскому: «Во Пскове, вместо того, чтобы писать седьмую главу «Евгения Онегина», я проиграл четвертую. Не забавно!» Главу Пушкин, правда, выкупил, но остальные карточные долги после смерти Пушкина выплачивал царь.

Петр Вяземский был отозван с дипломатического поста за то, что проводил больше времени в игорных залах немецкого Баден-Бадена, чем с миссей в Карлсруэ.

Лев Толстой мог шесть дней без передышки играть сам с собой в штос, а мог и проигрывать крупные суммы денег на рулетке. В 1857 году (опять же, в Баден-Бадене) он проиграл все свои деньги – три тысячи франков, после чего занял денег у своих русских друзей Полонского и Боткина, и снова проиграл. После проигрыша он заметил: «Окружен негодяями! А самый большой негодяй – это я!» С тем и покинул славный курорт.

Федор Достоевский предпочитал рулетку. Роман «Игрок» был написан для того, чтобы расплатиться с долгами. Пожалуй, никто из русских писателей не играл так страстно и не проигрывал столько, сколько Достоевский, который проиграл в Баден-Бадене все деньги, свой костюм, обручальные кольца, драгоценности и даже платья своей молодой жены Анны Сниткиной. В 1867 году он писал жене из Гамбурга: «Аня, милая, друг мой, жена моя, прости меня, не называй подлецом! Я сделал преступление, я все проиграл, что ты мне прислала... Вчера же получил, и вчера же проиграл!»

Пожалуй, единственным удачливым игроком был поэт Николай Некрасов. Выигрыши Некрасова нередко достигали астрономической цифры в сто и более тысяч рублей серебром. За всю свою карьеру игрока он лишь однажды крупно проигрался, отдав долг в восемьдесят три тысячи рублей.

[26] В игорных залах толпа была ужасная. Как нахальны они и как все они жадны! Я протеснился к середине и стал возле самого крупера; затем стал робко пробовать игру, ставя по две и по три монеты. Между тем я наблюдал и замечал; мне показалось, что собственно расчет довольно мало значит и вовсе не имеет той важности, которую ему придают многие игроки. Они сидят с

разграфленными бумажками, замечают удары, считают, выводят шансы, рассчитывают, наконец ставят и – проигрывают точно так же, как и мы, простые смертные, играющие без расчету. Но зато я вывел одно заключение, которое, кажется, верно: действительно, в течении случайных шансов бывает хоть и не система, но как будто какой-то порядок, что, конечно, очень странно. Например, бывает, что после двенадцати средних цифр наступают двенадцать последних; два раза, положим, удар ложится на эти двенадцать последних и переходит на двенадцать первых. Упав на двенадцать первых, переходит опять на двенадцать средних, ударяет сряду три, четыре раза по средним и опять переходит на двенадцать последних, где, опять после двух раз, переходит к первым, на первых опять бьет один раз и опять переходит на три удара средних, и таким образом продолжается в течение полутора или двух часов. Один, три и два, один, три и два. Это очень забавно. ... Мне много в этом объяснил мистер Астлей, который целое утро простоял у игорных столов, но сам не поставил ни разу. Что же касается до меня, то я весь проигрался до тла и очень скоро. Я прямо сразу поставил на четку двадцать фридрихсдоров и выиграл, поставил пять и опять выиграл и таким образом еще раза два или три. Я думаю, у меня сошлось в руках около четырехсот фридрихсдоров в какие-нибудь пять минут. Тут бы мне и отойти, но во мне родилось какое-то странное ощущение, какой-то вызов судьбе, какое-то желание дать ей щелчок, выставить ей язык. Я поставил самую большую позволенную ставку, в четыре тысячи гульденов, и проиграл. Затем, разгорячившись, вынул все, что у меня оставалось, поставил на ту же ставку и проиграл опять, после чего отошел от стола, как оглушенный. Я даже не понимал, что это со мною было, и объявил о моем проигрыше Полине Александровне только пред самым обедом. До того времени я все шатался в парке.

194

[27] За обедом я был опять в возбужденном состоянии, так же как и три дня тому назад. Француз и m-lle Blanche опять обедали с нами. Оказалось, что m-lle Blanche была утром в игорных залах и видела мои подвиги. В этот раз она заговорила со мною как-то внимательнее. Француз пошел прямее и просто спросил меня, неужели я проиграл свои собственные деньги? ...Я тотчас же солгал и сказал, что свои.

Генерал был чрезвычайно удивлен: откуда я взял такие деньги? Я объяснил, что начал с десяти фридрихсдоров, что шесть или семь ударов сряду, надвое, довели меня до пяти или до шести тысяч гульденов и что потом я все спустил с двух ударов...

[28] Выслушав о моем проигрыше, француз едко и даже злобно заметил мне, что надо было быть благоразумнее. Не знаю, для чего он прибавил, что хоть русских и много играет, но, по его мнению, русские даже и играть не способны.

- А по моему мнению, рулетка только и создана для русских, - сказал я, и когда француз на мой отзыв презрительно усмехнулся, я заметил ему, что, уж конечно, правда на моей стороне, потому что, говоря о русских как об игроках, я гораздо более ругаю их, чем хвалю, и что мне, стало быть, можно верить.

- На чем же вы основываете ваше мнение? - спросил француз.

- На том, что в катехизис добродетелей и достоинств цивилизованного западного человека вошла исторически и чуть ли не в виде главного пункта способность приобретения капиталов. А русский не только не способен приобретать капиталы, но даже и расточает их как-то зря и безобразно. Тем не менее нам, русским, деньги тоже нужны, - прибавил я, - а следственно, мы очень рады и очень падки на такие способы, как например рулетки, где можно разбогатеть вдруг, в два часа, не трудясь. Это нас очень прельщает; а так как мы и играем зря, без труда, то и проигрываемся!

195

- Это отчасти справедливо, - заметил самодовольно француз.

- Нет, это несправедливо, и вам стыдно так отзываться о своем отечестве, - строго и внушительно заметил генерал.

- Помилуйте, - отвечал я ему, - ведь, право, неизвестно еще, что гаже: русское ли безобразие или немецкий способ накопления честным трудом?

- Какая безобразная мысль! - воскликнул генерал.

- Какая русская мысль! - воскликнул француз.

Я смеялся, мне ужасно хотелось их раззадорить.

- А я лучше захочу всю жизнь прокочевать в киргизской палатке, - вскричал я, - чем поклоняться немецкому идолу.

- Какому идолу? - вскричал генерал, уже начиная серьезно сердиться.

[29] - Немецкому способу накопления богатств. Я здесь недолго, но, однако ж, все-таки, что я здесь успел подметить и проверить, возмущает мою татарскую породу. Ей богу, не хочу таких добродетелей! Я здесь успел уже вчера обойти верст на десять кругом. Ну, точь-в-точь то же самое, как в нравоучительных немецких книжечках с картинками: есть здесь везде у них в каждом доме свой фатер[45], ужасно добродетельный и необыкновенно честный. Уж такой честный, что подойти к нему страшно. Терпеть не могу честных людей, к которым подходить страшно. У каждого эдакого фатера есть семья, и по вечерам все они вслух поучительные книги читают. Над домиком шумят вязы и каштаны. Закат солнца, на крыше аист, и все необыкновенно поэтическое и трогательное...

[30] Уж вы не сердитесь, генерал, позвольте мне рассказать потрогательнее. Я сам помню, как мой отец, покойник, тоже под липками, в палисаднике, по вечерам вслух читал мне и матери подобные книжки... Я ведь сам могу судить об этом как следует. Ну, так всякая эдакая здешняя семья в

---

[45] фатер (нем. - Vater) - отец

полнейшем рабстве и повиновении у фатера. Все работают, как волы, и все копят деньги, как жиды. Положим, фатер скопил уже столько-то гульденов и рассчитывает на старшего сына, чтобы ему ремесло аль[46] землишку передать; для этого дочери приданого не дают, и она остается в девках. Для этого же младшего сына продают в кабалу аль в солдаты и деньги приобщают к домашнему капиталу. Право, это здесь делается; я расспрашивал. Все это делается не иначе, как от честности, от усиленной честности, до того, что и младший проданный сын верует, что его не иначе, как от честности, продали, - а уж это идеал, когда сама жертва радуется, что ее на заклание ведут. Что же дальше? Дальше то, что и старшему тоже не легче: есть там у него такая Амальхен, с которою он сердцем соединился, - но жениться нельзя, потому что гульденов еще столько не накоплено. Тоже ждут благонравно и искренно и с улыбкой на заклание идут. У Амальхен уж щеки ввалились, сохнет. Наконец, лет через двадцать, благосостояние умножилось; гульдены честно и добродетельно скоплены. Фатер благословляет сорокалетнего старшего и тридцатипятилетнюю Амальхен, с иссохшей грудью и красным носом... При этом плачет, мораль читает и умирает. Старший превращается сам в добродетельного фатера, и начинается опять та же история. Лет эдак чрез пятьдесят или чрез семьдесят внук первого фатера действительно уже осуществляет значительный капитал и передает своему сыну, тот своему, тот своему, и поколений чрез пять или шесть выходит сам барон Ротшильд или Гоппе и Комп., или там черт знает кто. Ну-с, как же не величественное зрелище: столетний или двухсотлетний преемственный труд, терпение, ум, честность, характер, твердость, расчет, аист на крыше! Чего же вам еще, ведь уж выше этого нет ничего, и с этой

---

[46] аль (просторечие) - или

точки они сами начинают весь мир судить и виновных, то есть чуть-чуть на них не похожих, тотчас же казнить. Ну-с, так вот в чем дело: я уж лучше хочу дебоширить по-русски или разживаться на рулетке. Не хочу я быть Гоппе и Комп чрез пять поколений...

- Не знаю, много ли правды в том, что вы говорили, - задумчиво заметил генерал, - но знаю наверное, что вы нестерпимо начинаете форсить, чуть лишь вам капельку позволят забыться...

[31] По обыкновению своему, он не договорил. Если наш генерал начинал о чем-нибудь говорить, хотя капельку позначительнее обыкновенного обыденного разговора, то никогда не договаривал. Француз небрежно слушал, немного выпучив глаза. Он почти ничего не понял из того, что я говорил. Полина смотрела с каким-то высокомерным равнодушием. Казалось, она не только меня, но и ничего не слыхала из сказанного в этот раз за столом.

Глава V

[32] Она была в необыкновенной задумчивости, но тотчас по выходе из-за стола велела мне сопровождать себя на прогулку. Мы взяли детей и отправились в парк к фонтану.

Так как я был в особенно возбужденном состоянии, то и брякнул глупо и грубо вопрос: почему наш маркиз Де-Грие, французик, не только не сопровождает ее теперь, когда она выходит куда-нибудь, но даже и не говорит с нею по целым дням?

- Потому что он подлец, - странно ответила она мне. Я никогда еще не слышал от нее такого отзыва о Де-Грие и замолчал, побоявшись понять эту раздражительность.

- А заметили ли вы, что он сегодня не в ладах с генералом?

- Вам хочется знать, в чем дело, - сухо и раздражительно отвечала она. - Вы знаете, что генерал весь у него в закладе, все имение - его, и если бабушка не умрет, то француз немедленно войдет во владение всем, что у него в закладе.

- А, так это действительно правда, что все в закладе? Я слышал, но не знал, что решительно все.

- А то как же?

[33] - И при этом прощай mademoiselle Blanche, - заметил я.

- Не будет она тогда генеральшей! Знаете ли что: мне кажется, генерал так влюбился, что, пожалуй, застрелится, если mademoiselle Blanche его бросит. В его лета так влюбляться опасно.

- Мне самой кажется, что с ним что-нибудь будет, -задумчиво заметила Полина Александровна.

- И как это великолепно, - вскричал я, - грубее нельзя доказать, что она согласилась выйти только за деньги. Тут даже приличий не соблюдалось, совсем без церемонии происходило. Чудо! А насчет бабушки, что комичнее и грязнее, как посылать телеграмму за телеграммою и спрашивать: умерла ли, умерла ли? А? как вам это нравится, Полина Александровна? - Это все вздор, - сказала она с отвращением, перебивая меня. - Я, напротив того, удивляюсь, что вы в таком развеселом расположении духа. Чему вы рады? Неужели тому, что мои деньги проиграли?

- Зачем вы давали их мне проигрывать? Я вам сказал, что не могу играть для других, тем более для вас. Я послушаюсь, что бы вы мне ни приказали; но результат не от меня зависит. Я ведь предупредил, что ничего не выйдет. Скажите, вы очень убиты, что потеряли столько денег? Для чего вам столько?

- К чему эти вопросы?

- Но ведь вы сами обещали мне объяснить... Слушайте: я совершенно убежден, что когда начну играть для себя (а у меня есть двенадцать фридрихсдоров), то я выиграю. Тогда сколько вам надо, берите у меня.

[34] Она сделала презрительную мину.

- Вы не сердитесь на меня, - продолжал я, - за такое предложение. Я до того проникнут сознанием того, что я нуль пред вами, то есть в ваших глазах, что вам можно даже принять от меня и деньги. Подарком от меня вам нельзя обижаться. Притом же я проиграл ваши.

Она быстро поглядела на меня и, заметив, что я говорю раздражительно и саркастически, опять перебила разговор:

- Вам нет ничего интересного в моих обстоятельствах. Если хотите знать, я просто должна. Деньги взяты мною взаймы, и я хотела бы их отдать. У меня была безумная и странная мысль, что я непременно выиграю, здесь, на игорном столе. Почему была эта мысль у меня - не понимаю, но я в нее верила. Кто знает, может быть, потому и верила, что у меня никакого другого шанса при выборе не оставалось.

ВЫРАЖЕНИЯ СО СЛОВОМ ЛАД

ЖИТЬ В ЛАДУ
To live in harmony (with), to get along (with);

БЫТЬ НЕ В ЛАДАХ
To be at a variance (with), be at odds (with);

НА РАЗНЫЕ ЛАДЫ
In different ways;

НА НОВЫЙ ЛАД
In a new way;

НА СТАРЫЙ ЛАД
In the old manner;

НА СВОЙ ЛАД
In one's own way, after one's own fashion;

ПЕТЬ В ЛАД
To sing in tune;

ЗАПЕТЬ НА ДРУГОЙ ЛАД
To sing another tune;

ДЕЛО ИДЁТ НА ЛАД
Things are going better, things are taking a turn for the better.

- Или потому, что уж слишком *надо* было выиграть. Это точь-в-точь, как утопающий, который хватается за соломинку. Согласитесь сами, что если б он не утопал, то он не считал бы соломинку за древесный сук.

[35] Полина удивилась.

- Как же, - спросила она, - вы сами-то на то же самое надеетесь? Две недели назад вы сами мне говорили однажды, много и долго, о том, что вы вполне уверены в выигрыше здесь на рулетке, и убеждали меня, чтоб я не смотрела на вас как на безумного; или вы тогда шутили? Но я помню, вы говорили так серьезно, что никак нельзя было принять за шутку.

- Это правда, - отвечал я задумчиво, - я до сих пор уверен вполне, что выиграю. Я даже вам признаюсь, что вы меня теперь навели на вопрос: почему именно мой сегодняшний, бестолковый и безобразный проигрыш не оставил во мне никакого сомнения? Я все-таки вполне уверен, что чуть только я начну играть для себя, то выиграю непременно.

- Почему же вы так наверно убеждены?

- Если хотите - не знаю. Я знаю только, что мне *надо* выиграть, что это тоже единственный мой исход[47]. Ну вот потому, может быть, мне и кажется, что я непременно должен выиграть.

- Стало быть, вам тоже слишком надо, если вы фанатически уверены?

- Бьюсь об заклад, что вы сомневаетесь, что я в состоянии ощущать серьезную надобность?

[36] - Это мне все равно, - тихо и равнодушно ответила Полина. - Если хотите - *да*, я сомневаюсь, чтоб вас мучило что-нибудь серьезно. Вы можете мучиться, но не серьезно. Вы человек беспорядочный и неустановившийся. Для чего вам деньги? Во всех резонах, которые вы мне тогда представили, я ничего не нашла серьезного.

---

[47] выход

- Кстати, - перебил я, - вы говорили, что вам долг нужно отдать. Хорош, значит, долг! Не французу ли?

- Что за вопросы? Вы сегодня особенно резки. Уж не пьяны ли?

- Вы знаете, что я все себе позволяю говорить, и спрашиваю иногда очень откровенно. Повторяю, я ваш раб, а рабов не стыдятся, и раб оскорбить не может.

- Все это вздор! И терпеть я не могу этой вашей «рабской» теории...

- Говорите прямо, зачем вам деньги?

- А вам зачем это знать?

- Как хотите, - ответила она и гордо повела головой.

- Рабской теории не терпите, а рабства требуете: «Отвечать и не рассуждать!» Хорошо, пусть так. Зачем деньги, вы спрашиваете? Как зачем? Деньги - все!

- Понимаю, но не впадать же в такое сумасшествие, их желая! Вы ведь тоже доходите до исступления, до фатализма. Тут есть что-нибудь, какая-то особая цель. Говорите без извилин, я так хочу.

[37] Она как будто начинала сердиться, и мне ужасно понравилось, что она так с сердцем допрашивала.

- Разумеется, есть цель, - сказал я, - но я не сумею объяснить - какая. Больше ничего, что с деньгами я стану и для вас другим человеком, а не рабом...

... - Может быть, вы потому и рассчитываете закупить меня деньгами, - сказала она, - что не верите в мое благородство?

- Когда я рассчитывал купить вас деньгами? - вскричал я.

- Вы зарапортовались и потеряли вашу нитку[48]. Если не меня купить, то мое уважение вы думаете купить деньгами...

---

[48] потеряли нить рассказа

... Она остановилась, едва переводя дух от гнева. Ей-богу, я не знаю, хороша ли она была собой, но я всегда любил смотреть, когда она так предо мною останавливалась, а потому и любил часто вызывать ее гнев. Может быть, она заметила это и нарочно сердилась. Я ей это высказал.

- Какая грязь! - воскликнула она с отвращением.

- Мне все равно, - продолжал я. - Знаете ли еще, что нам вдвоем ходить опасно: меня много раз непреодолимо тянуло прибить вас, изуродовать, задушить. И что вы думаете, до этого не дойдет? Вы доведете меня до горячки. Уж не скандала ли я побоюсь? Гнева вашего? Да что мне ваш гнев? Я люблю без надежды и знаю, что после этого в тысячу раз больше буду любить вас...

- Какая глупая болтовня! - вскричала она...

- Если б я сказала вам: убейте этого человека, вы бы убили его?

- Кого?

- Кого я захочу.

- Француза?

- Не спрашивайте, а отвечайте, - кого я укажу. Я хочу знать, серьезно ли вы сейчас говорили? - Она так серьезно и нетерпеливо ждала ответа, что мне как-то странно стало.

- Да скажете ли вы мне, наконец, что такое здесь происходит! – вскричал я. - Что вы, боитесь, что ли, меня? Я сам вижу все здешние беспорядки. Вы падчерица разорившегося и сумасшедшего человека, зараженного страстью к этому дьяволу - Blanche; потом тут - этот француз, с своим таинственным влиянием на вас и - вот теперь вы мне так серьезно задаете... такой вопрос. По крайней мере чтоб я знал; иначе я здесь помешаюсь и что-нибудь сделаю. Или вы стыдитесь удостоить меня откровенности? Да разве вам можно стыдиться меня?

- Я с вами вовсе не о том говорю. Я вас спросила и жду ответа.

- Разумеется, убью, - вскричал я, - кого вы мне только прикажете, но разве вы можете... разве вы это прикажете?

- А что вы думаете, вас пожалею? Прикажу, а сама в стороне останусь. Перенесете вы это? Да нет, где вам! Вы, пожалуй, и убьете по приказу, а потом и меня придете убить за то, что я смела вас посылать.

[39] Мне как бы что-то в голову ударило при этих словах. Конечно, я и тогда считал ее вопрос наполовину за шутку, за вызов; но все-таки она слишком серьезно проговорила. Я все-таки был поражен, что она так высказалась, что она удерживает такое право надо мной, что она соглашается на такую власть надо мною и так прямо говорит: «Иди на погибель, а я в стороне останусь». В этих словах было что-то такое циническое и откровенное, что, по-моему, было уж слишком много. Так, стало быть, как же смотрит она на меня после этого? Это уж перешло за черту рабства и ничтожества. После такого взгляда человека возносят до себя. И как ни нелеп, как ни невероятен был весь наш разговор, но сердце у меня дрогнуло.

[40] Вдруг она захохотала. Мы сидели тогда на скамье, пред игравшими детьми, против самого того места, где останавливались экипажи и высаживали публику в аллею, пред воксалом.

- Видите вы эту толстую баронессу? - вскричала она. - Это баронесса Вурмергельм. Она только три дня как приехала. Видите ее мужа: длинный, сухой пруссак, с палкой в руке. Помните, как он третьего дня нас оглядывал? Ступайте сейчас, подойдите к баронессе, снимите шляпу и скажите ей что-нибудь по-французски.

- Зачем?

- Вы клялись, что соскочили бы с Шлангенберга; вы клянетесь, что вы готовы убить, если я прикажу. Вместо всех этих убийств и трагедий я хочу только посмеяться. Ступайте без отговорок. Я хочу посмотреть, как барон вас прибьет палкой.

- Вы вызываете меня; вы думаете, что я не сделаю?

- Да, вызываю, ступайте, я так хочу!

- Извольте, иду, хоть это и дикая фантазия. Только вот что: чтобы не было неприятности генералу, а от него вам? Ей-богу, я не о себе хлопочу, а об вас, ну - и об генерале. И что за фантазия идти оскорблять женщину?

[41] - Нет, вы только болтун, как я вижу, - сказала она презрительно. - У вас только глаза кровью налились давеча, - впрочем, может быть, оттого, что вы вина много выпили за обедом. Да разве я не понимаю сама, что это и глупо, и пошло, и что генерал рассердится? Я просто смеяться хочу. Ну, хочу да и только! И зачем вам оскорблять женщину? Скорее вас прибьют палкой.

Я повернулся и молча пошел исполнять ее поручение. Конечно, это было глупо, и, конечно, я не сумел вывернуться, но когда я стал подходить к баронессе, помню, меня самого как будто что-то подзадорило, именно школьничество подзадорило. Да и раздражен я был ужасно, точно пьян.

Глава VI

[42] Вот уже два дня прошло после того глупого дня. И сколько крику, шуму, толку, стуку! И какая все это беспорядица[49], неурядица, глупость и пошлость, и я всему причиною...

Это Полина, это все Полина! Может быть, не было бы и школьничества, если бы не она. Кто знает, может быть, я это все с отчаяния (как ни глупо, впрочем, так рассуждать). И не понимаю, не понимаю, что в ней хорошего! Хороша-то она, впрочем, хороша; кажется, хороша. Ведь она и других с ума сводит. Высокая и стройная. Очень тонкая только. Мне кажется, ее можно всю в узел завязать или перегнуть надвое. Следок ноги у ней

---

[49] беспорядок (modern Russian)

узенький и длинный - мучительный. Именно мучительный. Волосы с рыжим оттенком. Глаза - настоящие кошачьи, но как она гордо и высокомерно умеет ими смотреть. Месяца четыре тому назад, когда я только что поступил, она, раз вечером, в зале с Де-Грие долго и горячо разговаривала. И так на него смотрела... что потом я, когда к себе пришел ложиться спать, вообразил, что она дала ему пощечину, - только что дала, стоит перед ним и на него смотрит... Вот с этого-то вечера я ее и полюбил.

Впрочем, к делу.

[43] Я спустился по дорожке в аллею, стал посредине аллеи и выжидал баронессу и барона. В пяти шагах расстояния я снял шляпу и поклонился.

Помню, баронесса была в шелковом необъятной окружности платье, светло-серого цвета, с оборками, в кринолине и с хвостом. Она мала собой и толстоты необычайной, с ужасно толстым и отвислым подбородком, так что совсем не видно шеи. Лицо багровое. Глаза маленькие, злые и наглые. Идет – точно всех чести удостоивает. Барон сух, высок. Лицо, по немецкому обыкновению, кривое и в тысяче мелких морщинок; в очках; сорока пяти лет. Ноги у него начинаются чуть ли не с самой груди; это, значит, порода. Горд, как павлин. Мешковат немного. Что-то баранье в выражении лица, по-своему заменяющее глубокомыслие.

Все это мелькнуло мне в глаза в три секунды.

[44] Мой поклон и моя шляпа в руках сначала едва-едва остановили их внимание. Только барон слегка насупил брови. Баронесса так и плыла прямо на меня.

- Madame la baronne, - проговорил я отчетливо вслух, отчеканивая каждое слово, - j'ai l'honneur d'etre votre esclave[50].

Затем поклонился, надел шляпу и прошел мимо барона, вежливо обращая к нему лицо и улыбаясь.

---

[50] Госпожа баронесса... честь имею быть вашим рабом (франц.)

Шляпу снять велела мне она, но поклонился и сошкольничал я уж сам от себя. Черт знает, что меня подтолкнуло? Я точно с горы летел.

- Гейн! - крикнул, или лучше сказать, крякнул барон, оборачиваясь ко мне с сердитым удивлением.

Я обернулся и остановился в почтительном ожидании, продолжая на него смотреть и улыбаться. Он, видимо, недоумевал и подтянул брови до nec plus ultra[51]. Лицо его все более и более омрачалось. Баронесса тоже повернулась в мою сторону и тоже посмотрела в гневном недоумении. Из прохожих стали засматриваться.

- Гейн! - крякнул опять барон с удвоенным кряктом и с удвоенным гневом.

- Ja wohl[52], - протянул я, продолжая смотреть ему прямо в глаза.

- Sind Sie rasend?[53] - крикнул он, махнув своей палкой и, кажется, немного начиная трусить. Его, может быть, смущал мой костюм. Я был очень прилично, даже щегольски одет, как человек, вполне принадлежащий к самой порядочной публике.

- Ja wo-o-ohl! - крикнул я вдруг изо всей силы, протянув о, как протягивают берлинцы, поминутно употребляющие в разговоре фразу «ja wohl» и при этом протягивающие букву о более или менее, для выражения различных оттенков мыслей и ощущений.

[45] Барон и баронесса быстро повернулись и почти побежали от меня в испуге. Из публики иные заговорили, другие смотрели на меня в недоумении. Впрочем, не помню хорошо.

Я оборотился и пошел обыкновенным шагом к Полине Александровне. Но еще не доходя шагов сотни до ее скамейки, я увидел, что она встала и отправилась с детьми к отелю.

Я настиг ее у крыльца.

---

[51] до крайнего предела (лат.)

[52] Да (нем.)

[53] Вы что, взбесились? (нем.)

- Исполнил... дурачество, - сказал я, поравнявшись с нею.

- Ну, так что ж? Теперь и разделывайтесь, - ответила она, даже и не взглянув на меня, и пошла по лестнице.

Весь этот вечер я проходил в парке...

Только в одиннадцать часов я воротился домой. Тотчас же за мною прислали от генерала.

[46] Наши в отеле занимают два номера; у них четыре

комнаты. Первая - большая, - салон, с роялем. Рядом с нею тоже большая комната - кабинет генерала. Здесь ждал он меня, стоя среди кабинета в чрезвычайно величественном положении. Де-Грие сидел, развалясь на диване.

- Милостивый государь, позвольте спросить, что вы наделали? - начал генерал, обращаясь ко мне.

- Я бы желал, генерал, чтобы вы приступили прямо к делу, - сказал я. - Вы, вероятно, хотите говорить о моей встрече сегодня с одним немцем?

- С одним немцем?! Этот немец - барон Вурмергельм и важное лицо-с! Вы наделали ему и баронессе грубостей.

- Никаких.

- Вы испугали их, милостивый государь, - крикнул генерал.

- Да совсем же нет. Мне еще в Берлине запало в ухо беспрерывно повторяемое ко всякому слову «ja wohl», которое они так отвратительно протягивают. Когда я встретился с ним в аллее, мне вдруг это «ja wohl», не знаю почему, вскочило на память, ну и подействовало на меня раздражительно... Да к тому же баронесса вот уж три раза, встречаясь со мною, имеет обыкновение идти прямо на меня, как будто бы я был червяк, которого можно ногою давить. Согласитесь, я тоже могу иметь свое самолюбие. Я снял шляпу и вежливо (уверяю вас, что вежливо) сказал:

"Madame, j'ai l'honneur d'etre votre esclave". Когда барон обернулся и закричал "гейн!" - меня вдруг так и подтолкнуло тоже закричать: *"Ja wohl!"* Я и крикнул два раза: первый раз обыкновенно, а второй - протянув изо всей силы. Вот и все.

[47] Признаюсь, я ужасно был рад этому в высшей степени мальчишескому объяснению. Мне удивительно хотелось размазывать всю эту историю как можно нелепее.

ВЫРАЖЕНИЯ СО СЛОВОМ ВОЛЯ

СВОБОДНАЯ ВОЛЯ
Free will;

СИЛЬНАЯ ВОЛЯ
Strong will;

ИМЕТЬ СИЛУ ВОЛИ
To have the will-power, to have the strength of will/mind;

ЭТО В ВАШЕЙ ВОЛЕ
It is in your power;

ПО ДОБРОЙ ВОЛЕ
Voluntarily, on one's own free will;

ВОЛЯ ВАША
As you please, as you like;

ДАВАТЬ СЕБЕ ВОЛЮ
To let oneself go;

ДАВАТЬ ВОЛЮ ВООБРАЖЕНИЮ
To give free rein to one's imagination;

ДАВАТЬ ВОЛЮ РУКАМ
To be ready/free with one's hands;

ВОЛЕЮ СУДЕБ
As the fate decrees, as fate (has) willed.

И чем далее, тем я более во вкус входил.

- Вы смеетесь, что ли, надо мною, - крикнул генерал. Он обернулся к французу и по-французски изложил ему, что я решительно напрашиваюсь на историю.Де-Грие презрительно усмехнулся и пожал плечами.

209

- О, не имейте этой мысли, ничуть не бывало! - вскричал я генералу, - мой поступок, конечно, нехорош, я в высшей степени откровенно вам сознаюсь в этом. Мой поступок можно назвать даже глупым и неприличным школьничеством, но - не более. И знаете, генерал, я в высшей степени раскаиваюсь. Но тут есть одно обстоятельство, которое в моих глазах почти избавляет меня даже и от раскаяния. В последнее время, эдак недели две, даже три, я чувствую себя нехорошо: больным, нервным, раздражительным, фантастическим и, в иных случаях, теряю совсем над собою волю. ... Одним словом, это признаки болезни. Не знаю, примет ли баронесса Вурмергельм во внимание это обстоятельство, когда я буду просить у нее извинения (потому что я намерен просить у нее извинения)? ... Как вы думаете, генерал?

[48] - Довольно, сударь! - резко и с сдержанным негодованием произнес генерал, - довольно! Я постараюсь раз навсегда избавить себя от вашего школьничества. Извиняться перед баронессою и бароном вы не будете. Всякие сношения с вами, даже хотя бы они состояли единственно в вашей просьбе о прощении, будут для них слишком унизительны. Барон, узнав, что вы принадлежите к моему дому, объяснялся уж со мною в воксале и, признаюсь вам, еще немного, и он потребовал бы у меня удовлетворения. Понимаете ли вы, чему подвергали вы меня, - меня, милостивый государь? Я, я принужден был просить у барона извинения и дал ему слово, что немедленно, сегодня же, вы не будете принадлежать к моему дому...

- Позвольте, позвольте, генерал, так это он сам непременно потребовал, чтоб я не принадлежал к вашему дому, как вы изволите выражаться?

- Нет; но я сам почел себя обязанным дать ему это удовлетворение, и, разумеется, барон остался доволен. Мы расстаемся, милостивый государь. Вам следует дополучить с меня эти четыре фридрихсдора и три флорина на здешний расчет. Вот деньги, а вот и бумажка с расчетом; можете это проверить. Прощайте. С этих пор мы чужие. Кроме хлопот и неприятностей, я не видал от вас ничего.

Я взял деньги, бумажку, на которой был карандашом написан расчет, поклонился генералу и весьма серьезно сказал ему:

- Генерал, дело так окончиться не может. Мне очень жаль, что вы подвергались неприятностям от барона, но - извините меня - виною этому вы сами. Каким образом взяли вы на себя отвечать за меня барону? Что значит выражение, что я принадлежу к вашему дому? Я просто учитель в вашем доме, и только. Я не

ВЫРАЖЕНИЕ СО СЛОВОМ ДУХ

ПАДАТЬ ДУХОМ
To lose courage, to lose heart, to become despondent;

СОБРАТЬСЯ С ДУХОМ
To take heart, pluck up one's courage/heart/spirit, to pluck up one's spirits;

ПРИСУТСТВИЕ ДУХА
Presence of mind;

У НЕГО ДУХУ НЕ ХВАТАЕТ
He hasn't the heart/courage;

ДУХ ВРЕМЕНИ
The spirit of the age/times;

ПЕРЕВОДИТЬ ДУХ
To take a breath;

У НЕГО ДУХ ЗАХВАТЫВАЕТ
It takes his breath away;

ВО ВЕСЬ ДУХ, ЧТО ЕСТЬ ДУХУ
At full speed, impetuously;

БЫТЬ В ДУХЕ
To be in good/high spirits;

РАСПОЛОЖЕНИЕ ДУХА
Mood, humour, temper;

О НЁМ НИ СЛУХУ НИ ДУХУ
Nothing is heard of him;

ЧТОБЫ ДУХУ ТВОЕГО ЗДЕСЬ НЕ БЫЛО! Never set foot here anymore!

сын родной, не под опекой у вас, и за поступки мои

вы не можете отвечать. Я сам - лицо юридически компетентное.

Мне двадцать пять лет, я кандидат университета, я дворянин, я вам совершенно чужой. Только одно мое безграничное уважение к вашим достоинствам останавливает меня потребовать от вас теперь же удовлетворения и дальнейшего отчета в том, что вы взяли на себя право за меня отвечать.

[49] Генерал был до того поражен, что руки расставил, потом вдруг оборотился к французу и торопливо передал ему, что я чуть не вызвал его сейчас на дуэль. Француз громко захохотал.

- Но барону

ВЫРАЖЕНИЯ СО СЛОВОМ ЯЗЫК

ОСТРЫЙ ЯЗЫК
Sharp tongue;

У НЕГО ОТНЯЛСЯ ЯЗЫК
His tongue failed him;

ЯЗЫК ДО КИЕВА ДОВЕДЁТ
You can get anywhere if you know how to use your tongue, a clever tongue will take you anywhere;

У НЕГО ХОРОШО ЯЗЫК ПОДВЕШЕН
He has a ready tongue;

РАЗВЯЗАТЬ ЯЗЫК
To losen the tongue;

ТЯНУТЬ, ДЁРГАТЬ КОГО-ЛИБО ЗА ЯЗЫК
To make somebody say something;

У НЕГО ЯЗЫК НЕ ПОВЕРНЁТСЯ СКАЗАТЬ ЭТО
He won't have the heart to say it;

У НЕГО ЯЗЫК ЧЕШЕТСЯ СКАЗАТЬ ЭТО
He is itching to say it;

ЭТО СЛОВО ВЕРТИТСЯ У МЕНЯ НА ЯЗЫКЕ
The word is on the tip of my tongue;

У НЕГО ДЛИННЫЙ ЯЗЫК
He has a long tongue;

У НЕГО ЧТО НА УМЕ, ТО И НА ЯЗЫКЕ
He wears his heart on his sleeve;

ЯЗЫКИ ПЛАМЕНИ
Tongues of flame.

я спустить не намерен, - продолжал я с полным хладнокро-вием, нимало не смущаясь смехом мсье Де-Грие, - и так как вы, генерал, согла-сившись сегодня выс-лушать жалобы барона и войдя в его интерес, поставили сами себя как бы участником во всем этом деле, то я честь имею вам доложить, что не позже как завтра поутру потребую у барона, от своего имени, формального объяснения причин, по которым он, имея дело со мною, обратился мимо меня к другому лицу, точно я не мог или был недостоин отвечать ему сам за себя.

Что я предчувствовал, то и случилось. Генерал, услышав эту новую глупость, струсил ужасно.

- Как, неужели вы намерены еще продолжать это проклятое дело! - вскричал он, - но что ж со мной-то вы делаете, о господи! Не смейте, не смейте, милостивый государь, или, клянусь вам!.. здесь есть тоже начальство, и я... я... одним словом, по моему чину... и барон тоже... одним словом, вас заарестуют и вышлют отсюда с полицией, чтоб вы не буянили! Понимаете это-с! - И хоть ему захватило дух от гнева, но все-таки он трусил ужасно.

- Генерал, - отвечал я с нестерпимым для него спокойствием, - заарестовать[54] нельзя за буйство прежде совершения буйства. ...Напрасно вы так себя тревожите и беспокоите.

- Ради бога, ради бога, Алексей Иванович, оставьте это бессмысленное намерение! - бормотал генерал, вдруг изменяя свой разгневанный тон на умоляющий и даже схватив меня за руки. - Ну, представьте, что из этого выйдет? опять неприятность! Согласитесь сами, я должен здесь держать себя особенным образом, особенно теперь!.. особенно теперь!.. О, вы не знаете, не знаете всех моих обстоятельств!.. Когда мы отсюда поедем, я готов опять принять вас к себе. Я теперь только так, ну, одним словом, - ведь вы понимаете же

---

[54] арестовать

причины! - вскричал он отчаянно, - Алексей Иванович, Алексей Иванович!..

[50] Ретируясь к дверям, я еще раз усиленно просил его не беспокоиться, обещал, что все обойдется хорошо и прилично, и поспешил выйти.

Иногда русские за границей бывают слишком трусливы и ужасно боятся того, что скажут и как на них поглядят, и будет ли прилично вот то-то и то-то? - одним словом, держат себя точно в корсете, особенно претендующие на значение. Самое любое для них - какая-нибудь предвзятая, раз установленная форма, которой они рабски следуют - в отелях, на гуляньях, в собраниях, в дороге... Но генерал проговорился, что у него, сверх того, были какие-то особые обстоятельства, что ему надо как-то «особенно держаться». Оттого-то он так вдруг малодушно и струсил и переменил со мной тон. Я это принял к сведению и заметил. И конечно, он мог сдуру обратиться завтра к каким-нибудь властям, так что мне надо было в самом деле быть осторожным.

[51] Мне, впрочем, вовсе не хотелось сердить собственно генерала; но мне захотелось теперь посердить Полину. Полина обошлась со мною так жестоко и сама толкнула меня на такую глупую дорогу, что мне очень хотелось довести ее до того, чтобы она сама попросила меня остановиться. Мое школьничество могло, наконец, и ее компрометировать. ...Мне захотелось над всеми ними насмеяться, а самому выйти молодцом. Пусть посмотрят. Небось! Она испугается скандала и кликнет меня опять ...

(Удивительное известие: сейчас только услышал от нашей няни, которую встретил на лестнице, что Марья Филипповна отправилась сегодня, одна-одинешенька, в Карлсбад, с вечерним поездом, к двоюродной сестре. Это что за известие? Няня говорит, что она давно собиралась; но как же этого никто не знал? Впрочем, может, я только не знал. Няня проговорилась мне, что Марья Филипповна с

214

генералом еще третьего дня крупно поговорила. Понимаю-с. Это, наверное, mademoiselle Blanche. Да, у нас наступает что-то решительное.)

Глава VII

[52] Наутро я позвал кельнера и объявил, чтобы счет мне писали особенно. Номер мой был не так еще дорог, чтоб очень пугаться и совсем выехать из отеля. У меня было шестнадцать фридрихсдоров, а там... там, может быть, богатство! Странное дело, я еще не выиграл, но поступаю, чувствую и мыслю, как богач, и не могу представлять себя иначе.

Я располагал, несмотря на ранний час, тотчас же отправиться к мистеру Астлею в отель d'Angleterre, очень недалеко от нас, как вдруг вошел ко мне Де-Грие. ... Я тотчас же смекнул, что тут что-нибудь особенное заварилось.

Де-Грие был, как все французы, то есть веселый и любезный, когда это надо и выгодно, и нестерпимо скучный, когда быть веселым и любезным переставала необходимость. Француз редко натурально любезен; он любезен всегда как бы по приказу, из расчета. Если, например, видит необходимость быть фантастичным, оригинальным, по-необыденнее, то фантазия его, самая глупая и неестественная, слагается из заранее принятых и давно уже опошлившихся форм. Натуральный же француз состоит из самой мещанский, мелкой, обыденной положительности, - одним словом, скучнейшее существо в мире. По-моему, только новички и особенно русские барышни прельщаются французами. Всякому же порядочному существу тотчас же заметна и нестерпима эта казенщина раз установившихся форм салонной любезности, развязности и веселости.

- Я к вам по делу, - начал он чрезвычайно независимо, хотя, впрочем, вежливо, - и не скрою, что к вам послом или, лучше сказать, посредником от генерала. Очень плохо зная русский язык, я ничего почти вчера не понял; но генерал мне подробно объяснил, и признаюсь...

- Но послушайте, monsieur Де-Грие, - перебил я его, - вы вот и в этом деле взялись быть посредником. Я, конечно, ... никогда не претендовал на честь быть близким другом этого дома или на какие-нибудь особенно интимные отношения, а потому и не знаю всех обстоятельств; но разъясните мне: неужели вы уж теперь совсем принадлежите к членам этого семейства? Потому что вы, наконец, во всем берете такое участие, непременно, сейчас же во всем посредником...

[53] Вопрос мой ему не понравился. Для него он был слишком прозрачен, а проговариваться он не хотел.

- Меня связывают с генералом отчасти дела, отчасти *некоторые особенные* обстоятельства, - сказал он сухо. - Генерал прислал меня просить вас оставить ваши вчерашние намерения. Все, что вы выдумали, конечно, очень остроумно; но он именно просил меня представить вам, что вам совершенно не удастся; мало того - вас барон не примет, и, наконец, во всяком случае он ведь имеет все средства избавиться от дальнейших неприятностей с вашей стороны. Согласитесь сами. К чему же, скажите, продолжать? Генерал же вам обещает, наверное, принять вас опять в свой дом, при первых удобных обстоятельствах, а до того времени зачесть ваше жалованье, vos appointements. Ведь это довольно выгодно, не правда ли?

Я возразил ему весьма спокойно, что он несколько ошибается; что, может быть, меня от барона и не прогонят, а, напротив, выслушают, и попросил его признаться, что, вероятно, он затем и пришел, чтоб выпытать: как именно я примусь за все это дело?...

... - Фи, какая щепетильность и какие утонченности! И чего вам извиняться? Ну согласитесь, monsieur... monsieur.. что вы затеваете все это нарочно, чтобы досадить генералу... а может быть, имеете какие-нибудь особые цели...

... - А генералу что? Он вчера что-то говорил, что держать себя на какой-то ноге должен... и так тревожился... но я ничего не понял.

- Тут есть, - тут именно существует особое обстоятельство, - подхватил Де-Грие просящим тоном, в котором все более и более слышалась досада. - Вы знаете mademoiselle de Cominges?

- То есть mademoiselle Blanche?

- Ну да, mademoiselle Blanche de Cominges... et madame sa mere...[55] согласитесь сами, генерал... одним словом, генерал влюблен и даже... даже, может быть, здесь совершится брак. И представьте при этом разные скандалы, истории...

- Я не вижу тут ни скандалов, ни историй, касающихся брака...

- Так мне же, а не вам, потому что я уже не принадлежу к дому... (Я нарочно старался быть как можно бестолковее.) Но позвольте, так это решено, что mademoiselle Blanche выходит за генерала? Чего же ждут? Я хочу сказать - что скрывать об этом, по крайней мере от нас, от домашних?

- Я вам не могу... впрочем, это еще не совсем... однако... вы знаете, ждут из России известия; генералу надо устроить дела...

- А, а! la baboulinka!

[54] Де-Грие с ненавистью посмотрел на меня.

- Одним словом, - перебил он, - я вполне надеюсь на вашу врожденную любезность, на ваш ум, на такт... вы, конечно, сделаете это для того семейства, в котором вы были приняты как родной, были любимы, уважаемы...

- Помилуйте, я был выгнан! ...

... - Если так, если никакие просьбы не имеют на вас влияния, - начал он строго и заносчиво, - то позвольте вас уверить, что будут приняты меры. Тут есть начальство, вас вышлют сегодня же, - que diable! un blan-bec comme vous[56] хочет вызвать на

---

[55] мадемуазель Бланш де Команж и ее мамашу (франц.)
[56] кой черт! молокосос, как вы (франц.)

дуэль такое лицо, как барон! И вы думаете, что вас оставят в покое? И поверьте, вас никто здесь не боится! Если я просил, то более от себя, потому что вы беспокоили генерала. И неужели, неужели вы думаете, что барон не велит вас просто выгнать лакею?

- Да ведь я не сам пойду, - отвечал я с чрезвычайным спокойствием, - вы ошибаетесь, monsieur Де-Грие, все это обойдется гораздо приличнее, чем вы думаете. Я вот сейчас же отправлюсь к мистеру Астлею и попрошу его быть моим посредником, одним словом, быть моим second[57]. Этот человек меня любит и, наверное, не откажет. Он пойдет к барону, и барон его примет. Если сам я un outchitel кажусь чем-то subalterne[58], ну и, наконец, без защиты, то мистер Астлей - племянник лорда, настоящего лорда, это известно всем, лорда Пиброка, и лорд этот здесь. Поверьте, что барон будет вежлив с мистером Астлеем и выслушает его. А если не выслушает, то мистер Астлей почтет это себе за личную обиду (вы знаете, как англичане настойчивы) и пошлет к барону от себя приятеля, а у него приятели хорошие. Разочтите теперь, что выйдет, может быть, и не так, как вы полагаете.

[55] Француз решительно струсил; действительно, все это было очень похоже на правду, а стало быть, выходило, что я и в самом деле был в силах затеять историю.

- Но прошу же вас, - начал он совершенно умоляющим голосом, - оставьте все это! ... - заключил он, видя, что я встал и беру шляпу, - я пришел вам передать эти два слова от одной особы, прочтите, - мне поручено ждать ответа.

---

[57] секундант (франц.)
[58] подчиненным (франц.)

218

Сказав это, он вынул из кармана и подал мне маленькую, сложенную и запечатанную облаткою записочку.

Рукою Полины было написано:

«Мне показалось, что вы намерены продолжать эту историю. Вы рассердились и начинаете школьничать. Но тут есть особые обстоятельства, и я вам их потом, может быть, объясню; а вы, пожалуйста, перестаньте и уймитесь. Какие все это глупости! ... Прошу вас быть послушным и, если надо, приказываю. Ваша П.

P. S. Если на меня за вчерашнее сердитесь, то простите меня».

У меня как бы все перевернулось в глазах, когда я прочел эти строчки. Губы у меня побелели, и я стал дрожать. Проклятый француз смотрел с усиленно скромным видом и отводя от меня глаза, как бы для того, чтобы не видеть моего смущения. Лучше бы он захохотал надо мною.

- Хорошо, - ответил я, - скажите, чтобы mademoiselle была спокойна. Позвольте же, однако, вас спросить, - прибавил я резко, - почему вы так долго не передавали мне эту записку? Вместо того чтобы болтать о пустяках, мне кажется, вы должны были начать с этого... если вы именно и пришли с этим поручением.

... - Мне хотелось поскорее узнать самому лично, от вас самих, ваши намерения. Я, впрочем, не знаю, что в этой записке, и думал, что всегда успею передать.

- Понимаю, вам просто-запросто велено передать это только в крайнем случае, а если уладите на словах, то и не передавать. Так ли? Говорите прямо, monsieur Де-Грие!

- Peut-etre[59], - сказал он, принимая вид какой-то особенной сдержанности и смотря на меня каким-то особенным взглядом.

---

[59] Может быть (франц.).

[56] Я взял шляпу; он кивнул головой и вышел. Мне показалось, что на губах его насмешливая улыбка. Да и как могло быть иначе?

- Мы с тобой еще сочтемся, французишка, померимся! - бормотал я, сходя с лестницы. Я еще ничего не мог сообразить, точно что мне в голову ударило. Воздух несколько освежил меня.

Минуты через две, чуть-чуть только я стал ясно соображать, мне ярко представились две мысли: *первая,* - что из таких пустяков, из нескольких школьнических, невероятных угроз мальчишки, высказанных вчера на лету, поднялась такая *всеобщая* тревога! и *вторая* мысль - каково же, однако, влияние этого француза на Полину? Одно его слово - и она делает все, что ему нужно, пишет записку и даже *просит* меня. Конечно, их отношения и всегда для меня были загадкою с самого начала, с тех пор как я их знать начал; однако ж в эти последние дни я заметил в ней решительное отвращение и даже презрение к нему, а он даже и не смотрел на нее, даже просто бывал с ней невежлив. Я это заметил. Полина сама мне говорила об отвращении; у ней уже прорывались чрезвычайно значительные признания... Значит, он просто владеет ею, она у него в каких-то цепях...

Глава VIII

[57] На променаде, как здесь называют, то есть в каштановой аллее, я встретил моего англичанина.

- О, о! - начал он, завидя меня, - я к вам, а вы ко мне. Так вы уж расстались с вашими?

- Скажите, во-первых, почему все это вы знаете, - спросил я в удивлении, - неужели все это всем известно? ...

... - Я знаю, то есть имел случай узнать. Теперь куда вы отсюда уедете? Я люблю вас и потому к вам пришел.

- Славный вы человек, мистер Астлей, - сказал я (меня, впрочем, ужасно поразило: откуда он знает?),

- и так как я еще не пил кофе, да и вы, вероятно, его плохо пили, то пойдемте к воксалу в кафе, там сядем, закурим, и я вам все расскажу, и... вы тоже мне расскажете.

Кафе был во ста шагах. Нам принесли кофе, мы уселись, я закурил папиросу, мистер Астлей ничего не закурил и, уставившись на меня, приготовился слушать.

- Я никуда не еду, я здесь остаюсь, - начал я.

- И я был уверен, что вы останетесь, - одобрительно произнес мистер Астлей.

Идя к мистеру Астлею, я вовсе не имел намерения и даже нарочно не хотел рассказывать ему что-нибудь о моей любви к Полине. Во все эти дни я не сказал с ним об этом почти ни одного слова. К тому же он был очень застенчив. Я с первого раза заметил, что Полина произвела на него чрезвычайное впечатление, но он никогда не упоминал ее имени. Но странно, вдруг, теперь, только что он уселся и уставился на меня своим пристальным оловянным взглядом, во мне, неизвестно почему, явилась охота рассказать ему все, то есть всю мою любовь и со всеми ее оттенками. Я рассказывал целые полчаса, и мне было это чрезвычайно приятно, в первый раз я об этом рассказывал!

[58] Мистер Астлей слушал, сидя против меня, неподвижно, не издавая ни слова, ни звука и глядя мне в глаза; но когда я заговорил про француза, он вдруг осадил меня и строго спросил: имею ли я право упоминать об этом постороннем обстоятельстве? Мистер Астлей всегда очень странно задавал вопросы.

- Вы правы: боюсь, что нет, - ответил я.

- Об этом маркизе и о мисс Полине вы ничего не можете сказать точного, кроме одних предположений?

Я опять удивился такому категорическому вопросу от такого застенчивого человека, как мистер Астлей.

- Нет, точного ничего, - ответил я, - конечно, ничего.

- Если так, то вы сделали дурное дело не только тем, что заговорили об этом со мною, но даже и тем, что про себя это подумали.

- Хорошо, хорошо! Сознаюсь; но теперь не в том дело, - перебил я, про себя удивляясь. Тут я ему рассказал всю вчерашнюю историю, во всех подробностях...

... - Что вы из этого выводите? - спросил я. - Я именно пришел узнать ваши мысли. Что же до меня касается, то я, кажется, убил бы этого французишку и, может быть, это сделаю.

- И я, - сказал мистер Астлей. - Что же касается до мисс Полины, то ... вы знаете, мы вступаем в сношения даже с людьми нам ненавистными, если нас вызывает к тому необходимость. Тут могут быть сношения вам неизвестные, зависящие от обстоятельств посторонних. Я думаю, что вы можете успокоиться - отчасти, разумеется. Что же касается до вчерашнего поступка ее, то он, конечно, странен, - не потому, что она пожелала от вас отвязаться и послала вас под дубину барона (которую, я не понимаю почему, он не употребил, имея в руках), а потому, что такая выходка для такой... для такой превосходной мисс - неприлична. Разумеется, она не могла предугадать, что вы буквально исполните ее насмешливое желание...

- Знаете ли что? - вскричал я вдруг, пристально всматриваясь в мистера Астлея, - мне сдается, что вы уже о всем об этом слыхали, знаете от кого? - от самой мисс Полины!

[59] ... Мистер Астлей усмехнулся и кивнул головой.

- Действительно, я, кажется, и в этом гораздо больше вашего знаю, - сказал он. - Тут все дело касается одной mademoiselle Blanche, и я уверен, что это совершенная истина.

- Ну что ж mademoiselle Blanche? - вскричал я с нетерпением (у меня вдруг явилась надежда, что теперь что-нибудь откроется о m-lle Полине).

- Мне кажется, что mademoiselle Blanche имеет в настоящую минуту особый интерес всячески избегать встречи с бароном и баронессой, - тем более встречи неприятной, еще хуже - скандальной.

- Ну! Ну!

- Mademoiselle Blanche третьего года[60], во время сезона уже была здесь, в Рулетенбурге. И я тоже здесь находился. Mademoiselle Blanche тогда не называлась mademoiselle de Cominges, равномерно и мать ее madame veuve Cominges тогда не существовала. По крайней мере о ней не было и помину. Де-Грие - Де-Грие тоже не было. Я питаю глубокое убеждение, что они не только не родня между собою, но даже и знакомы весьма недавно. Маркизом Де-Грие стал тоже весьма недавно - я в этом уверен по одному обстоятельству. Даже можно предположить, что он и Де-Грие стал называться недавно. Я знаю здесь одного человека, встречавшего его и под другим именем.

- Но ведь он имеет действительно солидный круг знакомства?

- О, это может быть. Даже mademoiselle Blanche его может иметь. Но третьего года mademoiselle Blanche, по жалобе этой самой баронессы, получила приглашение от здешней полиции покинуть город и покинула его.

- Как так?

- Она появилась тогда здесь сперва с одним итальянцем, каким-то князем, с историческим именем что-то вроде *Барберини* или что-то похожее. Человек весь в перстнях и бриллиантах, и даже не фальшивых. Они ездили в удивительном экипаже. Mademoiselle Blanche играла в trente et quarante сначала хорошо, потом ей стало сильно изменять счастие; так я припоминаю. Я помню, в

---

[60] три года назад

один вечер она проиграла чрезвычайную сумму. Но всего хуже, что ... ее князь исчез неизвестно куда; исчезли и лошади, и экипаж - все исчезло. Долг в отеле ужасный. Mademoiselle Зельма (вместо Барберини она вдруг обратилась в mademoiselle Зельму) была в последней степени отчаяния. Она выла и визжала на весь отель и разорвала в бешенстве свое платье. Тут же в отеле стоял один польский граф (все путешествующие поляки - графы), и mademoiselle Зельма, разрывавшая свои платья и царапавшая, как кошка, свое лицо своими прекрасными, вымытыми в духах руками, произвела на него некоторое впечатление. Они переговорили, и к обеду она утешилась. Вечером он появился с ней под руку в воксале. Mademoiselle Зельма смеялась, по своему обыкновению, весьма громко, и в манерах ее оказалось несколько более развязности. Она поступила прямо в тот разряд играющих на рулетке дам, которые, подходя к столу, изо всей силы отталкивают плечом игрока, чтобы очистить себе место. Это особенный здесь шик у этих дам. Вы их, конечно, заметили?

- О, да.

[60] ... - Впрочем, история моя кончена. Однажды, точно так же как и князь, исчез и граф. Mademoiselle Зельма явилась вечером играть уже одна; на этот раз никто не явился предложить ей руку.В два дня она проигралась окончательно. Поставив последний луидор и проиграв его, она осмотрелась кругом и увидела подле себя барона Вурмергельма, который очень внимательно и с глубоким негодованием ее рассматривал. Но mademoiselle Зельма не разглядела негодования и, обратившись к барону с известной улыбкой, попросила поставить за нее на красную десять луидоров. Вследствие этого, по жалобе баронессы, она к вечеру получила приглашение не показываться более в воксале. Если вы удивляетесь, что мне известны все эти мелкие и совершенно неприличные подробности, то это потому, что слышал я их

224

окончательно от мистера Фидера, одного моего родственника, который в тот же вечер увез в своей коляске mademoiselle Зельму из Рулетенбурга в Спа. Теперь поймите: mademoiselle Blanche хочет быть генеральшей, вероятно для того, чтобы впредь не получать таких приглашений, как третьего года от полиции воксала. Теперь она уже не играет; но это потому, что теперь у ней по всем признакам есть капитал, который она ссужает здешним игрокам на проценты. Это гораздо расчетливее. Я даже подозреваю, что ей должен и несчастный генерал. Может быть, должен и Де-Грие. Может быть, Де-Грие с ней в компании. Согласитесь сами, что, по крайней мере до свадьбы, она бы не желала почему-либо обратить на себя внимание баронессы и барона. Одним словом, в ее положении ей всего менее выгоден скандал. Вы же связаны с их домом, и ваши поступки могли возбудить скандал, тем более что она каждодневно является в публике под руку с генералом или с мисс Полиною. Теперь понимаете?

[61] - Нет, не понимаю! - вскричал я, изо всей силы стукнув по столу так, что garcon[61] прибежал в испуге.

- Скажите, мистер Астлей, - повторил я в исступлении, - если вы уже знали всю эту историю, а следовательно, знаете наизусть, что такое mademoiselle Blanche de Cominges, то каким образом не предупредили вы хоть меня, самого генерала, наконец, а главное, мисс Полину, которая показывалась здесь в воксале, в публике, с mademoiselle Blanche под руку? Разве это возможно?

- Вас предупреждать мне было нечего, потому что вы ничего не могли сделать, - спокойно отвечал мистер Астлей. - А впрочем, и о чем предупреждать? Генерал, может быть, знает о mademoiselle Blanche еще более, чем я, и все-таки

---

[61] официант (франц.)

прогуливается с нею и с мисс Полиной. Генерал – несчастный человек. Я видел вчера, как mademoiselle Blanche скакала на прекрасной лошади с monsieur Де-Грие и с этим маленьким русским князем, а генерал скакал за ними на рыжей лошади. Он утром говорил, что у него болят ноги, но посадка его была хороша. И вот в это-то мгновение мне вдруг пришло на мысль, что это совершенно погибший человек...

[62] ... - Довольно, - сказал я, вставая, - теперь мне ясно, как день, что и мисс Полине все известно о mademoiselle Blanche, но что она не может расстаться со своим французом, а потому и решается гулять с mademoiselle Blanche...

... - Вы забываете, во-первых, что эта mademoiselle de Cominges - невеста генерала, а во-вторых, что у мисс Полины, падчерицы генерала, есть маленький брат и маленькая сестра, родные дети генерала, уж совершенно брошенные этим сумасшедшим человеком, а кажется, и ограбленные.

- Да, да! это так! уйти от детей - значит уж совершенно их бросить, остаться - значит защитить их интересы, а может быть, и спасти клочки имения. Да, да, все это правда! Но все-таки, все-таки! О, я понимаю, почему все они так теперь интересуются бабуленькой!

- О ком? - спросил мистер Астлей.

- О той старой ведьме в Москве, которая не умирает и о которой ждут телеграммы, что она умрет.

- Ну да, конечно, весь интерес в ней соединился. Все дело в наследстве! Объявится наследство, и генерал женится; мисс Полина будет тоже развязана, а Де-Грие...

- Ну, а Де-Грие?

- А Де-Грие будут заплачены деньги; он того только здесь и ждет.

- Только! вы думаете, только этого и ждет?

- Более я ничего не знаю, - упорно замолчал мистер Астлей.

[63] - А я знаю, я знаю! - повторил я в ярости, - он тоже ждет наследства, потому что Полина получит приданое, а получив деньги, тотчас кинется ему на шею. Все женщины таковы! И самые гордые из них - самыми-то пошлыми рабами и выходят! Полина способна только страстно любить и больше ничего! Вот мое мнение о ней! ...Она способна на все ужасы жизни и страсти... она... она... но кто это зовет меня? - воскликнул я вдруг. - Кто кричит? Я слышал, закричали по-русски: «Алексей Иванович!» Женский голос, слышите, слышите!

В это время мы подходили к нашему отелю. Мы давно уже, почти не замечая того, оставили кафе.

- Я слышал женские крики, но не знаю, кого зовут; это по-русски; теперь я вижу, откуда крики, - указывал мистер Астлей, - это кричит та женщина, которая сидит в большом кресле и которую внесли сейчас на крыльцо столько лакеев. Сзади несут чемоданы, значит, только что приехал поезд.

- Но почему она зовет меня? Она опять кричит; смотрите, она нам машет.

- Я вижу, что она машет, - сказал мистер Астлей.

- Алексей Иванович! Алексей Иванович! Ах, господи, что это за олух! - раздавались отчаянные крики с крыльца отеля.

Мы почти побежали к подъезду. Я вступил на площадку и ... руки мои опустились от изумления, а ноги так и приросли к камню.

Глава IX

[64] На верхней площадке широкого крыльца отеля, внесенная по ступеням в креслах и окруженная слугами, служанками и многочисленною подобострастною челядью отеля, в присутствии самого обер-кельнера, вышедшего встретить высокую посетительницу, приехавшую с таким треском и шумом, с собственною прислугою и с столькими баулами и чемоданами, восседала - *бабушка!* Да, это была она сама, грозная и богатая,

227

семидесятипятилетняя Антонида Васильевна Тарасевичева, помещица и московская барыня, la baboulinka, о которой пускались и получались телеграммы, умиравшая и не умершая и которая вдруг сама, собственнолично, явилась к нам как снег на голову. Она явилась, хотя и без ног, носимая, как и всегда, во все последние пять лет, в креслах, но, по обыкновению своему, бойкая, задорная, самодовольная, прямо сидящая, громко и повелительно кричащая, всех бранящая, - ну точь-в-точь такая, как я имел честь видеть ее раза два, с того времени как определился в генеральский дом учителем. Естественно, что я стоял пред нею истуканом от удивления. Она же разглядела меня своим рысьим взглядом еще за сто шагов, когда ее вносили в креслах, узнала и кликнула меня по имени и отчеству, что тоже, по обыкновению своему, раз навсегда запомнила. «И эдакую-то ждали видеть в гробу, схороненную и оставившую наследство, - пролетело у меня в мыслях, - да она всех нас и весь отель переживет! Но, боже, что ж это будет теперь с нашими, что будет теперь с генералом! Она весь отель теперь перевернет на сторону!»

- Ну что ж ты, батюшка, стал предо мною, глаза выпучил! - продолжала кричать на меня бабушка, - поклониться-поздоро-ваться не умеешь, что ли? Аль загордился, не хочешь? Аль, может, не узнал? Слышишь, Потапыч, - обратилась она к седому старичку, во фраке, в белом галстуке и с розовой лысиной, своему дворецкому, сопровождавшему ее в вояже, - слышишь, не узнает! Схоронили! Телеграмму за телеграммою посылали: умерла али не умерла? Ведь я все знаю! А я, вот видишь, и живехонька.

[65] - Помилуйте, Антонида Васильевна, с чего мне-то вам худого желать? - весело отвечал я очнувшись, - я только был удивлен... Да и как же не подивиться, так неожиданно...

- А что тебе удивительного? Села да поехала. В вагоне покойно, толчков нет. Ты гулять ходил, что ли?

- Да, прошелся к воксалу.

- Здесь хорошо, - сказала бабушка, озираясь, - тепло и деревья богатые. Это я люблю! Наши дома? Генерал?

- О! дома, в этот час, наверно, все дома.

- А у них и здесь часы заведены и все церемонии? Тону задают. Экипаж, я слышала,

ВЫРАЖЕНИЯ СО СЛОВОМ КРОВЬ

ИСТЕКАТЬ КРОВЬЮ
To bleed profusely;

ПЕРЕЛИВАТЬ КРОВЬ
To transfuse blood;

ГЛАЗА, НАЛИТЫЕ КРОВЬЮ
Bloodshot eyes;

ЭТО У НЕГО В КРОВИ
It runs in his blood;

ВОЙТИ В ПЛОТЬ И КРОВЬ
To become ingrained;

ПРОЛИВАТЬ (СВОЮ) КРОВЬ (ЗА)
To shed one's blood (for);

КРОВЬ С МОЛОКОМ
The very picture of health.

держат, les seigneurs russes![62] Просвистались, так и за границу! И Прасковья с ним?

- И Полина Александровна тоже.

- И французишка? Ну да сама всех увижу. Алексей Иванович, показывай дорогу, прямо к нему. Тебе-то здесь хорошо ли?

- Так себе, Антонида Васильевна.

- А ты, Потапыч, скажи этому олуху, кельнеру, чтоб мне удобную квартиру отвели, хорошую, не высоко, туда и вещи сейчас перенеси. Да чего всем-то соваться меня нести? Чего они лезут? Экие

---

[62] русские вельможи (франц.)

рабы! Это кто с тобой? - обратилась она опять ко мне.

- Это мистер Астлей, - отвечал я.

- Какой такой мистер Астлей?

- Путешественник, мой добрый знакомый; знаком и с генералом.

- Англичанин. То-то он уставился на меня и зубов не разжимает. Я, впрочем, люблю англичан. Ну, тащите наверх, прямо к ним на квартиру; где они там?

[66] Бабушку понесли; я шел впереди по широкой лестнице отеля. Шествие наше было очень эффектное. Все, кто попадались, - останавливались и смотрели во все глаза. Наш отель считался самым лучшим, самым дорогим и самым аристократическим на водах. На лестнице и в коридорах всегда встречаются великолепные дамы и важные англичане. Многие осведомлялись внизу у обер-кельнера, который, с своей стороны, был глубоко поражен. Он, конечно, отвечал всем спрашивавшим, что это важная иностранка, une russe, une comtesse, grande dame[63] и что она займет то самое помещение, которое за неделю тому назад занимала la grande duchesse de N[64]. Повелительная и властительная наружность бабушки, возносимой в креслах, была причиною главного эффекта. При встрече со всяким новым лицом она тотчас обмеривала его любопытным взглядом и о всех громко меня расспрашивала. Бабушка была из крупной породы, и хотя и не вставала с кресел, но предчувствовалось, глядя на нее, что она весьма высокого роста. Спина ее держалась прямо, как доска, и не опиралась на кресло. Седая, большая ее голова, с крупными и резкими чертами лица, держалась вверх; глядела она как-то даже заносчиво и с вызовом; и видно было, что взгляд и

---

[63] русская, графиня, важная дама (франц.)

[64] великая герцогиня де Н. (франц.)

жесты ее совершенно натуральны. Несмотря на семьдесят пять лет, лицо ее было довольно свежо и даже зубы не совсем пострадали. Одета она была в черном шелковом платье и в белом чепчике.

- Она чрезвычайно интересует меня, - шепнул мне, подымаясь рядом со мною, мистер Астлей.

«О телеграммах она знает, - подумал я, - Де-Грие ей тоже известен, но m-lle Blanche еще, кажется, мало известна». Я тотчас же сообщил об этом мистеру Астлею.

[67] Грешный человек! только что прошло мое первое удивление, я ужасно обрадовался громовому удару, который мы произведем сейчас у генерала. Меня точно что подзадоривало, и я шел впереди чрезвычайно весело.

Наши квартировали в третьем этаже; я не докладывал и даже не постучал в дверь, а просто растворил ее настежь, и бабушку внесли с триумфом. Все они были, как нарочно, в сборе, в кабинете генерала. Было двенадцать часов, и, кажется, проектировалась какая-то поездка, - одни сбирались в колясках, другие верхами, всей компанией; кроме того, были еще приглашенные из знакомых. Кроме генерала, Полины с детьми, их нянюшки, находились в кабинете: Де-Грие, m-lle Blanche, опять в амазонке, ее мать madame veuve Cominges, маленький князь и еще какой-то ученый путешественник, немец, которого я видел у них еще в первый раз. Кресла с бабушкой прямо опустили посредине кабинета, в трех шагах от генерала. Боже, никогда не забуду этого впечатления! Пред нашим входом генерал что-то рассказывал, а Де-Грие его поправлял. Надо заметить, что m-lle Blanche и Де-Грие вот уже два-три дня почему-то очень ухаживали за маленьким князем - a la barbe du pauvre general[65], и компания хоть, может быть, и искусственно, но была настроена на самый веселый и радушно-семейный тон. При виде бабушки

---

[65] под носом у бедного генерала (франц.)

генерал вдруг остолбенел, разинул рот и остановился на полслове. Он смотрел на нее, выпучив глаза, как будто околдованный взглядом василиска. Бабушка смотрела на него тоже молча, неподвижно, - но что это был за торжествующий, вызывающий и насмешливый взгляд! Они просмотрели так друг на друга секунд десять битых, при глубоком молчании всех окружающих. Де-Грие сначала оцепенел, но скоро необыкновенное беспокойство замелькало в его лице. M-lle Blanche подняла брови, раскрыла рот и дико разглядывала бабушку. Князь и ученый в глубоком недоумении созерцали всю эту картину. Во взгляде Полины выразилось чрезвычайное удивление и недоумение, но вдруг она побледнела, как платок; чрез минуту кровь быстро ударила ей в лицо и залила ей щеки. Да, это была катастрофа для всех! Я только и делал, что переводил мои взгляды от бабушки на всех окружающих и обратно. Мистер Астлей стоял в стороне, по своему обыкновению, спокойно и чинно.

[68] - Ну, вот и я! Вместо телеграммы-то! - разразилась наконец бабушка, прерывая молчание. - Что, не ожидали?

- Антонида Васильевна... тетушка... но каким же образом... - пробормотал несчастный генерал. Если бы бабушка не заговорила еще несколько секунд, то, может быть, с ним был бы удар.

- Как каким образом? Села да поехала. А железная-то дорога на что? А вы все думали: я уж ноги протянула и вам наследство оставила? Я ведь знаю, как ты отсюда телеграммы-то посылал. Денег-то что за них переплатил, я думаю. Отсюда не дешево. А я ноги на плечи, да и сюда. Это тот француз? Monsieur Де-Грие, кажется?

[69] - Oui, madame, - подхватил Де-Грие, - et croyez, je suis si enchante... votre sante... c'est un miracle... vous voir ici, une surprise charmante...[66]

- То-то charmante; знаю я тебя, фигляр ты эдакой, да я-то тебе вот на столечко не верю! – и она указала ему свой мизинец. - Это кто такая, - обратилась она, указывая на mademoiselle Blanche. Эффектная француженка, в амазонке, с хлыстом в руке, видимо, ее поразила. - Здешняя, что ли?

- Это mademoiselle Blanche de Cominges, а вот и маменька ее madame de Cominges; они квартируют в здешнем отеле. - доложил я.

- Замужем дочь-то? - не церемонясь, расспрашивала бабушка.

- Mademoiselle de Cominges девица, - отвечал я как можно почтительнее и нарочно вполголоса.

- Веселая?

Я было не понял вопроса.

- Не скучно с нею? По-русски понимает? Вот Де-Грие у нас в Москве намастачился по-нашему-то, с пятого на десятое.

Я объяснил ей, что mademoiselle de Cominges никогда не была в России.

- Bonjour! - сказала бабушка, вдруг резко обращаясь к m-lle Blanche.

[70] - Bonjour, madame, - церемонно и изящно присела m-lle Blanche, поспешив, под покровом необыкновенной скромности и вежливости, выказать всем выражением лица и фигуры чрезвычайное удивление к такому странному вопросу и обращению.

- О, глаза опустила, манерничает и церемонничает; сейчас видна птица; актриса какая-нибудь. Я здесь в отеле внизу остановилась, -

---

[66] Да, сударыня... И поверьте, я в таком восторге... ваше здоровье... это чудо... видеть вас здесь... прелестный сюрприз... (франц.)

233

обратилась она вдруг к генералу, - соседка тебе буду; рад или не рад?

- О тетушка! Поверьте искренним чувствам... моего удовольствия, - подхватил генерал. Он уже отчасти опомнился, а так как при случае он умел говорить удачно, важно и с претензиею на некоторый эффект, то принялся распространяться и теперь. - Мы были так встревожены и поражены известиями о вашем нездоровье... Мы получали такие безнадежные телеграммы, и вдруг...

- Ну, врешь, врешь! - перебила тотчас бабушка.

- Но каким образом, - тоже поскорей перебил и возвысил голос генерал, постаравшись не заметить этого «врешь», - каким образом вы, однако, решились на такую поездку? Согласитесь сами, что в ваших летах и при вашем здоровье... по крайней мере все это так неожиданно, что понятно наше удивление. Но я так рад... и мы все (он начал умильно и восторженно улыбаться) постараемся изо всех сил сделать вам здешний сезон наиприятнейшим препровождением...

- Ну, довольно; болтовня пустая; нагородил по обыкновению; я и сама сумею прожить. Впрочем, и от вас не прочь; зла не помню. Каким образом, ты спрашиваешь. Да что тут удивительного? Самым простейшим образом. И чего они все удивляются. Здравствуй, Прасковья. Ты здесь что делаешь?

[71] - Здравствуйте, бабушка, - сказала Полина, приближаясь к ней, - давно ли в дороге?

- Ну, вот эта умнее всех спросила, а то: ах да ах! Вот видишь ты: лежала-лежала, лечили-лечили, я докторов прогнала и позвала пономаря от Николы. Он от такой же болезни сенной трухой одну бабу вылечил. Ну, и мне помог; на третий день вся вспотела и поднялась. Потом опять собрались мои немцы, надели очки и стали рядить: «Если бы теперь, говорят, за границу на воды и курс взять, так совсем бы завалы прошли». А почему же нет, думаю? Дурь-Зажигины разахались: «Куда вам, говорят, доехать!». Ну, вот-те на! В один день собралась и на прошлой неделе в пятницу взяла девушку, да Потапыча, да Федора лакея, да этого Федора из Берлина и прогнала, потому: вижу, совсем его не надо, и одна-одинешенька доехала бы... Вагон беру особенный, а носильщики на всех станциях есть, за двугривенный куда хочешь донесут. Ишь вы квартиру нанимаете какую! - заключила она осматриваясь. — Из каких это ты денег, батюшка? Ведь все у тебя в залоге. Одному этому французишке что должен деньжищ-то! Я ведь все знаю, все знаю!

- Я, тетушка... - начал генерал, весь сконфузившись, - я удивляюсь, тетушка... я, кажется, могу и без чьего-либо контроля... притом же мои расходы не превышают моих средств, и мы здесь...

- У тебя-то не превышают? сказал! У детей-то, должно быть, последнее уж заграбил, опекун!

- После этого, после таких слов... - начал генерал в негодовании, - я уже и не знаю...

- То-то не знаешь! небось здесь от рулетки не отходишь? Весь просвистался?

[72] Генерал был так поражен, что чуть не захлебнулся от прилива взволнованных чувств своих.

- На рулетке! Я? При моем значении... Я? Опомнитесь, тетушка, вы еще, должно быть, нездоровы...

- Ну, врешь, врешь; небось оттащить не могут; все врешь! Я вот посмотрю, что это за рулетка такая, сегодня же. Ты, Прасковья, мне расскажи, где что здесь осматривают, да вот и Алексей Иванович покажет, а ты, Потапыч, записывай все места, куда ехать. Что здесь осматривают? - обратилась вдруг она опять к Полине.

- Здесь есть близко развалины замка, потом Шлангенберг.

- Что это Шлангенберг? Роща, что ли?

- Нет, не роща, это гора; там пуант...

- Какой такой пуант?

235

- Самая высшая точка на горе, огороженное место. Оттуда вид бесподобный.

- Это на гору-то кресла тащить? Встащат аль нет?

- О, носильщиков сыскать можно, - отвечал я.

В это время подошла здороваться к бабушке Федосья, нянюшка, и подвела генеральских детей.

- Ну, нечего лобызаться! Не люблю целоваться с детьми: все дети сопливые. Ну, ты как здесь, Федосья?

- Здесь очинно, очинно хорошо, матушка Антонида Васильевна, - ответила Федосья. - Как вам-то было, матушка? Уж мы так про вас изболезновались.

- Знаю, ты-то простая душа. Это что у вас, все гости, что ли? - обратилась она опять к Полине. - Это кто плюгавенький- то, в очках?

- Князь Нильский, бабушка, - прошептала ей Полина.

- А русский? А я думала, не поймет! Не слыхал, может быть! Мистера Астлея я уже видела. Да вот он опять, - увидала его бабушка, - здравствуйте! - обратилась она вдруг к нему.

[73] Мистер Астлей молча ей поклонился.

- Ну, что вы мне скажете хорошего? Скажите что-нибудь! Переведи ему это, Полина.

Полина перевела.

- То, что я гляжу на вас с большим удовольствием и радуюсь, что вы в добром здоровье, - серьезно, но с чрезвычайною готовностью ответил мистер Астлей. Бабушке перевели, и ей, видимо, это понравилось.

- Как англичане всегда хорошо отвечают, - заметила она. - Я почему-то всегда любила англичан, сравнения нет с французишками! Заходите ко мне, - обратилась она опять к мистеру Астлею. - Постараюсь вас не очень обеспокоить. Переведи это ему, да скажи ему, что я здесь внизу, здесь внизу, - слышите, внизу, внизу, - повторяла она мистеру Астлею, указывая пальцем вниз.

Мистер Астлей был чрезвычайно доволен приглашением.

[74] Бабушка внимательным и довольным взглядом оглядела с ног до головы Полину.

- Я бы тебя, Прасковья, любила, - вдруг сказала она, - девка ты славная, лучше их всех, да характеришко у тебя - ух! Ну да и у меня характер; повернись-ка; это у тебя не накладка в волосах-то?

- Нет, бабушка, свои.

- То-то, не люблю теперешней глупой моды. Хороша ты очень. Я бы в тебя влюбилась, если б была кавалером. Чего замуж-то не выходишь? Но, однако, пора мне. И погулять хочется, а то все вагон да вагон... Ну что ты, все еще сердишься? - обратилась она к генералу.

- Помилуйте, тетушка, полноте[67]! – спохватился обрадованный генерал, - я понимаю, в ваши лета...

- Cette vieille est tombee en enfance[68], - шепнул мне Де-Грие.

- Я вот все хочу здесь рассмотреть. Ты мне Алексея Ивановича-то уступишь? - продолжала бабушка генералу.

- О, сколько угодно, но я и сам... и Полина и monsieur Де-Грие...мы все, все сочтем за удовольствие вам сопутствовать...

- Mais, madame, cela sera un plaisir[69], - подвернулся Де-Грие с обворожительной улыбкой.

- То-то, *plaisir*. Смешон ты мне, батюшка. Денег-то я тебе, впрочем, не дам, - прибавила она вдруг генералу. - Ну, теперь в мой номер: осмотреть надо, а потом и отправимся по всем местам. Ну, подымайте.

Бабушку опять подняли, и все отправились гурьбой, вслед за креслами, вниз по лестнице. Генерал шел, как будто ошеломленный ударом дубины поголове. Де-Грие что-то соображал. M-lle Blanche хотела было остаться, но почему-то рассудила тоже пойти со всеми. За нею тотчас же

---

[67] enough
[68] эта старуха впала в детство (франц.)
[69] но, сударыня, это будет удовольствие (франц.)

237

отправился и князь, и наверху, в квартире генерала, остались только немец и madame veuve Cominges.

Глава X

[75] На водах - да, кажется, и во всей Европе - управляющие отелями и обер-кельнеры при отведении квартир посетителям руководствуются не столько требованиями и желаниями их, сколько собственным личным своим на них взглядом; и, надо заметить, редко ошибаются. Но бабушке, уж неизвестно почему, отвели такое богатое помещение, что даже пересолили: четыре великолепно убранные комнаты, с ванной, помещениями для прислуги, особой комнатой для камеристки и прочее, и прочее. Действительно, в этих комнатах неделю тому назад останавливалась какая-то grande duchesse, о чем, конечно, тотчас же и объявлялось новым посетителям, для придания еще большей цены квартире. Бабушку пронесли, или лучше сказать, прокатили по всем комнатам, и она внимательно и строго оглядывала их. Обер-кельнер, уже пожилой человек, с плешивой головой, почтительно сопровождал ее при этом первом осмотре.

[76] Не знаю, за кого они все приняли бабушку, но, кажется, за чрезвычайно важную и, главное, богатейшую особу. В книгу внесли тотчас: «Madame la generale princesse de Tarassevitcheva", хотя бабушка никогда не была княгиней. Своя прислуга, особое помещение в вагоне, бездна ненужных баулов, чемоданов и даже сундуков, прибывших с бабушкой, вероятно, послужили началом престижа; а кресла, резкий тон и голос бабушки, ее эксцентрические вопросы, делаемые с самым не стесняющимся и не терпящим никаких возражений видом, одним словом, вся фигура бабушки - прямая, резкая, повелительная, - довершали всеобщее к ней благоговение. При осмотре бабушка вдруг иногда приказывала останав-

ливать кресла, указы-вала на какую-нибудь вещь в меблировке и обращалась с неожиданными вопросами к почтительно улыбавшемуся, но уже начинавшему трусить обер-кельнеру. Бабушка предлагала вопросы на французском языке, на котором говорила, впрочем, довольно плохо, так что я обыкновенно переводил. Ответы обер-кельнера большею частию ей не нравились и казались неудовлетворительными. Да и она-то спрашивала все как будто не об деле, а бог знает о

ВЫРАЖЕНИЯ СО СЛОВОМ ПУСКАТЬ

ПУСКАТЬ КАМНЕМ В КОГО-Л.
To throw a stone at somebody;

ПУСКАТЬ СТРЕЛУ
To shoot an arrow;

ПУСКАТЬ КОРНИ
To root;

ПУСКАТЬ В ОБРАЩЕНИЕ
To put into circulation;

ПУСКАТЬ В ХОД ВСЕ СРЕДСТВА
To leave no stone unturned, to move heaven and earth;

ПУСКАТЬ СЛУХ
To start/spread a rumor;

ПУСКАТЬ ЛОШАДЬ РЫСЬЮ
To trot a horse;

ПУСКАТЬ ЛОШАДЬ ВО ВЕСЬ ОПОР
To give a horse its head;

ПУСКАТЬ ПО МИРУ
To ruin utterly; to bankrupt someone;

ПУСКАТЬ КОЗЛА В ОГОРОД
Lit. To send the goat to guard the cabbage;

ПУСТИТЬ СЕБЕ ПУЛЮ В ЛОБ
To blow one's brains out, to put a bullet through one's head;

ПУСКАТЬ ПЫЛЬ В ГЛАЗА
To cut a dash, to show off.

чем. Вдруг, например, остановилась пред картиною - довольно слабой копией с какого-то известного оригинала с мифологическим сюжетом.

- Чей портрет?

[77] Обер-кельнер объявил, что, вероятно, какой-нибудь графини.

- Как же ты не знаешь? Здесь живешь, а не знаешь. Почему он здесь? Зачем глаза косые?

На все эти вопросы обер-кельнер удовлетворительно отвечать не мог и даже потерялся.

- Вот болван-то! - отозвалась бабушка по-русски.

Ее понесли далее. Та же история повторилась с одной саксонской статуэткой, которую бабушка долго рассматривала и потом велела вынесть, неизвестно за что. Наконец пристала к обер-кельнеру: что стоили ковры в спальне и где их ткут? Обер-кельнер обещал справиться.

- Вот ослы-то! - ворчала бабушка и обратила все свое внимание на кровать.

- Эдакий пышный балдахин! Разверните его.

Постель развернули.

- Еще, еще, все разверните. Снимите подушки, наволочки, подымите перину.

[78] Все перевернули. Бабушка осмотрела внимательно.

- Хорошо, что у них клопов нет. Все белье долой! Постлать мое белье и мои подушки. Однако все это слишком пышно, куда мне, старухе, такую квартиру: одной скучно. Алексей Иванович, ты бывай ко мне чаще, когда детей перестанешь учить.

- Я со вчерашнего дня не служу более у генерала, - ответил я, - и живу в отеле совершенно сам по себе.

- Это почему так?

- На днях приехал сюда один знатный немецкий барон с баронессой, супругой, из Берлина. Я вчера, на гулянье, заговорил с ним по-немецки, не придерживаясь берлинского произношения.

- Ну, так что же?

- Он счел это дерзостью и пожаловался генералу, а генерал вчера же уволил меня в отставку.

- Да что ж ты обругал, что ли, его, барона-то? (Хоть бы и обругал, так ничего!)

- О нет. Напротив, барон на меня палку поднял.

- И ты, слюняй, позволил так обращаться с своим учителем, - обратилась она вдруг к генералу, - да еще его с места прогнал! Колпаки вы, - все колпаки, как я вижу.

- Не беспокойтесь, тетушка, - отвечал генерал с некоторым высокомерно-фамильярным оттенком, - я сам умею вести мои дела. К тому же Алексей Иванович не совсем вам верно передал.

- А ты так и снес? - обратилась она ко мне.

- Я хотел было на дуэль вызвать барона, - отвечал я как можно скромнее и спокойнее, - да генерал воспротивился.

- Это зачем ты воспротивился? - опять обратилась бабушка к генералу. (А ты, батюшка, ступай, придешь, когда позовут, - обратилась она тоже и к обер-кельнеру, - нечего разиня-то рот стоять. Терпеть не могу эту харю нюрнбергскую!) - Тот откланялся и вышел, конечно, не поняв комплимента бабушки.

- Помилуйте, тетушка, разве дуэли возможны? - отвечал с усмешкой генерал.

- А почему невозможны? Мужчины все петухи; вот бы и дрались. Колпаки вы все, как я вижу, не умеете отечества своего поддержать. Ну, подымите! Потапыч, распорядись, чтоб всегда были готовы два носильщика... а ты, Алексей Иванович, мне этого барона покажи на гулянье: какой такой фон-барон, хоть бы поглядеть на него. Ну, где же эта рулетка?

[79] Я объяснил, что рулетки расположены в воксале, в залах. Затем последовали вопросы: много ли их? много ль играют? целый ли день играют? Как устроены? Я отвечал, наконец, что всего лучше осмотреть это собственными глазами, а что так описывать довольно трудно.

241

- Ну, так и нести прямо туда! Иди вперед, Алексей Иванович!

- Как, неужели, тетушка, вы даже и не отдохнете с дороги? - заботливо спросил генерал. Он немного как бы засуетился, да и все они как-то замешались[70] и стали переглядываться. Вероятно, им было несколько щекотливо, даже стыдно сопровождать бабушку прямо в воксал, где она, разумеется, могла наделать каких-нибудь эксцентричностей, но уже публично; между тем все они сами вызвались сопровождать ее.

- А чего мне отдыхать? Не устала; и без того пять дней сидела. А потом осмотрим, какие тут ключи и воды целебные и где они. А потом... как этот, - ты сказала, Прасковья, - пуант, что ли?

- Пуант, бабушка.

- Ну пуант, так пуант. А еще что здесь есть?

- Тут много предметов, бабушка, - затруднилась было Полина.

- Ну, сама не знаешь! Марфа, ты тоже со мной пойдешь, - сказала она своей камеристке.

- Но зачем же ей-то, тетушка? - захлопотал вдруг генерал, - и, наконец, это нельзя; и Потапыча вряд ли в самый воксал пустят.

- Ну, вздор! Что она слуга, так и бросить ее! Тоже ведь живой человек; вот уж неделю по дорогам рыщем, тоже и ей посмотреть хочется. С кем же ей, кроме меня? Одна-то и нос на улицу показать не посмеет.

- Но, бабушка...

- Да тебе стыдно, что ли, со мной? Так оставайся дома, не спрашивают. Ишь, какой генерал; я и сама генеральша. Да и чего вас такой хвост за мной, в самом деле, потащится? Я и с Алексеем Ивановичем все осмотрю...

[80] Но Де-Грие решительно настоял, чтобы всем сопутствовать, и пустился в самые любезные фразы

---

[70] замешкались (modern Russian) .

насчет удовольствия ее сопровождать и прочее. Все тронулись...

...Появление бабушки у рулетки произвело глубокое впечатление на публику. За игорными рулеточными столами и на другом конце залы, где помещался стол с trente et quarante, толпилось, может быть, полтораста или двести игроков, в несколько рядов. Те, которые успевали протесниться к самому столу, по обыкновению, стояли крепко и не упускали своих мест до тех пор, пока не проигрывались; ибо так стоять простыми зрителями и даром занимать игорное место не позволено...

...На все это бабушка смотрела издали, с диким любопытством; ... ей больше понравилась рулетка и что катается шарик. Она пожелала, наконец, разглядеть игру поближе. Не понимаю, как это случилось, но лакеи и некоторые другие суетящиеся агенты (преимущественно проигравшиеся полячки, навязывающие свои услуги счастливым игрокам и всем иностранцам) тотчас нашли и очистили бабушке место, несмотря на всю эту тесноту, у самой средины стола, подле главного крупера, и подкатили туда ее кресло. Множество посетителей, не играющих, но со стороны наблюдающих игру (преимущественно англичане с их семействами), тотчас же затеснились к столу, чтобы из-за игроков поглядеть на бабушку. У круперов родились надежды: такой эксцентрический игрок действительно как будто обещал что-нибудь необыкновенное. Семидесятилетняя женщина без ног и желающая играть - конечно, был случай не обыденный. Я протеснился тоже к столу и устроился подле бабушки. Потапыч и Марфа остались где-то далеко в стороне, между народом. Генерал, Полина, Де-Грие и m-lle Blanche тоже поместились в стороне, между зрителями.

[81] Бабушка сначала стала осматривать игроков. Она задавала мне резкие, отрывистые вопросы полушепотом: кто это такой? это кто такая? Ей особенно понравился в конце стола один очень

243

молодой человек, игравший в очень большую игру, ставивший тысячами и наигравший, как шептали кругом, уже тысяч до сорока франков, лежавших перед ним в куче, золотом и в банковых билетах...

[82] ... Бабушка наблюдала его несколько минут.

- Скажи ему - вдруг засуетилась бабушка, толкая меня, - скажи ему, чтоб бросил, чтоб брал поскорее деньги и уходил. Проиграет, сейчас все проиграет! - захлопотала она, чуть не задыхаясь от волнения. - Где Потапыч? Послать к нему Потапыча! ... - Я нагнулся к ней и решительно прошептал, что здесь так кричать нельзя и даже разговаривать чуть-чуть громко не позволено, потому что это мешает счету, и что нас сейчас прогонят.

- Экая досада! Пропал человек, значит сам хочет... смотреть на него не могу, всю ворочает. Экой олух! - и бабушка поскорей оборотилась в другую сторону...

... Я по возможности растолковал бабушке, что значат эти многочисленные комбинации ставок, rouge et noir, pair et impair, manque et passe[71] и, наконец, разные оттенки в системе чисел. Бабушка слушала внимательно, запоминала, переспрашивала и заучивала. На каждую систему ставок можно было тотчас же привести и пример, так что многое заучивалось и запоминалось очень легко и скоро. Бабушка осталась весьма довольна.

- А что такое zero? Вот этот крупер, курчавый, главный--то, крикнул сейчас zero? И почему он все загреб, что ни было на столе? Эдакую кучу, все себе взял? Это что такое?

- А zero, бабушка, выгода банка. Если шарик упадет на zero, то все, что ни поставлено на столе, принадлежит банку без расчета. Правда, дается еще удар на розыгрыш, но зато банк ничего не платит.

- Вот-те на! а я ничего не получаю?

---

[71] красное и черное, чет и нечет, недобор и перебор (франц.)

244

- Нет, бабушка, если вы пред этим ставили на zero, то когда выйдет zero, вам платят в тридцать пять раз больше.

- Как, в тридцать пять раз, и часто выходит? Что ж они, дураки, не ставят?

- Тридцать шесть шансов против, бабушка.

- Вот вздор! Потапыч! Потапыч! Постой, и со мной есть деньги - вот! Она вынула из кармана туго набитый кошелек и взяла из него фридрихсдор. - На, поставь сейчас на zero.

- Бабушка, zero только что вышел, - сказал я, - стало быть, теперь долго не выйдет. Вы много проставите; подождите хоть немного.

- Ну, врешь, ставь!

- Извольте, но он до вечера, может быть, не выйдет, вы до тысячи проставите, это случалось.

- Ну, вздор, вздор! Волка бояться - в лес не ходить. Что? проиграл? Ставь еще!

[83] Проиграли и второй фридрихсдор; поставили третий. Бабушка едва сидела на месте, она так и впилась горящими глазами в прыгающий по зазубринам вертящегося колеса шарик. Проиграли и третий. Бабушка из себя выходила, на месте ей не сиделось, даже кулаком стукнула по столу, когда крупер провозгласил "trente six"[72] вместо ожидаемого zero.

- Эк ведь его! - сердилась бабушка, - да скоро ли этот зеришка проклятый выйдет? Жива не хочу быть, а уж досижу до zero! Это этот проклятый курчавый круперишка делает, у него никогда не выходит! Алексей Иванович, ставь два золотых за раз! Это столько проставишь, что и выйдет zero, так ничего не возьмешь.

- Бабушка!

- Ставь, ставь! Не твои.

Я поставил два фридрихсдора. Шарик долго летал по колесу, наконец стал прыгать по зазубринам.

---

[72] Тридцать шесть (франц.)

Бабушка замерла и стиснула мою руку, и вдруг - хлоп!

- Zero, - провозгласил крупер.

- Видишь, видишь! - быстро обернулась ко мне бабушка, вся сияющая и довольная. - Я ведь сказала, сказала тебе! И надоумил меня сам господь поставить два золотых. Ну, сколько же я теперь получу? Что ж не выдают? Потапыч, Марфа, где же они? Наши все куда же ушли? Потапыч, Потапыч!

- Бабушка, после, - шептал я, - Потапыч у дверей, его сюда не пустят. Смотрите, бабушка, вам деньги выдают, получайте! Бабушке выкинули запечатанный в синей бумажке тяжеловесный сверток с пятидесятью фридрихсдорами и отсчитали не запечатанных еще двадцать фридрихсдоров. Все это я пригреб к бабушке лопаткой.

- Faites le jeu, messieurs! Faites le jeu, messieurs! Rien ne va plus?[73] - возглашал крупер, приглашая ставить и готовясь вертеть рулетку.

- Господи! опоздали! сейчас завертят! Ставь, ставь! - захлопотала бабушка, - да не мешкай, скорее, - выходила она из себя, толкая меня изо всех сил.

- Да куда ставить-то, бабушка?

- На zero, на zero! опять на zero! Ставь как можно больше! Сколько у нас всего? Семьдесят фридрихсдоров? Нечего их жалеть, ставь по двадцати фридрихсдоров разом.

- Опомнитесь, бабушка! Он иногда по двести раз не выходит! Уверяю вас, вы весь капитал проставите.

- Ну, врешь, врешь! ставь! Вот язык-то звенит! Знаю, что делаю, - даже затряслась в исступлении бабушка.

---

[73] Делайте вашу ставку, господа! Делайте вашу ставку! Больше никто не идет? (франц.)

- По уставу разом более двенадцати фридрихсдоров на zero ставить не позволено, бабушка, - ну вот я поставил.

- Как не позволено? Да ты не врешь ли? Мусье! мусье! - затолкала она крупера, сидевшего тут же подле нее слева и приготовившегося вертеть, - combien zero? douze? douze?[74]

[84] Я поскорее растолковал вопрос по-французски.

- Oui, madame[75], - вежливо подтвердил крупер, - равно как всякая единичная ставка не должна превышать разом четырех тысяч флоринов, по уставу, - прибавил он в пояснение.

- Ну, нечего делать, ставь двенадцать.

- Le jeu est fait![76] - крикнул крупер. Колесо завертелось, и вышло тринадцать. Проиграли!

- Еще! еще! еще! ставь еще! - кричала бабушка. Я уже не противоречил и, пожимая плечами, поставил еще двенадцать фридрихсдоров. Колесо вертелось долго. Бабушка просто дрожала, следя за колесом. «Да неужто она и в самом деле думает опять zero выиграть?» - подумал я, смотря на нее с удивлением. Решительное убеждение в выигрыше сияло на лице ее, непременное ожидание, что вот-вот сейчас крикнут: zero! Шарик вскочил в клетку.

- Zero! - крикнул крупер.

- Что!!! - с неистовым торжеством обратилась ко мне бабушка.

[85] Я сам был игрок; я почувствовал это в ту самую минуту. У меня руки-ноги дрожали, в голову ударило. Конечно, это был редкий случай, что на каких-нибудь десяти ударах три раза выскочил zero; но особенно удивительного тут не было ничего. Я сам был свидетелем, как третьего дня вышло три

_____

[74] сколько зеро? двенадцать? двенадцать? (франц.)

[75] Да, сударыня (франц.)
[76] Ставка сделана! (франц.)

247

zero *сряду* и при этом один из игроков, ревностно отмечавший на бумажке удары, громко заметил, что не далее, как вчера, этот же самый zero упал в целые сутки один раз.

С бабушкой, как с выигравшей самый значительный выигрыш, особенно внимательно и почтительно рассчитались. Ей приходилось получить ровно четыреста двадцать фридрихсдоров, то есть четыре тысячи флоринов и двадцать фридрихсдоров. Двадцать фридрихсдоров ей выдали золотом, а четыре тысячи - банковыми билетами.

На этот раз бабушка уже не звала Потапыча; она была занята не тем. Она даже не толкалась и не дрожала снаружи. Она, если можно так выразиться, дрожала изнутри. Вся на чем-то сосредоточилась, так и прицелилась:

- Алексей Иванович! он сказал, зараз можно только четыре тысячи флоринов поставить? На, бери, ставь эти все четыре на красную, - решила бабушка.

Было бесполезно отговаривать. Колесо завертелось.

- Rouge! - провозгласил крупер.

Опять выигрыш в четыре тысячи флоринов, всего, стало быть, восемь.

- Четыре сюда мне давай, а четыре ставь опять на красную, - командовала бабушка.

Я поставил опять четыре тысячи.

- Rouge! - провозгласил снова крупер.

- Итого двенадцать! Давай их все сюда. Золото ссыпай сюда, в кошелек, а билеты спрячь.

- Довольно! Домой! Откатите кресла!

Глава XI

[86] Кресла откатили к дверям, на другой конец залы. Бабушка сияла. Все наши стеснились тотчас же кругом нее с поздравлениями. Как ни эксцентрично было поведение бабушки, но ее триумф покрывал многое, и генерал уже не боялся

скомпрометировать себя в публике родственными отношениями с такой странной женщиной... Кругом говорили и указывали на бабушку. Многие проходили мимо нее, чтобы ближе ее рассмотреть. Мистер Астлей толковал о ней в стороне с двумя своими знакомыми англичанами. Несколько величавых зрительниц, дам, с величавым недоумением рассматривали ее как какое-то чудо. Де-Грие так и рассыпался в поздравлениях и улыбках.

- Quelle victoire![77] - говорил он.

- Mais, madame, c'etait du feu![78] – прибавила с заигрывающей улыбкой mademoiselle Blanche.

- Да-с, вот взяла да и выиграла двенадцать тысяч флоринов! Какое двенадцать, а золото-то? С золотом почти что тринадцать выйдет. Это сколько по-нашему? Тысяч шесть, что ли, будет?

[87] Я доложил, что и за семь перевалило, а по теперешнему курсу, пожалуй, и до восьми дойдет.

- Шутка, восемь тысяч! А вы-то сидите здесь, колпаки, ничего не делаете! Потапыч, Марфа, видели?

- Матушка, да как это вы? Восемь тысяч рублей, - восклицала, извиваясь, Марфа.

- Нате, вот вам от меня по пяти золотых, вот!
Потапыч и Марфа бросились целовать ручки.

- И носильщикам дать по фридрихсдору. Дай им по золотому, Алексей Иванович. Что это лакей кланяется, и другой тоже? Поздравляют? Дай им тоже по фридрихсдору.

- Madame la princesse... un pauvre expatrie... malheur continuel... le princes russes sont si genereux[79], - увивалась около кресел одна личность в истасканном

---

[77] Какая победа! (франц.)

[78] Но, сударыня, это было блестяще! (франц.)
[79] Госпожа княгиня... бедный эмигрант... постоянное несчастье... русские князья так щедры... (франц.)

сюртуке, пестром жилете, в усах, держа картуз на отлете и с подобострастною улыбкой...

- Дай ему тоже фридрихсдор. Нет, дай два; ну, довольно, а то конца с ними не будет. Подымите, везите! Прасковья, - обратилась она к Полине Александровне, - я тебе завтра на платье куплю, и той куплю mademoiselle ... как ее, mademoiselle Blanche, что ли, ей тоже на платье куплю. Переведи ей, Прасковья!

- Merci, madame, - умильно присела mademoiselle Blanche, искривив рот в насмешливую улыбку, которою обменялась с Де-Грие и генералом. Генерал отчасти конфузился и ужасно был рад, когда мы добрались до аллеи.

- Федосья, Федосья-то, думаю, как удивится теперь, - говорила бабушка, вспоминая о знакомой генеральской нянюшке. - И ей нужно на платье подарить. Эй, Алексей Иванович, Алексей Иванович, подай этому нищему!

По дороге проходил какой-то оборванец, с скрюченною спиной, и глядел на нас.

- Да это, может быть, и не нищий, а какой-нибудь прощелыга, бабушка.

- Дай! дай! дай ему гульден!

[88] Я подошел и подал. Он посмотрел на меня с диким недоумением, однако молча взял гульден. От него пахло вином.

- А ты, Алексей Иванович, не пробовал еще счастия?

- Нет, бабушка.

- А у самого глаза горели, я видела.

- Я еще попробую, бабушка, непременно, потом.

- И прямо ставь на zero! Вот увидишь! Сколько у тебя капиталу?

- Всего только двадцать фридрихсдоров, бабушка.

- Немного. Пятьдесят фридрихсдоров я тебе дам взаймы, если хочешь. Вот этот самый сверток и бери, а ты, батюшка, все-таки не жди, тебе не дам! - вдруг обратилась она к генералу.

250

Того точно перевернуло, но он промолчал. Де-Грие нахмурился.

- Que diable, c'est une terrible vieille![80] - прошептал он сквозь зубы генералу.

- Нищий, нищий, опять нищий! - закричала бабушка. - Алексей Иванович, дай и этому гульден.

[89] На этот раз повстречался седой старик, с деревянной ногой, в каком-то синем длиннополом сюртуке и с длинною тростью в руках. Он похож был на старого солдата. Но когда я протянул ему гульден, он сделал шаг назад и грозно осмотрел меня.

- Was ist's der Teufel![81] - крикнул он, прибавив к этому еще с десяток ругательств.

- Ну дурак! - крикнула бабушка, махнув рукой. - Везите дальше! Проголодалась! Теперь сейчас обедать, потом немного поваляюсь и опять туда.

- Вы опять хотите играть, бабушка? - крикнул я.

- Как бы ты думал? Что вы-то здесь сидите да киснете, так и мне на вас смотреть?

- Mais, madame, - приблизился Де-Грие, - les chances peuvent tourner, une seule mauvaise chance et vous perdrez tout... surtout avec votre jeu... c'etait terrible![82]

- Vous perdrez absolument[83], - защебетала m-lle Blanche.

- Да вам-то всем какое дело? Не ваши проиграю - свои! А где этот мистер Астлей? - спросила она меня.

- В воксале остался, бабушка.

- Жаль; вот этот так хороший человек.

---

[80] Черт возьми, ужасная старуха (франц.)

[81] Черт побери, что это такое! (нем.)

[82] Но, сударыня, удача может изменить, один неудачный ход - и вы потеряете все... особенно с вашими ставками... это ужасно! (франц.)

[83] Вы потеряете непременно (франц.)

251

Прибыв домой, бабушка еще на лестнице, встретив обер--кельнера, подозвала его и похвастала своим выигрышем; затем позвала Федосью, подарила ей три фридрихсдора и велела подавать обедать. Федосья и Марфа так и рассыпались пред нею за обедом.

- Смотрю я на вас, матушка, - трещала Марфа, - и говорю Потапычу, что это наша матушка хочет делать. А на столе денег-то, денег-то, батюшки! всю-то жизнь столько денег не видывала, а все кругом господа, все одни господа сидят. И откуда, говорю, Потапыч, это все такие здесь господа? Думаю, помоги ей сама мати-божия. Молюсь я за вас, матушка, а сердце вот так и замирает, так и замирает, дрожу, вся дрожу. Дай ей, господи, думаю, а тут вот вам господь и послал. До сих пор, матушка, так и дрожу, так вот вся и дрожу.

- Алексей Иванович, после обеда, часа в четыре, готовься; пойдем. А теперь покамест прощай, да докторишку мне какого-нибудь позвать не забудь, тоже и воды пить надо. А то и позабудешь, пожалуй.

[90] Я вышел от бабушки как одурманенный. Я старался себе представить, что теперь будет со всеми нашими и какой оборот примут дела? Я видел ясно, что они (генерал преимущественно) еще не успели прийти в себя, даже и от первого впечатления...

... В третьем этаже, в их коридоре, меня что-то как толкнуло. Я обернулся и, в двадцати шагах или более, увидел выходящую из двери Полину. Она точно выжидала и высматривала меня и тотчас же к себе поманила.

- Полина Александровна...

- Тише! - предупредила она.

- Представьте себе, - зашептал я, - меня сейчас точно что толкнуло в бок; оглядываюсь - вы! Точно электричество исходит из вас какое-то!

- Возьмите это письмо, - заботливо и нахмуренно произнесла Полина, наверное не расслышав того, что я сказал, - и передайте лично мистеру Астлею сейчас. Поскорее, прошу вас. Ответа не надо. Он сам...

[91] Она не договорила.

- Мистеру Астлею? - переспросил я в удивлении.

Но Полина уже скрылась в дверь.

- Ага, так у них переписка! - я, разумеется, побежал тотчас же отыскивать мистера Астлея, сперва в его отеле, где его не застал, потом в воксале, где обегал все залы, и наконец, в досаде, чуть не в отчаянии, возвращаясь домой, встретил его случайно, в кавалькаде какие-то англичан и англичанок, верхом...

... Не успел я войти в отель, как швейцар и вышедший из своей комнаты обер-кельнер сообщили мне, что меня требуют, ищут, три раза посылали наведываться: где я? - просят как можно скорее в номер к генералу. ... У генерала в кабинете я нашел, кроме самого генерала, Де-Грие и m-lle Blanche, одну, без матери. Мать была решительно подставная особа, употреблявшаяся только для парада; но когда доходило до настоящего *дела*, то m-lle Blanche орудовала одна. Да и вряд ли та что-нибудь знала про дела своей названной дочки.

[92] Они втроем о чем-то горячо совещались, и даже дверь кабинета была заперта, чего никогда не бывало. Подходя к дверям, я расслышал громкие голоса - дерзкий и язвительный разговор Де-Грие, нахально-ругательный и бешеный крик Blanche и жалкий голос генерала, очевидно в чем-то оправдывавшегося. При появлении моем все они как бы поприудержались и подправились. Де-Грие поправил волосы и из сердитого лица сделал улыбающееся, - тою скверною, официально-учтивою, французскою улыбкою, которую я так ненавижу. Убитый и потерявшийся генерал приосанился, но как-то машинально. Одна только m-lle Blanche почти не изменила своей сверкающей гневом физиономии и только замолкла, устремив на меня взор с нетерпеливым ожиданием. Замечу, что она до невероятности небрежно доселе со мною

обходилась, даже не отвечала на мои поклоны, - просто не примечала меня.

- Алексей Иванович, - начал нежно распекающим тоном генерал, - позвольте вам объявить, что странно, в высочайшей степени странно... одним словом, ваши поступки относительно меня и моего семейства... одним словом, в высочайшей степени странно...

- Eh! ce n'est pas ca, - с досадой и презрением перебил Де-Грие. (Решительно, он всем заправлял!) - Mon cher monsieur, notre cher general se trompe[84], - впадая в такой тон (продолжаю его речь по-русски), но он хотел вам сказать... то есть вас предупредить или, лучше сказать, просить вас убедительнейше, чтобы вы не губили его, - ну да, не губили! Я употребляю именно это выражение...

- Но чем же, чем же? - прервал я.

- Помилуйте, вы беретесь быть руководителем (или как это сказать?) этой старухи, cette pauvre terrible vieille[85], - сбивался сам Де-Грие, - но ведь она проиграется; она проиграется вся в пух! Вы сами видели, вы были свидетелем, как она играет! Если она начнет проигрывать, то она уж и не отойдет от стола, из упрямства, из злости, и все будет играть, все будет играть, а в таких случаях никогда не отыгрываются, и тогда... тогда...

- И тогда, - подхватил генерал, - тогда вы погубите все семейство! Я и мое семейство, мы - ее наследники, у ней нет более близкой родни. Я вам откровенно скажу. ... Если она проиграет значительную сумму или даже, пожалуй, все состояние (о боже!), что тогда будет с ними, с моими детьми! (генерал оглянулся на Де-Грие) - со мною! (Он поглядел на m-lle Blanche, с презрением от него отвернувшуюся.) Алексей Иванович, спасите, спасите нас!..

---

[84] Это не то... Дорогой мой, наш милый генерал ошибается (франц.)

[85] этой бедной, ужасной старухи (франц.)

- Да чем же, генерал, скажите, чем я могу... Что я-то тут значу?

- Откажитесь, откажитесь, бросьте ее!..

- Так другой найдется! - вскричал я.

- Ce n'est pas ca, ce n'est pas ca, - перебил опять Де-Грие, - que diable! Нет, не покидайте, но по крайней мере усовестите, уговорите, отвлеките... Ну, наконец, не дайте ей проиграть слишком много, отвлеките ее как-нибудь.

- Да как я это сделаю? Если бы вы сами взялись за это, monsieur Де-Грие, - прибавил я как можно наивнее.

[93] Тут я заметил быстрый, огненный, вопросительный взгляд mademoiselle Blanche на Де-Грие. В лице самого Де-Грие мелькнуло что-то особенное, что-то откровенное, от чего он не мог удержаться.

- То-то и есть, что она меня не возьмет теперь! - вскричал, махнув рукой, Де-Грие. - Если б!.. потом...

Де-Грие быстро и значительно поглядел на m-lle Blanche.

- O mon cher monsieur Alexis, soyez si bon[86], - шагнула ко мне с обворожительною улыбкою сама m-lle Blanche, схватила меня за обе руки и крепко сжала. Черт возьми! это дьявольское лицо умело в одну секунду меняться. В это мгновение у ней явилось такое просящее лицо, такое милое, детски улыбающееся и даже шаловливое; под конец фразы она плутовски мне подмигнула, тихонько от всех; срезать разом, что ли, меня хотела? И недурно вышло, - только уж грубо было это, однако, ужасно.

Подскочил за ней и генерал, - именно подскочил:

- Алексей Иванович, простите, что я давеча так с вами начал, я не то совсем хотел сказать... Я вас прошу, умоляю, в пояс вам кланяюсь по-русски, - вы один, один можете нас спасти! Я и m-lle de Cominges вас умоляем, - вы понимаете, ведь вы понимаете? -

---

[86] О, дорогой мой Алексей, будьте так добры (франц.)

умолял он, показывая мне глазами на m-lle Blanche. Он был очень жалок.

В эту минуту раздались три тихие и почтительные удара в дверь; отворили - стучал коридорный слуга, а за ним, в нескольких шагах, стоял Потапыч. Послы были от бабушки. Требовалось сыскать и доставить меня немедленно, «сердятся», - сообщил Потапыч.

- Но ведь еще только половина четвертого!

- Они и заснуть не могли, все ворочались, потом вдруг встали, кресла потребовали и за вами. Уж они теперь на крыльце-с...

- Quelle megere![87] - крикнул Де-Грие.

[94] Действительно, я нашел бабушку уже на крыльце, выходящую из терпения, что меня нет. До четырех часов она не выдержала.

- Ну, подымайте! - крикнула она, и мы отправились опять на рулетку.

Глава XII

[95] Бабушка была в нетерпеливом и раздражительном состоянии духа; видно было, что рулетка у ней крепко засела в голове. Ко всему остальному она была невнимательна и вообще крайне рассеянна. Ни про что, например, по дороге ни расспрашивала, как давеча. Увидя одну богатейшую коляску, промчавшуюся мимо нас вихрем, она было подняла руку и спросила: «Что такое? Чьи?» - но, кажется, и не расслышала моего ответа; задумчивость ее беспрерывно прерывалась резкими и нетерпеливыми телодвижениями и выходками. Когда я ей показал издали, уже подходя к воксалу, барона и баронессу Вурмергельм, она рассеянно посмотрела и совершенно равнодушно сказала: «А!» ...

В воксале бабушку уже ждали. Тотчас же отгородили ей то же самое место, возле крупера...

---

[87] Какая мегера! (франц.)

...Бабушка прямо накинулась на zero и тотчас же велела ставить по двенадцати фридрихсдоров. Поставили раз, второй, третий - zero не выходил. «Ставь, ставь!» - толкала меня бабушка в нетерпении. Я слушался.

- Сколько раз проставили? - спросила она наконец, скрежеща зубами от нетерпения.

- Да уж двенадцатый раз ставил, бабушка. Сто сорок четыре фридрихсдора проставили. Я вам говорю, бабушка, до вечера, пожалуй...

- Молчи! - перебила бабушка. - Поставь на него и поставь сейчас на красную тысячу гульденов. На, вот билет. Красная вышла, a zero опять лопнул; воротили тысячу гульденов.

ВЫРАЖЕНИЯ СО СЛОВОМ ЛЕЗТЬ

ЛЕЗТЬ В ВОДУ
To get into the water;

ЛЕЗТЬ ИЗ КОЖИ ВОН (РАЗГ.)
To go all out; bend over backwards;

ЛЕЗТЬ НА СТЕНУ
To be beside one's self, to go into a frenzy;

НЕ ЛЕЗТЬ ЗА СЛОВОМ В КАРМАН
To have a sharp tongue, not be at a loss for words, have a way with words;

ЛЕЗТЬ НЕ В СВОЁ ДЕЛО
To poke one's nose into other people's affairs, pry;

ЛЕЗТЬ НА ГЛАЗА
To hang round, to make a nuisance of oneself.

- Видишь, видишь! - шептала бабушка, - почти все, что проставили, воротили. Ставь опять на zero; еще раз десять поставим и бросим.

[96] Но на пятом разе бабушка совсем соскучилась.

257

- Брось этот пакостный зеришко к черту. На, ставь все четыре тысячи гульденов на красную, - приказала она.

- Бабушка! много будет; ну как не выйдет красная, - умолял я; но бабушка чуть меня не прибила... Нечего было делать, я поставил на красную все четыре тысячи гульденов, выигранные давеча. Колесо завертелось. Бабушка сидела спокойно и гордо выпрямившись, не сомневаясь в непременном выигрыше.

- Zero, - возгласил крупер.

Сначала бабушка не поняла, но когда увидала, что крупер загреб ее четыре тысячи гульденов, вместе со всем, что стояло на столе, и узнала, что zero, который так долго не выходил и на котором мы проставили почти двести фридрихсдоров, выскочил, как нарочно, тогда, когда бабушка только что его обругала и бросила, то ахнула и на всю залу сплеснула руками. Кругом даже засмеялись.

- Батюшки! Он тут-то проклятый и выскочил! - вопила бабушка, - ведь эдакой, эдакой окаянный! Это ты! Это все ты! - свирепо накинулась на меня, толкаясь. - Это ты меня отговорил.

- Бабушка, я вам дело говорил, как могу отвечать я за все шансы?

- Я-те дам шансы! - шептала она грозно, - пошел вон от меня.

- Прощайте, бабушка, - повернулся я уходить.

- Алексей Иванович, Алексей Иванович, останься! Куда ты? Ну, чего, чего? Ишь рассердился! Дурак! Ну побудь, побудь еще, ну, не сердись, я сама дура! Ну скажи, ну что теперь делать!

- Я, бабушка, не возьмусь вам подсказывать, потому что вы меня же будете обвинять. Играйте сами; приказывайте, я ставить буду.

- Ну, ну! ну ставь еще четыре тысячи гульденов на красную! Вот бумажник, бери. - Она вынула из кармана и подала мне бумажник. - Ну,

258

бери скорей, тут двадцать тысяч рублей чистыми деньгами.

- Бабушка, - прошептал я, - такие куши...
- Жива не хочу быть - отыграюсь. Ставь! - Поставили и проиграли.

- Ставь, ставь, все восемь ставь!
- Нельзя, бабушка, самый большой куш четыре!..
- Ну ставь четыре!

[97] На этот раз выиграли. Бабушка ободрилась.

- Видишь, видишь! - затолкала она меня, - ставь опять четыре!

Поставили - проиграли; потом еще и еще проиграли.

- Бабушка, все двенадцать тысяч ушли, - доложил я.

- Вижу, что все ушли, - проговорила она в каком-то спокойствии бешенства, если так можно выразиться, - вижу, батюшка, вижу, - бормотала она, смотря пред собою неподвижно и как будто раздумывая, - эх! жива не хочу быть, ставь еще четыре тысячи гульденов!

- Да денег нет, бабушка; тут в бумажнике наши пятипроцентные и еще какие-то переводы есть, а денег нет.

- А в кошельке?
- Мелочь осталась, бабушка.
- Есть здесь меняльные лавки[88]? Мне сказали, что все
наши бумаги разменять можно, - решительно спросила бабушка.

- О, сколько угодно! Но что вы потеряете за промен[89], так... сам жид ужаснется!

- Вздор! Отыграюсь! Вези. Позвать этих болванов!

Я откатил кресла, явились носильщики, и мы покатили из воксала.

---

[88] in modern Russian – обменные пункты
[89] обмен

- Скорей, скорей, скорей! - командовала бабушка. - Показывай дорогу, Алексей Иванович, да поближе возьми... а далеко?

- Два шага, бабушка.

[98] Но на повороте из сквера в аллею встретилась нам вся наша компания: генерал, Де-Грие и m-lle Blanche с маменькой. Полины Александровны с ними не было, мистера Астлея тоже.

- Ну, ну, ну! не останавливаться! - кричала бабушка, ну, чего вам такое? Некогда с вами тут!

Я шел сзади; Де-Грие подскочил ко мне.

- Все давешнее проиграла и двенадцать тысяч гульденов своих просадила. Едем пятипроцентные менять, - шепнул я ему наскоро.

Де-Грие топнул ногою и бросился сообщить генералу. Мы продолжали катить бабушку.

- Остановите, остановите! - зашептал мне генерал в исступлении.

- А вот попробуйте-ка ее остановить, - шепнул я ему.

- Тетушка! - приблизился генерал, - тетушка... мы сейчас... мы сейчас... - голос у него дрожал и падал, - нанимаем лошадей и едем за город... Восхитительнейший вид... пуант... мы шли вас приглашать.

ВЫРАЖЕНИЯ СО СЛОВОМ ПОДВЕРГАТЬ

ПОДВЕРГАТЬ СОМНЕНИЮ
To doubt;

ПОДВЕРГАТЬ ШТРАФУ
To fine;

ПОДВЕРГАТЬ ОПАСНОСТИ
To expose to danger, to endanger;

ПОДВЕРГАТЬ ОСМОТРУ
To examine, to subject to (an) examination;

ПОДВЕРГАТЬ ИСПЫТАНИЮ
To put on trial, to put to the test;

ПОДВЕРГАТЬ НАКАЗАНИЮ
To inflict a penalty (upon);

ПОДВЕРГАТЬ ПЫТКЕ
To put to torture, to torture.

- И, ну тебя и с пуантом! - раздражительно отмахнулась от него бабушка.

- Там деревня... там будем чай пить... - продолжал генерал уже с полным отчаянием.

- Nous boirons du lait, sur l'herbe fraiche[90], - прибавил Де-Грие с зверскою злобой.

Du lait, de l'herbe fraiche - это все, что есть идиллического у парижского буржуа; в этом, как известно, взгляд его на "nature et la verite!"[91]

- И, ну тебя с молоком! Хлещи сам, а у меня от него брюхо болит. Да и чего вы пристали?! - закричала бабушка, - говорю некогда!

- Приехали, бабушка! - закричал я, - здесь!

[99] Мы подкатили к дому, где была контора банкира. Я пошел менять; бабушка осталась ждать у подъезда; Де-Грие, генерал и Blanche стояли в стороне, не зная, что им делать. Бабушка гневно на них посмотрела, и они ушли по дороге к воксалу.

Мне предложили такой ужасный расчет, что я не решился и воротился к бабушке просить инструкций.

- Ах, разбойники! - закричала она, всплеснув руками. - Ну! Ничего! - меняй! - крикнула она решительно...

Я наменял[92] до двенадцати тысяч флоринов золотом и билетами, взял расчет и вынес бабушке.

- Ну! ну! ну! Нечего считать, - замахала она руками, -скорей, скорей, скорей!

- Никогда на этот проклятый zero не буду ставить и на красную тоже, - промолвила она, подъезжая к воксалу.

[100] На этот раз я всеми силами старался внушить ей ставить как можно меньше, убеждая ее, что при обороте шансов всегда будет время поставить и большой куш. Но она была так нетерпелива, что хоть и соглашалась сначала, но

---

[90] мы будем пить молоко на свежей траве (франц.)
[91] «природу и истину» (франц.)
[92] поменял, обменял.

261

возможности не было сдержать ее во время игры. Чуть только она начинала выигрывать ставки в десять, в двадцать фридрихсдоров, - «Ну, вот! Ну, вот! - начинала она толкать меня, - ну вот, выиграли же, - стояло бы четыре тысячи вместо десяти, мы бы четыре тысячи выиграли, а то что теперь? Это все ты, все ты!»

И как ни брала меня досада, глядя на ее игру, а я наконец решился молчать и не советовать больше ничего.

Вдруг подскочил Де-Грие. Они все трое были возле; я заметил, что m-lle Blanche стояла с маменькой в стороне и любезничала с князьком. Генерал был в явной немилости... Blanche даже и смотреть на него не хотела, хоть он и юлил подле нее всеми силами. Бедный генерал! Он бледнел, краснел, трепетал и даже уж не следил за игрою бабушки. Blanche и князек наконец вышли; генерал побежал за ними...

[101] ... Я поставил, по его указанию, по фридрихсдору на ряд нечетных чисел в первых двенадцати и по пяти фридрихсдоров на группы чисел от двенадцати до восемнадцати и от восемнадцати до двадцати четырех: всего поставили шестнадцать фридрихсдоров.

Колесо завертелось. "Zero", - крикнул крупер. Мы все проиграли.

Через час, как мы ни бились, - все проиграли...

... - Домой! - крикнула бабушка.

Она не промолвила ни слова до самой аллеи. В аллее, и уже подъезжая к отелю, у ней начали вырываться восклицания:

- Экая дура! экая дурында! Старая ты, старая дурында!

Только что въехали в квартиру: - Чаю мне! - закричала бабушка, - и сейчас собираться! Едем!

- Куда, матушка, ехать изволите? - начала было Марфа.

- А тебе какое дело? Знай сверчок свой шесток! Потапыч, собирай все, всю поклажу. Едем назад, в

Москву! Я пятнадцать тысяч целковых профершпилила[93]! ...

... - Ближайший поезд отправится в девять с половиною часов, бабушка, - доложил я, чтоб остановить ее фурор[94].

- А теперь сколько?

- Половина восьмого.

- Экая досада! Ну все равно! Алексей Иванович, денег у меня ни копейки. Вот тебе еще два билета, сбегай туда, разменяй мне и эти. А то не с чем и ехать.

[102] Я отправился. Через полчаса возвратившись в отель, я застал всех наших у бабушки. Узнав, что бабушка уезжает совсем в Москву, они были поражены, кажется, еще больше, чем ее проигрышем. Положим, отъездом спасалось ее состояние, но зато что же теперь станется с генералом? Кто заплатит Де-Грие? M-lle Blanche, разумеется, ждать не будет, пока помрет бабушка, и, наверное, улизнет теперь с князьком или с кем-нибудь другим. Они стояли перед нею, утешали ее и уговаривали. Полины опять не было. Бабушка неистово кричала на них.

- Отвяжитесь, черти! Вам что за дело? Чего эта козлиная борода ко мне лезет, - кричала она на Де-Грие, - а тебе, пиголица, чего надо? – обратилась она к m-lle Blanche. - Чего юлишь?

- Diantre![95] - прошептала m-lle Blanche, бешено сверкнув глазами, но вдруг захохотала и вышла.

- Elle vivra cent ans![96] - крикнула она, выходя из дверей, генералу.

- А, так ты на мою смерть рассчитываешь? - завопила бабушка генералу, - пошел! Выгони их всех, Алексей Иванович! Какое вам дело? Я свое просвистала, а не ваше!

---

[93] спустила, потратила

[94] фурор (франц. - fureur, итал. - furore) - ярость, неистовство

[95] черт возьми (франц.)

[96] она сто лет проживет! (франц.)

Генерал пожал плечами, согнулся и вышел. Де-Грие за ним.

- Позвать Прасковью, - велела бабушка Марфе.

[103] Через пять минут Марфа воротилась с Полиной. Все это время Полина сидела в своей комнате с детьми и, кажется, нарочно решилась весь день не выходить. Лицо ее было серьезно, грустно и озабочено.

- Прасковья, - начала бабушка, - правда ли, что я давеча стороной узнала, что будто бы этот дурак, отчим-то твой, хочет жениться на этой глупой вертушке француженке, - актриса, что ли, она, или того еще хуже? Говори, правда это?

- Наверное про это я не знаю, бабушка, - ответила Полина, - но по словам самой m-lle Blanche, которая не находит нужным скрывать, заключаю...

- Довольно! - энергически прервала бабушка, - все понимаю! Я всегда считала, что от него это станется, и всегда считала его самым пустейшим и легкомысленным человеком. Натащил на себя форсу, что генерал (из полковников, по отставке получил), да и важничает. Я, мать моя, все знаю, как вы телеграмму за телеграммой в Москву посылали - «скоро ли, дескать, старая бабка ноги протянет?» Наследства ждали; без денег-то его эта подлая девка, как ее - de Cominges, что ли, - и в лакеи к себе не возьмет, да еще со вставными-то зубами. У ней, говорят, у самой денег куча, на проценты дает, добром нажила. Я, Прасковья, тебя не виню; не ты телеграммы посылала; и об старом тоже поминать не хочу. Знаю, что характеришка у тебя скверный - оса! укусишь, так вспухнет, да жаль мне тебя, потому: покойницу Катерину, твою мать, я любила. Ну, хочешь? бросай все здесь и поезжай со мною. Ведь тебе деваться-то некуда; да и неприлично тебе с ними теперь. Стой! - прервала бабушка начинавшую было отвечать Полину, - я еще не докончила. От тебя я ничего не потребую. Дом у меня в Москве, сама знаешь, - дворец, хоть целый

264

этаж занимай и хоть по неделям ко мне не сходи, коль мой характер тебе не покажется. Ну, хочешь или нет?

- Позвольте сперва вас спросить: неужели вы сейчас ехать хотите?

- Шучу, что ли, я, матушка? Сказала и поеду. Я сегодня пятнадцать тысяч целковых просадила на растреклятой вашей рулетке. В подмосковной я, пять лет назад, дала обещание церковь из деревянной в каменную перестроить, да вместо того здесь просвисталась. Теперь, матушка, церковь поеду строить.

- А воды-то, бабушка? Ведь вы приехали воды пить?

- И, ну тебя с водами твоими! Не раздражай ты меня, Прасковья; нарочно, что ли, ты? Говори, едешь аль нет?

- Я вас очень, очень благодарю, бабушка, - с чувством начала Полина, - за убежище, которое вы мне предлагаете. Отчасти вы мое положение угадали. Я вам так признательна, что, поверьте, к вам приду, может быть, даже и скоро; а теперь есть причины... важные... и решиться я сейчас, сию минуту, не могу. Если бы вы остались хоть недели две...

- Значит, не хочешь?

- Значит, не могу. К тому же во всяком случае я не могу брата и сестру оставить, а так как... так как... так как действительно может случиться, что они останутся, как брошенные, то... если возьмете меня с малютками, бабушка, то, конечно, к вам поеду и, поверьте, заслужу вам это! - прибавила она с жаром, - а без детей не могу, бабушка.

- Ну, не хнычь! (Полина и не думала хныкать, да она и никогда не плакала), - и для цыплят найдется место; велик курятник. К тому же им в школу пора. Ну так не едешь теперь? Ну, Прасковья, смотри! Сделала бы я тебе добра, а ведь я знаю, почему ты не едешь. Все я знаю, Прасковья! Не доведет тебя этот французишка до добра.

265

[104] Полина вспыхнула. Я так и вздрогнул. (Все знают! Один я, стало быть, ничего не знаю!)

- Ну, ну, не хмурься. Не стану размазывать. Только смотри, чтоб не было худа, понимаешь? Ты девка умная; жаль мне тебя будет. Ну, довольно, не глядела бы я на вас на всех! Ступай! прощай!

- Я, бабушка, еще провожу вас, - сказала Полина.

- Не надо; не мешай, да и надоели вы мне все.

Полина поцеловала у бабушки руку, но та руку отдернула и сама поцеловала ее в щеку.

Проходя мимо меня, Полина быстро на меня поглядела и тотчас отвела глаза.

- Ну, прощай и ты, Алексей Иванович! Всего час до поезда. Да и устал ты со мною, я думаю. На, возьми себе эти пятьдесят золотых.

- Покорно благодарю вас, бабушка, мне совестно..

- Ну, ну! - кликнула бабушка, но до того энергично и грозно, что я не посмел отговариваться и принял.

- В Москве, как будешь без места бегать, - ко мне приходи; отрекомендую куда-нибудь. Ну убирайся!

Я пришел к себе в номер и лег на кровать. Я думаю, я лежал с полчаса навзничь, закинув за голову руки. Катастрофа уж разразилась, было о чем подумать. Завтра я решил настоятельно говорить с Полиной. А! французишка? Так, стало быть, правда! Но что же тут могло быть, однако? Полина и Де-Грие! Господи, какое сопоставление!

[105] Все это было просто невероятно. Я вдруг вскочил вне себя, чтоб идти тотчас же отыскать мистера Астлея и во что бы то ни стало заставить его говорить. Он, конечно, и тут больше меня знает. Мистер Астлей? вот еще для меня загадка!

Но вдруг в дверях моих раздался стук. Смотрю - Потапыч.

- Батюшка, Алексей Иванович: к барыне, требуют!

- Что такое? Уезжает, что ли? До поезда еще двадцать минут.

- Беспокоятся, батюшка, едва сидят. «Скорей, скорей!» - вас то есть, батюшка; ради Христа, не замедлите.

Тотчас же я сбежал вниз. Бабушку уже вывезли в коридор.

В руках ее был бумажник.

- Алексей Иванович, иди вперед, пойдем!..

- Куда, бабушка?

- Жива не хочу быть, отыграюсь! Ну, марш, без расспросов! Там до полночи ведь игра идет?

Я остолбенел, подумал, но тотчас же решился.

- Воля ваша, Антонида Васильевна, не пойду.

- Это почему? Это что еще? Белены, что ли, вы все объелись!

- Воля ваша: я потом сам упрекать себя стану; не хочу! Не хочу быть ни свидетелем, ни участником; избавьте, Антонида Васильевна. Вот ваши пятьдесят фридрихсдоров назад; прощайте! - И я, положив сверток с фридрихсдорами тут же на столик, подле которого пришлись кресла бабушки, поклонился и ушел.

- Экой вздор! - крикнула мне вслед бабушка, - да не ходи, пожалуй, я и одна дорогу найду! Потапыч, иди со мною! Ну, подымайте, несите.

[106] Мистера Астлея я не нашел и воротился домой. Поздно, уже в первом часу пополуночи, я узнал от Потапыча, чем кончился бабушкин день. Она все проиграла, что ей давеча я наменял, то есть, по-нашему, еще десять тысяч рублей...

... «Довезли мы ее, матушку, сюда - только водицы спросила испить, перекрестилась, и в постельку. Измучилась, что ли, она, тотчас заснула. Пошли бог сны ангельские! Ох, уж эта мне заграница! - заключил Потапыч, - говорил, что не к добру. Уж поскорей бы в нашу Москву! И чего-чего у нас дома нет, в Москве? Сад, цветы, таких здесь и не бывает, дух, яблоньки наливаются, простор, - нет: надо было за границу! Ох-хо-хо!»

[107] Вот уже почти целый месяц прошел, как я не притрогивался к этим заметкам моим, начатым под влиянием впечатлений, хотя и беспорядочных, но сильных. Катастрофа, приближение которой я тогда предчувствовал, наступила действительно, но во сто раз круче и неожиданнее, чем я думал...

...Теперь я один-одинешенек. Наступает осень, желтеет лист. Сижу в этом унылом городишке (о, как унылы германские городишки!) и, вместо того чтобы обдумать предстоящий шаг, живу под влиянием только что минувших ощущений, под влиянием свежих воспоминаний, под влиянием всего этого недавнего вихря, захватившего меня тогда в этот круговорот и опять куда-то выбросившего...

... Итак, принимаюсь писать. Впрочем, все это можно рассказать теперь отчасти и покороче: впечатления совсем не те...

Во-первых, чтоб кончить с бабушкой. На другой день она проигралась вся окончательно...

... По расчету Потапыча, бабушка проиграла всего в этот день до девяноста тысяч рублей, кроме проигранных ею вчера денег. Все свои билеты - пятипроцентные, внутренних займов, все акции, бывшие с нею, она разменяла один за другим и одну за другой. Я подивился[97] было, как она выдержала все эти семь или восемь часов, сидя в креслах и почти не отходя от стола, но Потапыч рассказывал, что раза три она действительно начинала сильно выигрывать; а увлеченная вновь надеждою, она уж и не могла отойти. Впрочем, игроки знают, как можно человеку просидеть чуть не сутки на одном месте за картами, не спуская глаз с правой и с левой.

[108] Между тем во весь этот день у нас в отеле происходили тоже весьма решительные вещи. Еще утром, до одиннадцати часов, когда бабушка еще была дома, наши, то есть генерал и Де-Грие,

---

[97] in modern Russian - удивился

решились было на последний шаг. Узнав, что бабушка и не думает уезжать, а, напротив, отправляется опять в воксал, они ... пришли к ней переговорить с нею окончательно и даже *откровенно*. Генерал, трепетавший и замиравший душою ввиду ужасных для него последствий, даже пересолил: после получасовых молений и просьб, и даже откровенно признавшись во всем, то есть во всех долгах, и даже в своей страсти к m-lle Blanche (он совсем потерялся), генерал вдруг принял грозный тон и стал даже кричать и топать ногами на бабушку; ... Де-Грие только пожимал плечами и в глаза смеялся над генералом... Наконец Де-Грие махнул рукою и куда-то скрылся... Что же касается до m-lle Blanche, то она с самого еще утра приняла окончательные меры: она совсем отшвырнула от себя генерала и даже не пускала его к себе на глаза. Когда генерал побежал за нею в воксал и встретил ее под руку с князьком, то ни она, ни madame veuve Cominges его не узнали. Князек тоже ему не поклонился...

Весь .... день Полина то гуляла с детьми и нянюшкой в парке, то сидела дома. Генерала она давно уже избегала и почти ничего с ним не говорила, по крайней мере о чем-нибудь серьезном...

... Конечно, я избегал говорить с нею и ни разу с нею не сходился после происшествия с Вурмергельмами...

... У ней тайна - это ясно! Разговор ее с бабушкой больно уколол мое сердце. Ведь я тысячу раз вызывал ее быть со мною откровенной, и ведь она знала, что я действительно готов за нее голову мою положить... Разве это не возмутительно? Неужели весь мир для нее в этом французе? А мистер Астлей? Но тут уже дело становилось решительно непонятным, а между тем - боже, как я мучился!

[109] Придя домой, в порыве бешенства, я схватил перо и настрочил ей следующее:

«Полина Александровна, я вижу ясно, что пришла развязка, которая заденет, конечно, и вас. Последний раз повторяю: нужна или нет вам моя голова? Если буду нужен, хоть *на что-нибудь*, - располагайте, а я покамест сижу в своей комнате, по крайней мере большею частью, и никуда не уеду. Надо будет, - то напишите иль позовите».

Я запечатал и отправил эту записку с коридорным лакеем, с приказанием отдать прямо в руки. Ответа я не ждал, но через три минуты лакей воротился с известием, что «приказали кланяться»...

...Ко мне явился Потапыч с зовом к бабушке. Было восемь часов, и она только что воротилась из воксала после окончательного проигрыша. Я отправился к ней: старуха сидела в креслах, совсем измученная и видимо больная. Марфа подавала ей чашку чая, которую почти насильно заставила ее выпить. И голос и тон бабушки ярко изменились.

- Здравствуйте, батюшка Алексей Иванович, - сказала она медленно и важно склоняя голову, - извините, что еще раз побеспокоила, простите старому человеку. Я, отец мой, все там оставила, почти сто тысяч рублей. Прав ты был, что вчера не пошел со мною. Теперь я без денег, гроша нет. Медлить не хочу ни минуты, в девять с половиною и поеду. Послала я к этому твоему англичанину, Астлею, что ли, и хочу у него спросить три тысячи франков на неделю. Так убеди ты его, чтоб он как-нибудь чего не подумал и не отказал. Я еще, отец мой, довольно богата. У меня три деревни и два дома есть. Да и денег еще найдется, не все с собой взяла. Для того я это говорю, чтоб не усомнился он как нибудь... А, да вот и он! Видно хорошего человека.

[110] Мистер Астлей поспешил по первому зову бабушки. Нимало не думая и много не говоря, он тотчас же отсчитал ей три тысячи франков под вексель, который бабушка и подписала. Кончив дело, он откланялся и поспешил выйти.

- А теперь ступай и ты, Алексей Иванович. Осталось час с небольшим - хочу прилечь, кости болят. Не взыщи на мне, старой дуре. Теперь уж не буду молодых обвинять в легкомыслии, да и того несчастного, генерала-то вашего, тоже грешно мне теперь обвинять. Денег я ему все-таки не дам, как он хочет, потому - уж совсем он, на мой взгляд, глупехонек, только и я, старая дура, не умнее его. Подлинно, бог и на старости взыщет и накажет гордыню. Ну, прощай. Марфуша, подыми меня.

Я, однако, желал проводить бабушку. Кроме того, я был в каком-то ожидании, я все ждал, что вот-вот сейчас что-то случится. Мне не сиделось у себя. Я выходил в коридор, даже на минутку вышел побродить по аллее. Письмо

ВЫРАЖЕНИЯ СО СЛОВОМ ПУХ

НИ ПУХА НИ ПЕРА!
Good luck!

РАЗРЯДИТЬСЯ, РАЗОДЕТЬСЯ В ПУХ И ПРАХ
To dress up, to put on one's finery, to be dressed to kill, to be done up to the eyeballs;

РАЗБИТЬ В ПУХ И ПРАХ
To defeat utterly, to rout.

мое к ней было ясно и решительно, а теперешняя катастрофа - уж, конечно, окончательная. В отеле я услышал об отъезде Де-Грие. Наконец, если она меня и отвергает, как друга, то, может быть, как слугу не отвергнет. Ведь нужен же я ей хоть на посылки; да пригожусь, как же иначе!

[111] Ко времени поезда я сбегал на дебаркадер и усадил бабушку. Они все уселись в особый семейный вагон. «Спасибо тебе, батюшка, за твое бескорыстное участие, - простилась она со мною, - да передай Прасковье то, о чем я вчера ей говорила, - я ее буду ждать».

Я пошел домой... Поднявшись к себе и отворив дверь, я в полутемноте заметил вдруг какую-то фигуру, сидевшую на стуле, в углу, у окна. Она не

271

поднялась при моем появлении. Я быстро подошел, посмотрел и - дух у меня захватило: это была Полина!

Глава XIV

[112] Я так и вскрикнул.

- Что же? Что же? - странно спрашивала она. Она была бледна и смотрела мрачно.

- Как что же? Вы? здесь, у меня!

- Если я прихожу, то уж *вся* прихожу. Это моя привычка. Вы сейчас это увидите; зажгите свечу.

Я зажег свечку. Она встала, подошла к столу и положила предо мной распечатанное письмо.

- Прочтите, - велела она

- Это, - это рука Де-Грие! - вскричал я, схватив письмо. Руки у меня тряслись, и строчки прыгали пред глазами. Я забыл точные выражения письма, но вот оно - хоть не слово в слово, так, по крайней мере, мысль в мысль.

«Mademoiselle, - писал Де-Грие, неблагоприятные обстоятельства заставляют меня уехать немедленно. Вы, конечно, сами заметили, что я нарочно избегал окончательного объяснения с вами до тех пор, пока не разъяснились все обстоятельства. Приезд старой вашей родственницы и нелепый ее поступок покончили все мои недоумения. Мои собственные расстроенные дела запрещают мне окончательно питать дальнейшие сладостные надежды, которыми я позволял себе упиваться некоторое время. Сожалею о прошедшем, но надеюсь, что в поведении моем вы не отыщете ничего, что недостойно ... честного человека. Потеряв почти все мои деньги в долгах на отчиме вашем, я нахожусь в крайней необходимости воспользоваться тем, что мне остается: я уже дал знать в Петербург моим друзьям, чтоб немедленно распорядились продажею заложенного мне имущества; зная, однако же, что легкомысленный отчим ваш растратил ваши собственные деньги, я

272

решился простить ему пятьдесят тысяч франков и на эту сумму возвращаю ему часть закладных на его имущество, так что вы поставлены теперь в возможность воротить все, что потеряли, потребовав с него имение судебным порядком. Надеюсь, mademoiselle, что при теперешнем состоянии дел мой поступок будет для вас весьма выгоден. Надеюсь тоже, что этим поступком я вполне исполняю обязанность человека честного и благородного. Будьте уверены, что память о вас запечатлена навеки в моем сердце».

- Что же, это все ясно, - сказал я, обращаясь к Полине, - неужели вы могли ожидать чего-нибудь другого, - прибавил я с негодованием.

[113] - Я ничего не ожидала, - отвечала она, по-видимому спокойно, но что-то как бы вздрагивало в ее голосе; - я давно все порешила; я читала его мысли узнала, что он думает. Он думал, что я ищу... что я буду настаивать... (Она остановилась и, не договорив, закусила губу и замолчала.) Я нарочно удвоила мое к нему презрение, - начала она опять, - я ждала, что от него будет? Если б пришла телеграмма о наследстве, я бы швырнула ему долг этого идиота (отчима) и прогнала его! Он мне был давно, давно ненавистен. О, это был не тот человек прежде, тысячу раз не тот, а теперь, а теперь!.. О, с каким бы счастием я бросила ему теперь, в его подлое лицо, эти пятьдесят тысяч и плюнула бы... и растерла бы плевок!

- Но бумага, - эта возвращенная им закладная на пятьдесят тысяч, ведь она у генерала? Возьмите и отдайте Де-Грие.

- О, не то! Не то!..

- Да, правда, правда, не то! Да и к чему генерал теперь способен? А бабушка? - вдруг вскричал я.

[114] Полина как-то рассеянно и нетерпеливо на меня посмотрела.

- Зачем бабушка? - с досадой проговорила Полина, - я не могу идти к ней... Да и ни у кого не хочу

273

прощения просить, - прибавила она раздражительно.

- Что же делать! - вскричал я, - и как, ну как это вы могли любить Де-Грие! О, подлец, подлец! Ну, хотите, я его убью на дуэли! Где он теперь?

- Он во Франкфурте и проживет там три дня.

- Одно ваше слово, и я еду, завтра же, с первым поездом! - проговорил я в каком-то глупом энтузиазме.

Она засмеялась.

- Что же, он скажет еще, пожалуй: сначала возвратите пятьдесят тысяч франков. Да и за что ему драться?.. Какой это вздор!

- Ну так где же, где же взять эти пятьдесят тысяч франков, - повторил я, скрежеща зубами, - точно так и возможно было вдруг их поднять на полу. - Послушайте: мистер Астлей? - спросил я, обращаясь к ней с началом какой-то странной идеи.

У ней глаза засверкали.

- Что же, разве *ты сам* хочешь, чтоб я от тебя ушла к этому англичанину? - проговорила она, пронзающим взглядом смотря мне в лицо и горько улыбаясь.

Первый раз в жизни сказала она мне *ты*.

[115] Кажется, у ней в эту минуту закружилась голова от волнения, и вдруг она села на диван, как бы в изнеможении.

Точно молния опалила меня; я стоял и не верил глазам, не верил ушам! Что же, стало быть, она меня любит! Она пришла *ко мне*, а не к мистеру Астлею! Она, одна, девушка, пришла ко мне в комнату, в отели, - стало быть, компрометировала себя всенародно, - и я, я стою перед ней и еще не понимаю!

Одна дикая мысль блеснула в моей голове.

- Полина! Дай мне только один час! Подожди здесь только час и... я вернусь! Это... это необходимо! Увидишь! Будь здесь, будь здесь!

И я выбежал из комнаты, не отвечая на ее удивленный вопросительный взгляд; она крикнула мне что-то вслед, но я не воротился...

[116] ... Было четверть одиннадцатого; я вошел в воксал в такой твердой надежде и в то же время в таком волнении, какого я еще никогда не испытывал. В игорных залах народу было еще довольно, хоть вдвое менее утрешнего...

... Я прошел к тому самому столу, где давеча сидела бабушка. Было не очень тесно, так что я очень скоро занял место у стола стоя. Прямо предо мной, на зеленом сукне, начерчено было слово: «Passe». «*Passe*» - это ряд цифр от девятнадцати включительно до тридцати шести. Первый же ряд, от первого до восемнадцати включительно, называется «*Manque*»; но какое мне было до этого дело? Я не рассчитывал, я даже не слыхал, на какую цифру лег последний удар, и об этом не справился, начиная игру, как бы сделал всякий чуть-чуть рассчитывающий игрок. Я вытащил все мои двадцать фридрихсдоров и бросил на бывший предо мною "passé".

- Vingt deux![98] - закричал крупер.

[117] Я выиграл - и опять поставил все: и прежнее, и выигрыш.

- Trente et un[99], - прокричал крупер. Опять выигрыш! Всего уж, стало быть, у меня восемьдесят фридрихсдоров! Я двинул все восемьдесят на двенадцать средних цифр (тройной выигрыш, но два шанса против себя) — колесо завертелось, и вышло двадцать четыре. Мне выложили три свертка по пятидесяти фридрихсдоров и десять золотых монет; всего, с прежним, очутилось у меня двести фридрихсдоров.

Я был как в горячке и двинул всю эту кучу денег на красную - и вдруг опомнился! И только раз во весь этот вечер, во всю игру, страх прошел по мне

---

[98] двадцать два! (франц.)
[99] тридцать один (франц.)

холодом и отозвался дрожью в руках и ногах. Я с ужасом ощутил и мгновенно сознал: что для меня теперь значит проиграть! Стояла на ставке вся моя жизнь!

- Rouge! - крикнул крупер, - и я перевел дух, огненные мурашки посыпались по моему телу. Со мною расплатились банковыми билетами; стало быть, всего уж четыре тысячи флоринов и восемьдесят фридрихсдоров! (Я еще мог следить тогда за счетом.)

[118] Затем, помнится, я поставил две тысячи флоринов опять на двенадцать средних и проиграл; поставил мое золото и восемьдесят фридрихсдоров и проиграл. Бешенство овладело мною: я схватил последние оставшиеся мне две тысячи флоринов и поставил на двенадцать первых - так, на авось, зря, без расчета! Впрочем, было одно мгновение ожидания, похожее, может быть, впечатлением на впечатление, испытанное madame Blanchard, когда она, в Париже, летела с воздушного шара на землю.

- Quatre![100] - крикнул крупер. Всего, с прежнею ставкою, опять очутилось шесть тысяч флоринов. Я уже смотрел как победитель, я уже ничего, ничего теперь не боялся и бросил четыре тысячи флоринов на черную. Человек девять бросилось, вслед за мною, тоже ставить на черную. Круперы переглядывались и переговаривались. Кругом говорили и ждали.

[119] Вышла черная. Не помню я уж тут ни расчета, ни порядка моих ставок. Помню только, как во сне, что я уже выиграл, кажется, тысяч шестнадцать флоринов; вдруг, тремя несчастными ударами, спустил из них двенадцать; потом двинул последние четыре тысячи на «passé» (но уж почти ничего не ощущал при этом; я только ждал, как-то механически, без мысли) - и опять выиграл; затем выиграл еще четыре раза сряду. Помню только, что я забирал деньги тысячами; запоминаю я тоже, что

---

[100] четыре (франц.)

чаще всех выходили двенадцать средних, к которым я и привязался.

Я думаю, с моего прибытия времени прошло не более получаса. Вдруг крупер уведомил меня, что я выиграл тридцать тысяч флоринов, а так как банк за один раз больше не отвечает, то, стало быть, рулетку закроют до завтрашнего утра. Я схватил все мое золото, ссыпал его в карманы, схватил все билеты и тотчас перешел на другой стол, в другую залу, где была другая рулетка; за мною хлынула вся толпа; там тотчас же очистили мне место, и я пустился ставить опять, зря и не считая. Не понимаю, что меня спасло!

[120] ... Собрав все, я быстро перешел на trente et quarante.

За trente et quarante сидит публика аристократическая. Это не рулетка, это карты. Тут банк отвечает за сто тысяч талеров разом. Наибольшая ставка тоже четыре тысячи флоринов...

... Действительно, точно судьба толкала меня...

- Monsieur a gagne deja cent mille florins[101], - раздался подле меня чей-то голос.

Я вдруг очнулся. Как? я выиграл в этот вечер сто тысяч флоринов! Да к чему же мне больше? Я бросился на билеты, скомкал их в карман, не считая, загреб все мое золото, все свертки и побежал из воксала. Кругом все смеялись, когда я проходил по залам, глядя на мои оттопыренные карманы и на неровную походку от тяжести золота. Я думаю, его было гораздо более полупуда. Несколько рук протянулось ко мне; я раздавал горстями, сколько захватывалось. Два жида остановили меня у выхода.

- Вы смелы! вы очень смелы! - сказали они мне, - но уезжайте завтра утром непременно, как можно раньше, не то вы все-все проиграете...

---

[101] господин выиграл уже сто тысяч флоринов (франц.)

[121] ... Я почти бежал. Вдруг в конце аллеи разом блеснул весь наш отель, освещенный бесчисленными огнями, - слава богу: дома!

Я добежал в свой этаж и быстро растворил дверь. Полина была тут и сидела на моем диване, перед зажженною свечою, скрестя руки. С изумлением она на меня посмотрела, и, уж конечно, в эту минуту я был довольно странен на вид. Я остановился пред нею и стал выбрасывать на стол всю мою груду денег.

Глава XV

[122] Помню, она ужасно пристально смотрела в мое лицо, но не трогаясь с места, не изменяя даже своего положения.

- Я выиграл двести тысяч франков, - вскричал я, выбрасывая последний сверток. Огромная груда билетов и свертков золота заняла весь стол, я не мог уж отвести от нее моих глаз; минутами я совсем забывал о Полине. То начинал я приводить в порядок эти кучи банковых билетов, складывал их вместе, то откладывал в одну общую кучу золото; то бросал все и пускался быстрыми шагами ходить по комнате, задумывался, потом вдруг опять подходил к столу, опять начинал считать деньги. Вдруг, точно опомнившись, я бросился к дверям и поскорее запер их, два раза обернув ключ. Потом остановился в раздумье пред маленьким моим чемоданом.

- Разве в чемодан положить до завтра? - спросил я, вдруг обернувшись к Полине, и вдруг вспомнил о ней. Она же все сидела не шевелясь, на том же месте, но пристально следила за мной. Странно как-то было выражение ее лица; не понравилось мне это выражение! Не ошибусь, если скажу, что в нем была ненависть.

Я быстро подошел к ней.

- Полина, вот двадцать пять тысяч флоринов - это пятьдесят тысяч франков, даже больше. Возьмите, бросьте их ему завтра в лицо.

278

Она не ответила мне.

- Если хотите, я отвезу сам, рано утром. Так?

Она вдруг засмеялась. Она смеялась долго.

[123] Я с удивлением и с скорбным чувством смотрел на нее. Этот смех очень похож был на недавний, частый, насмешливый смех ее надо мной, всегда приходившийся во время самых страстных моих объяснений. Наконец она перестала и нахмурилась; строго оглядывала она меня исподлобья.

- Я не возьму ваших денег, - проговорила она презрительно.

- Как? Что это? - закричал я. - Полина, почему же?

- Я даром денег не беру.

- Я предлагаю вам, как друг; я вам жизнь предлагаю.

Она посмотрела на меня долгим, пытливым взглядом, как бы пронзить меня им хотела.

- Вы дорого даете, - проговорила она усмехаясь, - любовница Де-Грие не стоит пятидесяти тысяч франков.

- Полина, как можно так со мною говорить! - вскричал я с укором, - разве я Де-Грие?

- Я вас ненавижу! Да... да!.. я вас не люблю больше, чем Де-Грие, - вскричала она, вдруг засверкав глазами.

Тут она закрыла вдруг руками лицо, и с нею сделалась истерика. Я бросился к ней.

[124] Я понял, что с нею что-то без меня случилось. Она была совсем как бы не в своем уме.

- Покупай меня! Хочешь? хочешь? за пятьдесят тысяч франков, как Де-Грие? - вырывалось у ней с судорожными рыданиями. Я обхватил ее, целовал ее руки, ноги, упал пред нею на колени.

[125] Истерика ее проходила. Она положила обе руки на мои плечи и пристально меня рассматривала; казалось, что-то хотела прочесть на моем лице. Она слушала меня, но, видимо, не слыхала того, что я ей говорил. Какая-то забота и

вдумчивость явились в лице ее. Я боялся за нее; мне решительно казалось, что у ней ум мешается...

... Вдруг она бросилась обнимать меня.

- Ведь ты меня любишь, любишь? - говорила она, - ведь ты, ведь ты... за меня с бароном драться хотел! - И вдруг она расхохоталась, точно что-то смешное и милое мелькнуло вдруг в ее памяти. Она и плакала, и смеялась – все вместе. Ну что мне было делать? Я сам был как в лихорадке. Помню, она начинала мне что-то говорить, но я почти ничего не мог понять... «Нет, нет, ты милый, милый! - повторяла она. - Ты мой верный!» - и опять клала мне руки свои на плечи, опять в меня всматривалась и продолжала повторять: «Ты меня любишь... любишь... будешь любить?» Я не сводил с нее глаз; я еще никогда не видал ее в этих припадках нежности и любви; правда, это, конечно, был бред, но... заметив мой страстный взгляд, она вдруг начинала лукаво улыбаться; ни с того ни с сего она вдруг заговаривала о мистере Астлее.

[126] Впрочем, о мистере Астлее она беспрерывно заговаривала (особенно когда силилась мне что-то давеча рассказать), но что именно, я вполне не мог схватить[102]; кажется, она даже смеялась над ним; повторяла беспрерывно, что он ждет... и что знаю ли я, что он наверное стоит теперь под окном? «Да, да, под окном, - ну отвори, посмотри, посмотри, он здесь, здесь!» Она толкала меня к окну, но только я делал движение идти, она заливалась смехом, и я оставался при ней, а она бросалась меня обнимать.

- Мы уедем? Ведь мы завтра уедем? - приходило ей вдруг беспокойно в голову, - ну... (и она задумалась) - ну, а догоним мы бабушку, как ты думаешь? В Берлине, я думаю, догоним. Как ты думаешь, что она скажет, когда мы ее догоним и она нас увидит? А мистер Астлей?.. Ну, этот не соскочит с Шлангенберга, как ты думаешь? (Она захохотала.) Ну, послушай: знаешь, куда он

---

[102] понять

будущее лето едет? Он хочет на Северный полюс ехать для ученых исследований и меня звал с собою, ха-ха-ха! Он говорит, что мы, русские, без европейцев ничего не знаем и ни к чему не способны... Но он тоже добрый! Знаешь, он «генерала» извиняет; он говорит, что Blanche... что страсть, - ну не знаю, не знаю, - вдруг повторила она, как бы заговорясь и потерявшись. - Бедные они, как мне их жаль, и бабушку... Ну, послушай, послушай, ну где тебе убить Де-Грие? И неужели, неужели ты думал, что убьешь? О глупый! Неужели ты мог подумать, что я пущу тебя драться с Де-Грие? Да ты и барона-то не убьешь, - прибавила она, вдруг засмеявшись. - О, как ты был тогда смешон с бароном; я глядела на вас обоих со скамейки; и как тебе не хотелось тогда идти, когда я тебя посылала. Как я тогда смеялась, как я тогда смеялась, - прибавила она хохоча.

[127] И вдруг она опять целовала и обнимала меня, опять страстно и нежно прижимала свое лицо к моему. Я уж более ни о чем не думал и ничего не слышал. Голова моя закружилась...

Я думаю, что было около семи часов утра, когда я очнулся; солнце светило в комнату. Полина сидела подле меня и странно осматривалась, как будто выходя из какого-то мрака и собирая воспоминания. Она тоже только что проснулась и пристально смотрела на стол и деньги. Голова моя была тяжела и болела. Я было хотел взять Полину за руку; она вдруг оттолкнула меня и вскочила с дивана. Начинавшийся день был пасмурный; пред[103] рассветом шел дождь. Она подошла к окну, отворила его, выставила голову и грудь и, подпершись руками, а локти положив на косяк окна, пробыла так минуты три, не оборачиваясь ко мне и не слушая того, что я ей говорил. Со страхом приходило мне в голову: что же теперь будет и чем это кончится? Вдруг она поднялась с окна, подошла

---

[103] перед

к столу и, смотря на меня с выражением бесконечной ненависти, с дрожавшими от злости губами, сказала мне:

- Ну, отдай же мне теперь мои пятьдесят тысяч франков!

- Полина, опять, опять! - начал было я.

- Или ты раздумал? ха-ха-ха! Тебе, может быть, уже и жалко?

Двадцать пять тысяч флоринов, отсчитанные еще вчера, лежали на столе; я взял и подал ей.

- Ведь они уж теперь мои? Ведь так? Так? – злобно спрашивала она меня, держа деньги в руках.

- Да они и всегда были твои, - сказал я.

- Ну так вот же твои пятьдесят тысяч франков! - Она размахнулась и пустила их в меня. Пачка больно ударила мне в лицо и разлетелась по полу. Совершив это, Полина выбежала из комнаты.

[128] Я знаю, она, конечно, в ту минуту была не в своем уме, хоть я и не понимаю этого временного помешательства. Правда, она еще и до сих пор, месяц спустя, еще больна. Что было, однако, причиною этого состояния, а главное, этой выходки? Оскорбленная ли гордость? Отчаяние ли о том, что она решилась даже прийти ко мне? Не показал ли я ей виду, что тщеславлюсь моим счастием и в самом деле точно так же, как и Де-Грие, хочу отделаться от нее, подарив ей пятьдесят тысяч франков? Но ведь этого не было, я знаю по своей совести. Думаю, что виновато было тут отчасти и ее тщеславие: тщеславие подсказало ей не поверить мне и оскорбить меня, хотя все это представлялось ей, может быть, и самой неясно. В таком случае я, конечно, ответил за Де-Грие и стал виноват, может быть, без большой вины. Правда, все это был только бред; правда и то, что я знал, что она в бреду, и... не обратил внимания на это обстоятельство. Может быть, она теперь не может мне простить этого? Да, но это теперь; но тогда, тогда? Ведь не так же сильны были ее бред и болезнь, чтобы она уж совершенно

282

забыла, что делает, идя ко мне с письмом Де-Грие? Значит, она знала, что делает.

Я кое-как, наскоро, сунул все мои бумаги и всю мою кучу золота в постель, накрыл ее и вышел минут десять после Полины. Я был уверен, что она побежала домой, и хотел потихоньку пробраться к ним и в передней спросить у няни о здоровье барышни. Каково же было мое изумление, когда от встретившейся мне на лестнице нянюшки я узнал, что Полина домой еще не возвращалась и что няня сама шла ко мне за ней.

- Сейчас, - говорил я ей, - сейчас только ушла от меня, минут десять тому назад, куда же могла она деваться?

Няня с укоризной на меня поглядела.

[129] А между тем вышла целая история, которая уже ходила по отелю. В швейцарской и у обер-кельнера перешептывались, что фрейлейн утром, в шесть часов, выбежала из отеля, в дождь, и побежала по направлению к hotel d'Angleterre. По их словам и намекам я заметил, что они уже знают, что она провела всю ночь в моей комнате. Впрочем, уже рассказывалось о всем генеральском семействе: стало известно, что генерал вчера сходил с ума и плакал на весь отель. Рассказывали при этом, что приезжавшая бабушка была его мать, которая затем нарочно и появилась из самой России, чтоб воспретить своему сыну брак с m-lle de Cominges, а за ослушание лишить его наследства, и так как он действительно не послушался, то графиня, в его же глазах, нарочно и проиграла все свои деньги на рулетке, чтоб так уже ему и не доставалось ничего. «Diese Russen!»[104] - повторял обер-кельнер с негодованием, качая головой. Другие смеялись. Обер-кельнер готовил счет. Мой выигрыш был уже известен; Карл, мой коридорный лакей,

---

[104] Эти русские! (нем.)

первый поздравил меня. Но мне было не до них. Я бросился в отель d'Angleterre.

Еще было рано; мистер Астлей не принимал никого; узнав же, что это я, вышел ко мне в коридор и остановился предо мной, молча устремив на меня свой оловянный взгляд, и ожидал: что я скажу? Я тотчас спросил о Полине.

- Она больна, - отвечал мистер Астлей, по-прежнему смотря на меня в упор и не сводя с меня глаз.

- Так она в самом деле у вас?

- О да, у меня.

- Так как же вы... вы намерены ее держать у себя?

- О да, я намерен.

- Мистер Астлей, это произведет скандал; этого нельзя. К тому же она совсем больна; вы, может быть, не заметили?

- О да, я заметил и уже вам сказал, что она больна. Если б она была не больна, то у вас не провела бы ночь.

- Так вы и это знаете?

- Я это знаю. Она шла вчера сюда, и я бы отвел ее к моей родственнице, но так как она была больна, то ошиблась и пришла к вам.

- Представьте себе! Ну поздравляю вас, мистер Астлей. Кстати, вы мне даете идею: не стояли ли вы всю ночь у нас под окном? Мисс Полина всю ночь заставляла меня открывать окно и смотреть, - не стоите ли вы под окном, и ужасно смеялась.

- Неужели? Нет, я под окном не стоял; но я ждал в коридоре и кругом ходил.

- Но ведь ее надо лечить, мистер Астлей.

- О да, я уж позвал доктора, и если она умрет, то вы дадите мне отчет в ее смерти.

Я изумился:

- Помилуйте, мистер Астлей, что это вы хотите?

- А правда ли, что вы вчера выиграли двести тысяч талеров?

- Всего только сто тысяч флоринов.

- Ну вот видите! Итак, уезжайте сегодня утром в Париж.

- Зачем?

- Все русские, имея деньги, едут в Париж, - пояснил мистер Астлей голосом и тоном, как будто прочел это по книжке.

- Что я буду теперь, летом, в Париже делать? Я ее люблю, мистер Астлей! Вы знаете сами.

- Неужели? Я убежден, что нет. Притом же, оставшись здесь, вы проиграете наверное все, и вам не на что будет ехать в Париж. Но прощайте, я совершенно убежден, что вы сегодня уедете в Париж.

- Хорошо, прощайте, только я в Париж не поеду. Подумайте, мистер Астлей, о том, что теперь будет у нас? Одним словом, генерал... и теперь это приключение с мисс Полиной - ведь это на весь город пойдет.

- Да, на весь город; генерал же, я думаю, об этом не думает, и ему не до этого. К тому же мисс Полина имеет полное право жить, где ей угодно. Насчет же этого семейства можно правильно сказать, что это семейство уже не существует.

[130] Я шел и посмеивался странной уверенности этого англичанина, что я уеду в Париж. «Однако он хочет меня застрелить на дуэли, - думал я, - если mademoiselle Полина умрет, - вот еще комиссия![105]» Клянусь, мне было жаль Полину, но странно, - с самой той минуты, как я дотронулся вчера до игорного стола и стал загребать пачки денег, - моя любовь отступила как бы на второй план. Это я теперь говорю; но тогда еще я не замечал всего этого ясно. Неужели я и в самом деле игрок, неужели я и в самом деле... так странно любил Полину? Нет, я до сих пор люблю ее, видит бог! А тогда, когда я вышел от мистера Астлея и шел домой, я искренно страдал и винил себя. Но... но тут со мной случилась чрезвычайно странная и глупая история.

---

[105] Here in the meaning: происшествие, приключение – event, adventure.

[131] Я спешил к генералу, как вдруг невдалеке от их квартиры отворилась дверь и меня кто-то кликнул. Это была madam veuve Cominges и кликнула меня по приказанию mademoiselle Blanche. Я вошел в квартиру m-lle Blanche.

У них был небольшой номер, в две комнаты. Слышен был смех и крик m-lle Blanche из спальни. Она вставала с постели.

- A, c'est lui!! Viens dons, beta! Правда ли, que tu as gagne une montagne d'or et d'argent? J'aimerais mieux l'or.[106]

- Выиграл, - отвечал я смеясь.

- Сколько?

- Сто тысяч флоринов.

- Bibi, comme tu es bete. Да, войди же сюда, я ничего не слышу. Nous ferons bombance, n'est ce pas?[107]

Я вошел к ней. Она валялась под розовым атласным одеялом, из-под которого выставлялись смуглые, здоровые, удивительные плечи, - плечи, которые разве только увидишь во сне, - кое-как прикрытые батистовою отороченною белейшими кружевами сорочкою, что удивительно шло к ее смуглой коже.

- Mon fils, as-tu du coeur?[108] - вскричала она, завидев меня, и захохотала. Смеялась она всегда очень весело и даже иногда искренно.

- Tout autre... - начал было я, парафразируя Корнеля.

- Вот видишь, vois-tu, - затараторила она вдруг, - во-первых, сыщи чулки, помоги обуться, а во-

---

[106] Это он! Иди же сюда, дурачина! Правда ли, что ты выиграл гору золота и серебра? Я предпочла бы золото (франц.)

[107] Биби, как ты глуп... Мы покутим, не правда ли? (франц.)

[108] Сын мой, храбр ли ты? (франц.)

286

вторых, si tu n'es pas trop bete, je te prends a Paris.[109] Ты знаешь, я сейчас еду.

- Сейчас?

- Чрез полчаса.

[132] Действительно, все было уложено. Все чемоданы и ее вещи стояли готовые. Кофе был уже давно подан.

- Eh bien! хочешь, tu verras Paris. Dis donc qu'est ce que c'est qu'un outchitel? Tu etais bien bete, quand tu etais outchitel.[110] Где же мои чулки? Обувай же меня, ну!

Она выставила действительно восхитительную ножку, смуглую, маленькую, неисковерканную, как все почти эти ножки, которые смотрят такими миленькими в ботинках. Я засмеялся и начал натягивать на нее шелковый чулочек. M-lle Blanche между тем сидела на постели и тараторила.

- Eh bien, que feras-tu, si je te prends avec? Во-первых, je veux cinquante mille francs. Ты мне их отдашь во Франкфурте. Nous allons a Paris; там мы живем вместе et je te ferai voir des etoilles en plein jour.[111] Ты увидишь таких женщин, каких ты никогда не видывал. Слушай...

- Постой, эдак я тебе отдам пятьдесят тысяч франков, а что же мне-то останется?

- Et cent cinquante mille francs, ты забыл, и, сверх того, я согласна жить на твоей квартире месяц, два, que sais-je! Мы, конечно, проживем в два месяца эти сто пятьдесят тысяч франков. Видишь, je suis bonne

---

[109] Если ты не будешь слишком глуп, я возьму тебя в Париж (франц.)

[110] Ты увидишь Париж. Скажи-ка, что это такое учитель? Ты был очень глуп, когда ты был учителем (франц.)

[111] Ну что ты будешь делать, если я тебя возьму с собой?.. Я хочу пятьдесят тысяч франков... Мы едем в Париж... и ты у меня увидишь звезды среди бела дня (франц.)

enfant[112] и тебе вперед говорю, mais tu verras des etoiles.

- Как, все в два месяца?

- Как! Это тебя ужасает! Ah, vil esclave![113] Да знаешь ли ты, что один месяц этой жизни лучше всего твоего существования. Один месяц - et apres le deluge! Mais tu ne peux comprendre, va! Пошел, пошел, ты этого не стоишь! Ай, que fais-tu?[114]

[133] В эту минуту я обувал другую ножку, но не выдержал и поцеловал ее. Она вырвала и начала меня бить кончиком ноги по лицу. Наконец она прогнала меня совсем. «Eh bien, mon outchitel, je t'attends, si tu veux;[115] чрез четверть часа я еду!» - крикнула она мне вдогонку.

Воротясь домой, был я уже как закруженный. Что же, я не виноват, что mademoiselle Полина бросила мне целой пачкой в лицо и еще вчера предпочла мне мистера Астлея. Некоторые из распавшихся банковых билетов еще валялись на полу; я их подобрал. В эту минуту отворилась дверь и явился сам обер-кельнер (который на меня прежде и глядеть не хотел) с приглашением: не угодно ли мне перебраться вниз, в превосходный номер, в котором только что стоял граф В.

Я постоял, подумал.

- Счет! - закричал я, - сейчас еду, чрез десять минут. – «В Париж так в Париж! - подумал я про себя, - знать, на роду написано!»

[134] Чрез четверть часа мы действительно сидели втроем в одном общем семейном вагоне: я, mademoiselle Blanche et madame veuve Cominges. M-lle Blanche хохотала, глядя на меня, до истерики. Veuve Cominges ей вторила; не скажу, чтобы мне

---

[112] я добрая девочка (франц.)

[113] А, низкий раб! (франц.)

[114] а потом хоть потоп! Но ты не можешь этого понять, пошел!.. что ты делаешь? (франц.)

[115] ну, мой учитель, я тебя жду, если хочешь (франц.)

было весело. Жизнь переламывалась надвое, но со вчерашнего дня я уж привык все ставить на карту. Может быть, и действительно правда, что я не вынес денег и закружился. Peut-etre, je ne demandais pas mieux.[116] Мне казалось, что на время - но только на время - переменяются декорации. «Но чрез месяц я буду здесь, и тогда... и тогда мы еще с вами потягаемся, мистер Астлей!» Нет, как припоминаю теперь, мне и тогда было ужасно грустно, хоть я и хохотал взапуски с этой дурочкой Blanche.

- Да чего тебе! Как ты глуп! О, как ты глуп! - вскрикивала Blanche, прерывая свой смех и начиная серьезно бранить меня. - Ну да, ну да, да, мы проживем твои двести тысяч франков, но зато, mais tu serais heureux, comme un petit roi;[117] я сама тебе буду повязывать галстук и познакомлю тебя с Hortense. А когда мы проживем все наши деньги, ты приедешь сюда и опять сорвешь банк. Что тебе сказали жиды? Главное - смелость, а у тебя она есть, и ты мне еще не раз будешь возить деньги в Париж. Quant a moi, je veux cinquante mille francs de rente et alors...[118]

- А генерал? - спросил я ее.

- А генерал, ты знаешь сам, каждый день в это время уходит мне за букетом. На этот раз я нарочно велела отыскать самых редких цветов. Бедняжка воротится, а птичка и улетела. Он полетит за нами, увидишь. Ха-ха-ха! Я очень буду рада. В Париже он мне пригодится; за него здесь заплатит мистер Астлей...

И вот таким-то образом я и уехал тогда в Париж.

---

[116] может быть, только этого мне и надо было (франц.)

[117] но ты будешь счастлив, как маленький король (франц.)

[118] что до меня, то я хочу пятьдесят тысяч франков ренты и тогда... (франц.)

Глава XVI

[135] Что я скажу о Париже? Все это было, конечно, и бред, и дурачество. Я прожил в Париже всего только три недели с небольшим, и в этот срок были совершенно покончены мои сто тысяч франков. Я говорю только про сто тысяч; остальные сто тысяч я отдал mademoiselle Blanche чистыми деньгами, - пятьдесят тысяч во Франкфурте и чрез три дня в Париже, выдал ей же еще пятьдесят тысяч франков векселем, за который, впрочем, чрез неделю она взяла с меня и деньги, «et les cent mille francs, qui nous restent, tu les mangeras avec moi, mon outchitel»[119]. Она меня постоянно звала учителем. Трудно представить себе что-нибудь на свете расчетливее, скупее и скалдырнее разряда существ, подобных m-lle Blanche. Но это относительно своих денег. Что же касается до моих ста тысяч франков, то она мне прямо объявила потом, что они ей нужны были для первой постановки себя в Париже. «Так что уж я теперь стала на приличную ногу раз навсегда, и теперь уж меня долго никто не собьет, по крайней мере я так распорядилась», - прибавила она. Впрочем, я почти и не видал этих ста тысяч; деньги во все время держала она, а в моем кошельке, в который она сама каждый день наведывалась, никогда не скоплялось более ста франков, и всегда почти было менее.

[136] - Ну к чему тебе деньги? - говорила она иногда с самым простейшим видом, и я с нею не спорил. Зато она очень и очень недурно отделала на эти деньги свою квартиру, и когда потом перевела меня на новоселье, то, показывая мне комнаты, сказала: «Вот что с расчетом и со вкусом можно сделать с самыми мизерными средствами». Этот мизер стоил, однако, ровно пятьдесят тысяч франков.

---

[119] и сто тысяч франков, которые нам остались, ты их проешь со мной, мой учитель (франц.)

На остальные пятьдесят тысяч она завела экипаж, лошадей, кроме того, мы задали два бала, то есть две вечеринки, на которых были и Hortense и Lisette и Cleopatre - женщины замечательные во многих и во многих отношениях и даже далеко не дурные. На этих двух вечеринках я принужден был играть преглупейшую роль хозяина, встречать и занимать разбогатевших и тупейших купчишек, невозможных по их невежеству и бесстыдству, разных военных поручиков и жалких авторишек и журнальных козявок, которые явились в модных фраках, в палевых перчатках и с самолюбием и чванством в таких размерах, о которых даже у нас в Петербурге немыслимо, - а уж это много значит сказать. Они даже вздумали надо мной смеяться, но я напился шампанского и провалялся в задней комнате. Все это было для меня омерзительно в высшей степени. «C'est un outchitel, - говорила обо мне Blanche, - il a gagne deux cent mille francs[120] и который без меня не знал бы, как их истратить. А после он опять поступит в учителя; - не знает ли кто-нибудь места? Надобно что-нибудь для него сделать». К шампанскому я стал прибегать весьма часто, потому что мне было постоянно очень грустно и до крайности скучно. Я жил в самой буржуазной, в самой меркантильной среде, где каждый су был рассчитан и вымерен. Blanche очень не любила меня в первые две недели, я это заметил; правда, она одела меня щегольски и сама ежедневно повязывала мне галстук, но в душе искренно презирала меня. Я на это не обращал ни малейшего внимания. Скучный и унылый, я стал уходить обыкновенно в «Chateau des Fleurs»[121], где регулярно, каждый вечер, напивался и учился канкану (который там прегадко танцуют) и впоследствии приобрел в этом роде даже знаменитость. Наконец Blanche раскусила меня: она как-то заранее составила себе идею, что я, во

---

[120] это учитель... он выиграл двести тысяч франков (франц.)
[121] «Замок цветов» (франц.)

все время нашего сожительства, буду ходить за нею с карандашом и бумажкой в руках и все буду считать, сколько она истратила, сколько украла, сколько истратит и сколько еще украдет? И, уж конечно, была уверена, что у нас из-за каждых десяти франков будет баталия. На всякое нападение мое, предполагаемое ею заранее, она уже заблаговременно заготовила возражения; но, не видя от меня никаких нападений, сперва было пускалась сама возражать. Иной раз начнет горячо-горячо, но, увидя, что я молчу, - чаще всего валяясь на кушетке и неподвижно смотря в потолок, - даже, наконец, удивится. Сперва она думала, что я просто глуп, «un outchitel», и просто обрывала свои объяснения, вероятно, думая про себя: «Ведь он глуп; нечего его и наводить, коль сам не понимает». Уйдет, бывало, но минут через десять опять воротится (это случалось во время самых неистовых трат ее, трат совершенно нам не по средствам: например, она переменила лошадей и купила в шестнадцать тысяч франков пару).

- Ну, так ты, Bibi, не сердишься? - подходила она ко мне.

[137] - Не-е-ет! Надо-е-е-ла! - говорил я, отстраняя ее от себя рукою, но это было для нее так любопытно, что она тотчас же села подле:

- Видишь, если я решилась столько заплатить, то это потому, что их продавали по случаю. Их можно опять продать за двадцать тысяч франков.

- Верю, верю; лошади прекрасные; и у тебя теперь славный выезд; пригодится; ну и довольно.

- Так ты не сердишься?

- За что же? Ты умно делаешь, что запасаешься некоторыми необходимыми для тебя вещами. Все это потом тебе пригодится. Я вижу, что тебе действительно нужно поставить себя на такую ногу; иначе миллиона не наживешь. Тут наши сто тысяч франков только начало, капля в море.

Blanche, всего менее ожидавшая от меня таких рассуждений (вместо криков-то да попреков!), точно с неба упала.

- Так ты... так ты вот какой! Mais tu as de l'esprit pour comprendre! Sais-tu, Mon garcon[122], хоть ты и учитель, - но ты должен был родиться принцем! Так ты не жалеешь, что у нас деньги скоро идут?

- Ну их, поскорей бы уж!

- Mais... sais-tu... mais dis donc, разве ты богат? Mais sais-tu, ведь ты уж слишком презираешь деньги. Qu'est ce que tu feras apres, dis donc?[123]

- Apres поеду в Гомбург и еще выиграю сто тысяч франков.

- Oui, oui, c'est ca, c'est magnifique![124] И я знаю, что ты непременно выиграешь и привезешь сюда. Dis donc, да ты сделаешь, что я тебя и в самом деле полюблю! Eh bien, за то, что ты такой, я тебя буду все это время любить и не сделаю тебе ни одной неверности. Видишь, в это время я хоть и не любила тебя, parce que je croyais, que tu n'est qu'un outchitel (quelque chose comme un laquais, n'est-ce pas?), но я все-таки была тебе верна, parce que je suis bonne fille[125].

- Ну, и врешь! А с Альбертом-то, с этим офицеришкой черномазым, разве я не видал прошлый раз?

- Oh, oh, mais tu es...[126]

---

[122] Оказывается, ты достаточно умен, чтобы понимать! Знаешь, мой мальчик (франц.)

[123] Но... знаешь... скажи-ка... Но знаешь... что же ты будешь делать потом, скажи? (франц.)

[124] Вот-вот, это великолепно! (франц.)

[125] Потому что я думала, что ты только учитель (что-то вроде лакея, не правда ли?)... потому что я добрая девушка (франц.)

[126] О, но ты... (франц.)

- Ну, врешь, врешь; да ты что думаешь, что я сержусь? Да наплевать; il faut que jeunesse se passe[127]. Не прогнать же тебе его, коли он был прежде меня и ты его любишь. Только ты ему денег не давай, слышишь?

- Так ты и за это не сердишься? Mais tu es un vrai philosophe, sais-tu? Un vrai philosophe! - вскричала она в восторге. - Eh bien, je t'aimerai, je t'aimerai - tu verras, tu sera content![128]

[138] И действительно, с этих пор она ко мне даже как будто и в самом деле привязалась, даже дружески, и так прошли наши последние десять дней. Обещанных «звезд» я не видал; но в некоторых отношениях она и в самом деле сдержала слово. Сверх того, она познакомила меня с Hortense, которая была слишком даже замечательная в своем роде женщина и в нашем кружке называлась Therese-philosophe...

Впрочем, нечего об этом распространяться; все это могло бы составить особый рассказ, с особым колоритом, который я не хочу вставлять в эту повесть. Дело в том, что я всеми силами желал, чтоб все это поскорее кончилось. Но наших ста тысяч франков хватило, как я уже сказал, почти на месяц, чему я искренно удивлялся: по крайней мере, на восемьдесят тысяч, из этих денег, Blanche накупила себе вещей, и мы прожили никак не более двадцати тысяч франков, и - все-таки достало. Blanche, которая под конец была уже почти откровенна со мной (по крайней мере кое в чем не врала мне), призналась, что по крайней мере на меня не падут долги, которые она принуждена была сделать. «Я тебе не давала подписывать счетов и векселей, - говорила она мне, - потому что жалела тебя; а другая бы непременно это сделала и

---

[127] надо в молодости перебеситься (франц.)
[128] Но ты настоящий философ, знаешь? Настоящий философ!.. Ну я буду тебя любить, любить - увидишь, ты будешь доволен! (франц.)

уходила бы тебя в тюрьму. Видишь, видишь, как я тебя любила и какая я добрая! ...»

[139] ...тем дело и кончилось, то есть тем наш месяц и кончился, и я после этого формально вышел в отставку.

Случилось это так: неделю спустя после нашего водворения в Париже приехал генерал. Он прямо приехал к Blanche и с первого же визита почти у нас и остался. Квартирка где-то, правда, у него была своя. Blanche встретила его радостно, с визгами и хохотом и даже бросилась его обнимать; дело обошлось так, что уж она сама его не отпускала, и он всюду должен был следовать за нею: и на бульваре, и на катаньях, и в театре, и по знакомым. На это употребление генерал еще годился; он был довольно сановит и приличен - росту почти высокого, с крашеными бакенами и усищами (он прежде служил в кирасирах), с лицом видным, хотя несколько и обрюзглым. Манеры его были превосходные, фрак он носил очень ловко. В Париже он начал носить свои ордена. С эдаким пройтись по бульвару было не только возможно, но, если так можно выразиться, даже *рекомендательно*. Добрый и бестолковый генерал был всем этим ужасно доволен; он совсем не на это рассчитывал, когда к нам явился по приезде в Париж. Он явился тогда, чуть не дрожа от страха; он думал, что Blanche закричит и велит его прогнать; а потому, при таком обороте дела, он пришел в восторг и весь этот месяц пробыл в каком-то бессмысленно-восторженном состоянии; да таким я его и оставил. Уже здесь я узнал в подробности, что после тогдашнего внезапного отъезда нашего из Рулетенбурга с ним случилось, в то же утро, что-то вроде припадка. Он упал без чувств, а потом всю неделю был почти как сумасшедший и заговаривался. Его лечили, но вдруг он все бросил, сел в вагон и прикатил в Париж. Разумеется, прием Blanche оказался самым лучшим для него лекарством; но признаки болезни оставались долго спустя, несмотря на радостное и восторженное его состояние. Рассуждать или даже только вести кой-как немного серьезный разговор он уж совершенно не мог; в таком случае он только приговаривал ко всякому слову «гм!» и кивал головой - тем и отделывался... Многого он совсем даже и не припоминал; стал до безобразия рассеян и взял привычку говорить сам с собой. Только одна Blanche могла оживлять его; да и припадки пасмурного, угрюмого состояния, когда он забивался в угол, означали только то, что он давно не видел Blanche, или что Blanche куда-нибудь уехала, а его с собой не взяла, или, уезжая, не приласкала его. При этом он сам не сказал бы, чего ему хочется, и сам не знал, что он пасмурен и грустен. Просидев час или два (я замечал это раза два, когда Blanche уезжала на целый день, вероятно, к Альберту), он вдруг начинает озираться, суетиться, оглядывается, припоминает и как будто хочет кого-то сыскать; но, не видя никого и так и не припомнив, о чем хотел спросить, он опять впадал в забытье до тех пор, пока вдруг не являлась Blanche, веселая, резвая, разодетая, с своим звонким хохотом; она подбегала к нему, начинала его тормошить и даже целовала, чем, впрочем, редко его жаловала. Раз генерал до того ей обрадовался, что даже заплакал, - я даже подивился.

[140] Blanche, с самого его появления у нас, начала тотчас же за него предо мною адвокатствовать. Она ... напоминала, что она изменила генералу из-за меня, что она была почти уж его невестою, слово дала ему; что из-за нее он бросил семейство, и что, наконец, я служил у него и должен бы это чувствовать, и что - как мне не стыдно... Я все молчал, а она ужасно тараторила. Наконец я рассмеялся, и тем дело и кончилось, то есть сперва она подумала, что я дурак, а под конец остановилась на мысли, что я очень хороший и складный человек. Одним словом, я имел счастие решительно заслужить под конец полное благорасположение этой

достойной девицы. (Blanche, впрочем, была и в самом деле предобрейшая девушка, - в своем только роде, разумеется; я ее не так ценил сначала.) «Ты умный и добрый человек, - говаривала она мне под конец, - и... и... жаль только, что ты такой дурак! Ты ничего, ничего не наживешь!»

Она несколько раз посылала меня прогуливать по улицам генерала, точь-в-точь с лакеем свою левретку. Я, впрочем, водил его и в театр, и в Bal-Mabile, и в рестораны. На это Blanche выдавала и деньги, хотя у генерала были и свои, и он очень любил вынимать бумажник при людях. Однажды я почти должен был употребить силу, чтобы не дать ему купить брошку в семьсот франков, которою он прельстился в Палерояле и которую во что бы то ни стало хотел подарить Blanche. Ну, что ей была брошка в семьсот франков? У генерала и всех-то денег было не более тысячи франков. Я никогда не мог узнать, откуда они у него явились? Полагаю, что от мистера Астлея, тем более что тот в отеле за них заплатил. Что же касается до того, как генерал все это время смотрел на меня, то мне кажется, он даже и не догадывался о моих отношениях к Blanche. Он хоть и слышал как-то смутно, что я выиграл капитал, но, наверное, полагал, что я у Blanche вроде какого-нибудь домашнего секретаря или даже, может быть, слуги. По крайней мере говорил он со мной постоянно свысока по-прежнему, по-начальнически, и даже пускался меня иной раз распекать.... Я пробовал заговаривать с ним о его детях; но он отделывался прежнею скороговоркою и переходил поскорее на другой предмет: «Да-да! дети-дети, вы правы, дети!» Однажды только он расчувствовался - мы шли с ним в театр: «Это несчастные дети! - заговорил он вдруг, - да, сударь, да, это нес-с-счастные дети!» И потом несколько раз в этот вечер повторял слова: несчастные дети! Когда я раз заговорил о Полине, он пришел даже в ярость. «Эта неблагодарная женщина, - воскликнул он, - она зла и неблагодарна! Она осрамила семью! Если б здесь были законы, я бы ее в бараний рог согнул! Да-с, да-с!» Что же касается до Де-Грие, то он даже и имени его слышать не мог. «Он погубил меня, - говорил он, - он обокрал меня, он меня зарезал! Это был мой кошмар в продолжение целых двух лет! Он по целым месяцам сряду мне во сне снился! Это - это, это... О, не говорите мне о нем никогда!»

[141] Я видел, что у них что-то идет на лад, но молчал, по обыкновению. Blanche объявила мне первая: это было ровно за неделю до того, как мы расстались.

- Il a du chance[129], - тараторила она мне, - babouchka теперь действительно уж больна и непременно умрет. Мистер Астлей прислал телеграмму; согласись, что все-таки он наследник ее. А если б даже и нет, то он ничему не помешает. Во-первых, у него есть свой пенсион, а во-вторых, он будет жить в боковой комнате и будет совершенно счастлив. Я буду «madame la generale». Я войду в хороший круг (Blanche мечтала об этом постоянно), впоследствии буду русской помещицей, j'aurai un chateau, des moujiks, et puis j'aurai toujours mon million.[130]

- Ну, а если он начнет ревновать, будет требовать... бог знает чего, - понимаешь?

- О нет, non, non, non! Как он смеет! Я взяла меры[131], не беспокойся. Я уж заставила его подписать несколько векселей на имя Альберта. Чуть что - и он тотчас же будет наказан; да и не посмеет!

- Ну, выходи...

[142] Свадьбу сделали[132] без особенного торжества, семейно и тихо. Приглашены были Альберт и еще кое-кто из близких. Hortense, Cleopatre и прочие были решительно отстранены.

---

[129] ему везет (франц.)
[130] у меня будет замок, мужики, а потом у меня все-таки будет мой миллион (франц.)

[131] in the meaning: я приняла меры
[132] свадьбу сыграли

Жених чрезвычайно интересовался своим положением. Blanche сама повязала ему галстук, сама его напомадила, и в своем фраке и в белом жилете он смотрел tres comme il faut[133].

- Il est pourtant tres comme il faut[134], - объявила мне сама Blanche, выходя из комнаты генерала, как будто идея о том, что генерал tres comme il faut, даже ее самое поразила. Я так мало вникал в подробности, участвуя во всем в качестве такого ленивого зрителя, что многое и забыл, как это было. Помню только, что Blanche оказалась вовсе не de Cominges, ровно как и мать ее - вовсе не veuve Cominges, а - du-Placet. Почему они были обе de Cominges до сих пор - не знаю. Но генерал и этим остался очень доволен, и du-Placet ему даже больше понравилось, чем de Cominges. В утро свадьбы он, уже совсем одетый, все ходил взад и вперед по зале и все повторял про себя, с необыкновенно серьезным и важным видом: «Mademoiselle Blanche du-Placet! Blanche du-Placet! Du-Placet! Девица Бланка Дю-Пласет!..» И некоторое самодовольствие сияло на его лице. В церкви, у мэра и дома за закуской он был не только радостен и доволен, но даже горд. С ними с обоими что-то случилось. Blanche стала смотреть тоже с каким то особенным достоинством.

- Мне теперь нужно совершенно иначе держать себя, - сказала она мне чрезвычайно серьезно, - mais vois-tu, ... я ... не могу заучить мою теперешнюю фамилию: Загорьянский, Загозианский, madame la generale de Sago-Sago, ces diables des noms russes, enfin madame la generale a quatorze consonnes! comme c'est agreable, n'est-ce pas?[135]

---

[133] очень прилично (франц.)

[134] он, однако, очень приличен (франц.)

[135] но видишь ли... госпожа генеральша эти дьявольские русские имена, словом, госпожа генеральша Заго-Заго и еще четырнадцать согласных! как это приятно, не правда ли? (франц.)

[143] Наконец мы расстались, и Blanche, эта глупая Blanche, даже прослезилась, прощаясь со мною. «Tu etais bon enfant, - говорила она хныча. - Je te croyais bete es tu avais l'air[136], но это к тебе идет». И, уж пожав мне руку окончательно, она вдруг воскликнула: «Attends!», бросилась в свой будуар и чрез минуту вынесла мне два тысячефранковых билета. Этому я ни за что бы не поверил! «Это тебе пригодится, ты, может быть, очень ученый outchitel, но ты ужасно глупый человек. Больше двух тысяч я тебе ни за что не дам, потому что ты - все равно проиграешь. Ну, прощай! Nous serons toujours bons amis, а если опять выиграешь, непременно приезжай ко мне, et tu serais heureux!"[137]

У меня у самого оставалось еще франков пятьсот; кроме того, есть великолепные часы в тысячу франков, бриллиантовые запонки и прочее, так что можно еще протянуть довольно долгое время, ни о чем не заботясь. Я нарочно засел в этом городишке, чтоб собраться, а главное, жду мистера Астлея. Я узнал наверное, что он будет здесь проезжать и остановится на сутки, по делу. Узнаю обо всем... а потом - потом прямо в Гамбург. В Рулетенбург не поеду, разве на будущий год. Действительно, говорят, дурная примета пробовать счастья два раза сряду за одним и тем же столом, а в Гомбурге самая настоящая-то игра и есть.

Глава XVII

[144] Вот уже год и восемь месяцев, как я не заглядывал в эти записки, и теперь только, от тоски и горя, вздумал развлечь себя и случайно перечел их. Так на том и оставил тогда, что поеду в Гомбург. Боже! с каким, сравнительно говоря, легким сердцем я написал тогда эти последние строчки! То есть не

---

[136] я считала тебя глупым, и ты смотрел дурачком (франц.)

[137] мы всегда будем друзьями... и ты будешь счастлив! (франц.)

то, чтоб с легким сердцем, а с какою самоуверенностью, с какими непоколебимыми надеждами! Сомневался ли я хоть сколько-нибудь в себе? И вот полтора года с лишком прошли, и я, по-моему, гораздо хуже, чем нищий! Да что нищий! Наплевать на нищенство! Я просто сгубил себя! Впрочем, не с чем почти и сравнивать, да и нечего себе мораль читать! Ничего не может быть нелепее морали в такое время!... Что я теперь? Zero. Чем могу быть завтра? Я завтра могу из мертвых воскреснуть и вновь начать жить! Человека могу обрести в себе, пока еще он не пропал!

[145] Я действительно тогда поехал в Гомбург, но... я был потом и опять в Рулетенбурге, был и в Спа, был даже и в Бадене, куда я ездил камердинером советника Гинце, мерзавца и бывшего моего здешнего барина. Да, я был и в лакеях, целых пять месяцев! Это случилось сейчас после тюрьмы. (Я ведь сидел и в тюрьме в Рулетенбурге за один здешний долг. Неизвестный человек меня выкупил, - кто такой? Мистер Астлей? Полина? Не знаю, но долг был заплачен, всего двести талеров, и я вышел на волю.) Куда мне было деваться? Я и поступил к этому Гинце. Он человек молодой и ветреный, любит полениться, а я умею говорить и писать на трех языках. Я сначала поступил к нему чем-то вроде секретаря, за тридцать гульденов в месяц; но кончил у него настоящим лакейством: держать секретаря ему стало не по средствам, и он мне сбавил жалованье; мне же некуда было идти, я остался - и таким образом сам собою обратился в лакея. Я недоедал и недопивал на его службе, но зато накопил в пять месяцев семьдесят гульденов. Однажды вечером, в Бадене, я объявил ему, что желаю с ним расстаться; в тот же вечер я отправился на рулетку. О, как стучало мое сердце! Нет, не деньги мне были дороги! Тогда мне только хотелось, чтоб завтра же все эти Гинце, все эти обер-кельнеры, все эти великолепные баденские дамы, чтобы все они говорили обо мне,

рассказывали мою историю, удивлялись мне, хвалили меня и преклонялись пред моим новым выигрышем. Все это детские мечты и заботы, но... кто знает: может быть, я повстречался бы и с Полиной, я бы ей рассказал, и она бы увидела, что я выше всех этих нелепых толчков судьбы... О, не деньги мне дороги! ... С какою алчностью смотрю я на игорный стол, по которому разбросаны луидоры, фридрихсдоры и талеры, на столбики золота, когда они от лопатки крупера рассыпаются в горящие, как жар, кучи, или на длинные в аршин столбы серебра, лежащие вокруг колеса. Еще подходя к игорной зале, за две комнаты, только что я заслышу дзеньканье пересыпающихся денег, - со мною почти делаются судороги.

[146] О, тот вечер, когда я понес мои семьдесят гульденов на игорный стол, тоже был замечателен. Я начал с десяти гульденов и опять с passe. К passe я имею предрассудок. Я проиграл. Оставалось у меня шестьдесят гульденов серебряною монетою; я подумал - и предпочел zero. Я стал разом ставить на него по пяти гульденов; с третьей ставки вдруг выходит zero, я чуть не умер от радости, получив сто семьдесят пять гульденов; когда я выиграл сто тысяч гульденов, я не был так рад. Тотчас же я поставил сто гульденов на rouge - дала; все двести на rouge - дала; все четыреста на noir - дала; все восемьсот на manque - дала; считая с прежним, было тысяча семьсот гульденов, и это – менее чем в пять минут!

... Я занял номер, заперся и часов до трех сидел и считал свои деньги. Наутро я проснулся уже не лакеем. Я решил в тот же день выехать в Гомбург: там я не служил в лакеях и в тюрьме не сидел. За полчаса до поезда я отправился поставить две ставки, не более, и проиграл полторы тысячи флоринов. Однако же все-таки переехал в Гомбург, и вот уже месяц, как я здесь...

[147] Я, конечно, живу в постоянной тревоге, играю по самой маленькой и чего-то жду, рассчитываю, стою по целым дням у игорного стола

и наблюдаю игру, даже во сне вижу игру, но при всем этом мне кажется, что я как будто одеревенел, точно загряз в какой-то тине. Заключаю это по впечатлению при встрече с мистером Астлеем. Мы не видались с того самого времени и встретились нечаянно; вот как это было. Я шел в саду и рассчитывал, что теперь я почти без денег, но что у меня есть пятьдесят гульденов, кроме того, в отеле, где я занимаю каморку, я третьего дня совсем расплатился. Итак, мне остается возможность один только раз пойти теперь на рулетку, - если выиграю хоть что-нибудь, можно будет продолжать игру; если проиграю - надо опять идти в лакеи, в случае если не найду сейчас русских, которым бы понадобился учитель. Занятый этою мыслью, я пошел, моею ежедневною прогулкою чрез парк и чрез лес, в соседнее княжество. Иногда я выхаживал таким образом часа по четыре и возвращался в Гомбург усталый и голодный. Только что вышел я из сада в парк, как вдруг на скамейке увидел мистера Астлея. Он первый меня заметил и окликнул меня. Я сел подле него. Заметив же в нем некоторую важность, я тотчас же умерил мою радость; а то я было ужасно обрадовался ему.

- Итак, вы здесь! Я так и думал, что вас повстречаю, - сказал он мне. - Не беспокойтесь рассказывать: я знаю, я все знаю; вся ваша жизнь в эти год и восемь месяцев мне известна.

- Ба! вот как вы следите за старыми друзьями! - ответил я. - Это делает вам честь, что не забываете... Постойте, однако ж, вы даете мне мысль - не вы ли выкупили меня из рулетенбургской тюрьмы, где я сидел за долг в двести гульденов? Меня выкупил неизвестный.

- Нет, о нет; я не выкупал вас из рулетенбургской тюрьмы, где вы сидели за долг в двести гульденов, но я знал, что вы сидели в тюрьме за долг в двести гульденов.

- Значит, все-таки знаете, кто меня выкупил?

- О нет, не могу сказать, что знаю, кто вас выкупил.

- Странно; нашим русским я никому не известен, да русские здесь, пожалуй, и не выкупят; это у нас там, в России, православные выкупают православных. А я так и думал, что какой-нибудь чудак-англичанин, из странности.

[148] Мистер Астлей слушал меня с некоторым удивлением. Он, кажется, думал найти меня унылым и убитым.

- Однако ж я очень радуюсь, видя вас совершенно сохранившим всю независимость вашего духа и даже веселость, - произнес он с довольно неприятным видом.

- То есть внутри себя вы скрыпите от досады, зачем я не убит и не унижен, - сказал я смеясь.

Он не скоро понял, но, поняв, улыбнулся.

- Мне нравятся ваши замечания. Я узнаю в этих словах моего прежнего, умного, старого, восторженного и вместе с тем цинического друга; одни русские могут в себе совмещать, в одно и то же время, столько противоположностей... уверяю вас, я искренно рад, что вы не унываете. Скажите, вы не намерены бросить игру?

- О, черт с ней! Тотчас же брошу, только бы...

- Только бы теперь отыграться? Так я и думал; не договаривайте - знаю, - вы это сказали нечаянно, следственно, сказали правду. Скажите, кроме игры, вы ничем не занимаетесь?

- Да, ничем...

Он стал меня экзаменовать. Я ничего не знал, я почти не заглядывал в газеты и положительно во все это время не развертывал ни одной книги.

- Вы одеревенели, - заметил он, - вы не только отказались от жизни, от интересов своих и общественных, от долга гражданина и человека, от друзей своих (а они все-таки у вас были), вы не только отказались от какой бы то ни было цели, кроме выигрыша, вы даже отказались от воспоминаний своих. Я помню вас в горячую и сильную минуту вашей жизни; но я уверен, что вы забыли все лучшие тогдашние впечатления ваши; ваши мечты, ваши теперешние, самые насущные желания не идут дальше pair и impair, rouge, noir, двенадцать средних и так далее, и так далее, я уверен!

- Довольно, мистер Астлей, пожалуйста, пожалуйста, не напоминайте, - вскричал я с досадой, чуть не со злобой, - знайте, что я ровно ничего не забыл; но я только на время выгнал все это из головы, даже воспоминания, - до тех пор, покамест не поправлю радикально мои обстоятельства; тогда... тогда вы увидите, я воскресну из мертвых! [149] - Вы будете здесь еще чрез десять лет, - сказал он.
- Предлагаю вам пари, что я напомню вам это, если буду жив, вот на этой же скамейке.

ВЫРАЖЕНИЕ СО СЛОВОМ ТОЛК

С ТОЛКОМ
(со смыслом) intelligently, sensibly, with sense;

БЕЗ ТОЛКУ
(бестолково) senselessly, (напрасно) without purpose, for nothing;

ЧТО ТОЛКУ?
What is the use?

СБИТЬ С ТОЛКУ
To confuse, to muddle, to bewilder;

ДОБИТЬСЯ ТОЛКУ
To attain one's object;

ОТ НЕГО ТОЛКУ НЕ ДОБЬЁШЬСЯ
You can't get any sense out of him;

НЕ ВЫЙДЕТ ТОЛКУ
Nothing will come (out of);

ВЗЯТЬ В ТОЛК
To understand, to see;

ПОНИМАТЬ, ЗНАТЬ ТОЛК
To be a good judge (of), to be an expert.

- Ну довольно, - прервал я с нетерпением, - и, чтоб вам доказать, что я не так-то забывчив на прошлое,

305

позвольте узнать: где теперь мисс Полина? Если не вы меня выкупили, то уж, наверно, она. С самого того времени я не имел о ней никакого известия.

- Нет, о нет! Я не думаю, чтобы она вас выкупила. Она теперь в Швейцарии, и вы мне сделаете большое удовольствие, если перестанете меня спрашивать о мисс Полине, - сказал он решительно и даже сердито.

- Это значит, что и вас она уж очень поранила! - засмеялся я невольно.

- Мисс Полина - лучшее существо из всех наиболее достойных уважения существ, но, повторяю вам, вы сделаете мне великое удовольствие, если перестанете меня спрашивать о мисс Полине. Вы ее никогда не знали, и ее имя в устах ваших я считаю оскорблением нравственного моего чувства.

- Вот как! Впрочем, вы неправы; да о чем же мне и говорить с вами, кроме этого, рассудите? Ведь в этом и состоят все наши воспоминания. Не беспокойтесь, впрочем, мне не нужно никаких внутренних, секретных ваших дел... Я интересуюсь только, так сказать, внешним положением мисс Полины, одною только теперешнею наружною обстановкою ее. Это можно сообщить в двух словах.

- Извольте, с тем чтоб этими двумя словами было все покончено. Мисс Полина была долго больна; она и теперь больна; некоторое время она жила с моими матерью и сестрой в северной Англии. Полгода назад ее бабка - помните, та самая сумасшедшая женщина - померла и оставила лично ей семь тысяч фунтов состояния. Теперь мисс Полина путешествует вместе с семейством моей сестры, вышедшей замуж. Маленький брат и сестра ее тоже обеспечены завещанием бабки и учатся в Лондоне. Генерал, ее отчим, месяц назад умер в Париже от удара. Mademoiselle Blanche обходилась с ним хорошо, но все, что он получил от бабки, успела перевести на себя... вот, кажется, и все.

- А Де-Грие? Не путешествует ли и он тоже в Швейцарии?

- Нет, Де-Грие не путешествует в Швейцарии; и я не знаю, где Де-Грие; кроме того, раз навсегда предупреждаю вас избегать подобных намеков и неблагородных сопоставлений, иначе вы будете непременно иметь дело со мною.

- Как! несмотря на наши прежние дружеские отношения?

- Да, несмотря на наши прежние дружеские отношения.

- Тысячу раз прошу извинения, мистер Астлей. Но позвольте, однако ж: тут нет ничего обидного и неблагородного; я ведь ни в чем не виню мисс Полину. Кроме того, француз и русская барышня, говоря вообще, - это такое сопоставление, мистер Астлей, которое не нам с вами разрешить или понять окончательно.

- Если вы не будете упоминать имя Де-Грие вместе с другим именем, то я попросил бы вас объяснить мне, что вы подразумеваете под выражением: «француз и русская барышня»? Что это за «сопоставление»? Почему тут именно француз и непременно русская барышня?

[150] - Видите, вы и заинтересовались. Но это длинная материя, мистер Астлей. Тут много надо бы знать предварительно. Впрочем, это вопрос важный - как ни смешно все это с первого взгляда. Француз, мистер Астлей, это - законченная, красивая форма... Национальная форма француза, то есть парижанина, стала слагаться в изящную форму, когда мы еще были медведями. Революция наследовала дворянству. Теперь самый пошлейший французишка может иметь манеры, приемы, выражения и даже мысли вполне изящной формы, не участвуя в этой форме ни своею инициативою, ни душою, ни сердцем; все это досталось ему по наследству. Сами собою, они могут быть пустее пустейшего и подлее подлейшего. Ну-с, мистер Астлей, сообщу вам теперь, что нет существа в мире доверчивее и

откровеннее доброй, умненькой и не слишком изломанной русской барышни. Де-Грие, явясь в какой-нибудь роли, явясь замаскированным, может завоевать ее сердце с необыкновенною легкостью; у него есть изящная форма, мистер Астлей, и барышня принимает эту форму за его собственную душу, за натуральную форму его души и сердца, а не за одежду, доставшуюся ему по наследству. К величайшей вашей неприятности, я должен вам признаться, что англичане большею частью угловаты и неизящны, а русские довольно чутко умеют различать красоту и на нее падки. Но, чтобы различать красоту души и оригинальность личности, для этого нужно несравненно более самостоятельности и свободы, чем у наших женщин, тем более барышень, - и уж во всяком случае больше опыта. Мисс Полине же - простите, сказанного не воротишь - нужно очень, очень долгое время решаться, чтобы предпочесть вас мерзавцу Де-Грие. Она вас и оценит, станет вашим другом, откроет вам все свое сердце; но в этом сердце все-таки будет царить ненавистный мерзавец, скверный и мелкий процентщик Де-Грие. Это даже останется, так сказать, из одного упрямства и самолюбия, потому что этот же самый Де-Грие явился ей когда-то в ореоле изящного маркиза, разочарованного либерала и разорившегося (будто бы?), помогая ее семейству и легкомысленному генералу. Все эти проделки открылись после. Но это ничего, что открылись: все-таки подавайте ей теперь прежнего Де-Грие - вот чего ей надо! И чем больше ненавидит она теперешнего Де-Грие, тем больше тоскует о прежнем, хоть прежний и существовал только в ее воображении. Вы сахаровар, мистер Астлей?

[151] - Да, я участвую в компании известного сахарного завода Ловель и Комп.

- Ну, вот видите, мистер Астлей. С одной стороны -сахаровар, а с другой - Аполлон Бельведерский; все это как-то не связывается. А я даже и не сахаровар; я просто мелкий игрок на рулетке, и даже в лакеях был, что, наверное, уже известно мисс Полине, потому что у ней, кажется, хорошая полиция.

- Вы озлоблены, а потому и говорите весь этот вздор, - хладнокровно и подумав сказал мистер Астлей. - Кроме того, в ваших словах нет оригинальности.

- Согласен! Но в том-то и ужас, благородный друг мой, что все эти мои обвинения, как ни устарели, как ни пошлы, как ни водевильны - все-таки истинны! Все-таки мы с вами ничего не добились!

- Это гнусный вздор... потому, потому... знайте же! - произнес мистер Астлей дрожащим голосом и сверкая глазами, - знайте же, неблагодарный и недостойный, мелкий и несчастный человек, что я прибыл в Гомбург нарочно по ее поручению, для того чтобы увидеть вас, говорить с вами долго и сердечно, и передать ей все, - ваши чувства, мысли, надежды и... воспоминания!

- Неужели! Неужели? - вскричал я, и слезы градом потекли из глаз моих. Я не мог сдержать их, и это, кажется, было в первый раз в моей жизни.

- Да, несчастный человек, она любила вас, и я могу вам это открыть, потому что вы - погибший человек! Мало того, если я даже скажу вам, что она до сих пор вас любит, то - ведь вы все равно здесь останетесь! Да, вы погубили себя. Вы имели некоторые способности, живой характер и были человек недурной; вы даже могли быть полезны вашему отечеству, которое так нуждается в людях, но - вы останетесь здесь, и ваша жизнь кончена. Я вас не виню. На мой взгляд, все русские таковы или склонны быть таковыми. Если не рулетка, так другое, подобное ей. Исключения слишком редки. Не первый вы не понимаете, что такое труд (я не о народе вашем говорю). Рулетка - это игра по преимуществу русская. До сих пор вы были честны и скорее захотели пойти в лакеи, чем воровать... но мне страшно подумать, что может быть в будущем. Довольно, прощайте! Вы, конечно, нуждаетесь в деньгах? Вот от меня вам десять луидоров, больше не дам, потому что вы их все равно проиграете. Берите и прощайте! Берите же!

[152] - Нет, мистер Астлей, после всего теперь сказанного...

- Бе-ри-те! - вскричал он. - Я убежден, что вы еще благородны, и даю вам, как может дать друг истинному другу. Если б я мог быть уверен, что вы сейчас же бросите игру, Гомбург и поедете в ваше отечество, - я бы готов был немедленно дать вам тысячу фунтов для начала новой карьеры. Но я потому именно не даю тысячи фунтов, а даю только десять луидоров, что тысяча ли фунтов, или десять луидоров - в настоящее время для вас совершенно одно и то

же; все одно - проиграете. Берите и прощайте.

- Возьму, если вы позволите себя обнять на прощанье.

- О, это с удовольствием!

Мы обнялись искренно, и мистер Астлей ушел.

[153] Нет, он не прав! Если я был резок и глуп насчет Полины и Де-Грие, то он резок и скор насчет русских. Про себя я ничего не говорю. Впрочем... впрочем, все это покамест не то. Все это слова, слова и слова, а надо дела! Тут теперь главное Швейцария! Завтра же, - о, если б можно было завтра же и отправиться! Вновь возродиться, воскреснуть. Надо им доказать... Пусть знает Полина, что я еще могу быть человеком. Стоит только... теперь уж, впрочем, поздно, - но завтра... О, у меня предчувствие, и это не может быть иначе! У меня теперь пятнадцать луидоров, а я начинал и с пятнадцатью гульденами! Если начать осторожно... - и неужели, неужели уж я такой малый ребенок! Неужели я не понимаю, что я сам погибший человек. Но - почему же я не могу воскреснуть. Да! стоит только хоть раз в жизни быть расчетливым и терпеливым и - вот и все! Стоит только хоть раз выдержать характер, и я в один час могу всю судьбу изменить! Главное - характер. Вспомнить только, что

было со мною в этом роде семь месяцев назад в Рулетенбурге, пред окончательным моим проигрышем. О, это был замечательный случай решимости: я проиграл тогда все, все... Выхожу из воксала, смотрю - в жилетном кармане шевелится у меня еще один гульден. «А, стало быть, будет на что пообедать!» - подумал я, но, пройдя шагов сто, я передумал и воротился. Я поставил этот гульден на manqué (тот раз было на manque), и, право, есть что-то особенное в ощущении, когда один, на чужой стороне, далеко от родины, от друзей и не зная, что сегодня будешь есть, ставишь последний гульден, самый, самый последний! Я выиграл и через двадцать минут вышел из воксала, имея сто семьдесят гульденов в кармане. Это факт-с! Вот что может иногда значить последний гульден! А что, если б я тогда упал духом, если б я не посмел решиться?..

Завтра, завтра все кончится!

Словарь

[1] двухнедельная отлучка – a two week absence; ошибаться – to make a mistake, to be mistaken; генерал – General; чрезвычайно – extremely; независимо – independently; говорить свысока – to talk in a haughty manner; перехватить денег – to borrow money; совестно – to be ashamed of; в чрезвычайных хлопотах – to be extremely busy; слегка – slightly; принять – to accept; как водится – as usual, as always; званый обед, по-московски – a formal dinner party, Moscow style; разумеется – of course, to be sure; нарочно – purposely, on purpose.

[2] мне отвели маленькую комнатку – I was given a small room; принадлежать – to belong; свита – suite; богатейший – richest, wealthiest; вельможа – high official; поручение – commission, errand, assignment; разменять два тысячефранковых билета – to exchange two thousand frank bills; заблагорассудиться – to do whatever one wants to or pleases; осведомиться – to inquire; непочтительный взгляд

311

– disrespectful look; напыщенная речь – pompous speech; насаживать одну фразу на другую – to pin one phrase on another; запутаться – to get involved; дать понять – to let know; легкомысленный – frivolous, light-headed; проиграться – to lose; рыться – to dig, rummage; за ним моих денег около ста двадцати рублей – he owes me about hundred and twenty rubles; обидчивый – touchy, quick to take offence; предостерегать – to warn; иметь право – to have the right.

[3] кавалькада – cavalcade; развалины – ruins; превосходная коляска – magnificent carriage; великолепная лошадь – beautiful horse; верхом – on horseback; прохожий – passer-by; ему несдобровать – he is in for it.

[4] соединиться – to join; отрекомендовать – to recommend;

ФРАЗЕОЛОГИЗМЫ

НЕПРОШЕННЫЙ ГОСТЬ ХУЖЕ ТАТАРИНА
An uninvited/unwanted guest is worse than a Tatar (Russian saying);

НИ С ТОГО, НИ С СЕГО
Out of the blue; with no reason;

С НОГ ДО ГОЛОВЫ
From head to toe;

ПИКНУТЬ НЕ СМЕЕТ
Not dare to utter a word;

НЕ ВЕЛИКА ПТИЦА
Not such a big bird (lit.); not such a big wig;

ВИДНА ПТИЦА ПО ПОЛЕТУ
You can tell a bird by its feathers; a bird may be known by its song;

НА ПОБЕГУШКАХ
To run someone's errands;

В ТИСКАХ
To keep someone well in hand; to keep someone under control;

КАК УГОРЕЛЫЙ
Like a mad man;

ПОСАДИ ЗА СТОЛ, ОН И НОГИ НА СТОЛ
You let someone sit at the table and he'll put his feet on the table (Russian saying);

ВЫНОСИТЬ СОР ИЗ ИЗБЫ
To air your dirty laundry in public

СКВОЗЬ ЗЕМЛЮ ПРОВАЛИТЬСЯ
To fall through the ground (lit.); to vanish into thin air.

невелика птица – not such a big wig; непрошеный – uninvited; распорядиться – to order; догонять – to catch up; столкнуться – to collide, to run into someone; застенчивый – shy, timid; нынешнее лето – this Summer; ярмарка – fair; беспредельно – without limits, without bounds; вспыхнуть, как зарево – to glow; закадычный друг – bosom-friend.

[5] необыкновенно – unusually; небрежный – careless, negligent; осмелиться противоречить – to dare to disagree; валандаться – to hang about, to loiter; грубить – to be rude, to insult.

[6] ни с того ни с сего – without reason; ввязаться в чужой разговор – to meddle in someone's conversation; отчетливо – distinctly; щелчок – click.

[7] проучить – to teach the lesson; небрежно – carelessly; презрительно – contemptuously; поддерживать – to support; плюнуть – to spit; недоумение – bewilderment; осматриваться – to look around; недоверчиво – distrustfully; посольство – embassy; аббат – abbot; физиономия (rude) – face.

[8] ругательство – curse, swearing; раскланиваться – to make one's bow; отшатнуться от – to start back; ничтожный русский – worthless Russian; оскорбить – to insult; обмерить с ног до головы – to look from head to toe.

[9] отстраняться – to move away; еретик и варвар – heretic and barbarian; бесконечная злоба – infinite spite; пикнуть не сметь – not dare to utter a word; отречься – to renounce; стушеваться - efface oneself; retire to the background.

[10] воксал – archaism (see footnote 30): casino; бриллиант – diamond; гульден – Dutch gulden; погибнуть – to die; окончательный – final; ожидание – waiting.

[11] завещание – will; маркиз – marquis; быть посвященным во все семейные тайны – to be initiated into all family secrets; занять денег – to borrow money; дружественные отношения – friendly relationship; свататься – to propose marriage; подвергнуть сомнению – to call in question, to doubt.

[12] тон – tone; дикость – wildness, absurdity; раздражение – irritation; объяснение – explanation; слух о кончине бабушки – rumor about grandmother's death; разориться – to be broke; ступать (arch.) – to go; играть – to play, to gamble.

[13] кликнуть (arch.) – to call; свернуть – to turn; погрузиться в анализ ощущений – to plunge into the analysis of feelings; тосковать – to long; метаться – to rush about, to toss; как угорелый – like a madman; ненавидеть – to hate; задушить – to strangle; погрузить - to plunge, to dip, to immerse; невольник – slave.

ФРАЗЕОЛОГИЗМЫ

ТАРАБАРСКАЯ КИТАЙСКАЯ ГРАМОТА
Something is Greek to someone; it is sealed book to someone;

ПРОСТОЙ СМЕРТНЫЙ
Mere mortal;

РАБОТАТЬ КАК ВОЛ
To work like a horse;

НЕ В ЛАДАХ
To be at variance (with); to be at odds (with);

СОБЛЮДАТЬ ПРИЛИЧИЯ
To observe the proprieties;

ХВАТАТЬСЯ ЗА СОЛОМИНКУ
To catch a straw; to clutch at straws;

НИТЬ РАССКАЗА
A thread of a story;

ГЛАЗА НАЛИТЫЕ КРОВЬЮ
Bloodshot eyes;

С ПЕНОЙ У РТА
Foaming at the mouth.

[14] во чтобы ни стало – no matter what; некогда раздумывать – no time to think over; угадать – to guess; рулетка – roulette.

[15] мне это было неприятно – I felt uneasy; располагать – to dispose, to have available; сбивать с толку – to confuse, to bewilder; предосадный (досадный) – annoying; решаться – to dare; теснить – to crowd; хладнокровный – cold-blooded, calm; непременно – for sure, for certain; судьба – fate, destiny; рутинный – routine; мнение – opinion; нелепо – absurdly; торговля – trade.

[16] нечаянно – by accident; слегка – slightly; описание – description; жадность – greed; устройство – order.

[17] тарабарская грамота – to be all Greek to someone, to be a sealed book to someone; различать – to make out, to recognize; ставка на число – to stake on number; четный – even; нечетный – odd; попытать – to try; подрывать собственное счастье – to undermine own happiness; колесо обернулось – the wheel turned; отсыпать – to pour; захватить – to grab; куча – pile; отыскивать – to look for, to search.

[18] скомпрометировать – to compromise; спасение – salvation, rescue.

[19] выигрыш – prize, winnings; впредь – in the future; на условии – on condition; возражение – objection.

[20] избегать – to avoid; прежняя манера – previous way of behaving; небрежность – negligence; отвращение – disgust; надменность – arrogance; до безумия – madly; страсть – passion; мне решительно все равно – I absolutely don't care; откровенный – frank; обстоятельство жизни – circumstance of life; тревожить – to bother; на побегушках – to run someone's errands; удостаивать – to give honor.

[21] телеграмма – telegram; посади за стол, и ноги на стол – you let someone sit at the table, and he will put his feet on the table; лопнуть – to blow up; в тисках (fig.) – to keep someone well in hand, to keep someone under control.

[22] знатный – noble; колоссальный – colossal, tremendous, enormous; троюродная сестра – third cousin; церемонный – ceremonous; выносить сор из избы – to air one's dirty laundry in public.

[23] преимущественно – mostly; несчастие – misfortune; разоренное имение – ruined estate; долг – debt; куафюр – coiffure, hairdo; нахальный – impudent, shameless; мускус – musk; с шиком – with style; сиплый контральто (music.) – strong contralto; подозрительный – suspicious; сплетник – gossiper.

[24] тронутый любовью – touched with love; сквозь землю провалиться – (lit.) to fall through the earth, to vanish into thin air.

[25] безобразный – ugly, hideous, lacking style; каморка – a very small room; принуждить – to force; разъяснить – to explain; предположить – to suppose, to assume.

[26] нахальный – impudent; жадный – greedy; протесниться - to push one's way through; крупер (modern – крупье) – croupier; наблюдать – to observe, to watch; расчет – calculation; разграфленный – lined; простой смертный – mere mortal; заключение – conclusion; щелчок – click; выставить язык – to show one's tongue; разгорячиться - to be flushed with, to get excited; оглушенный – to be stunned; шататься в парке – to roam in the park, to wander in the park.

[27] в возбужденном состоянии – in excited condition; подвиг – exploit; довести до – drive to, lead to; спустить – to spend.

[28] едко – caustic; благоразумный – reasonable; способ – way, means; усмехнуться – to grin; основывать мнение – to base one's opinion; катехизис – catechism; добродетель – virtue; достоинство – dignity; цивилизованный – civilized; способность приобретения капиталов – ability to acquire wealth; расточать – to squander, to waste; прельщать – to entice, to fascinate; отечество – fatherland; внушительно – impressively; безобразие – mess, ugliness, outrage; раззадорить – to provoke, to stir up; палатка – tent.

[29] поучительный - instructive, deductive; вяз – elm-tree; каштан – chestnut; закат солнца – sunset; крыша – roof; аист – stork.

[30] покойник – deceased; липа – lime-tree; палисадник – front garden; рабство – slavery; повиновение – obedience; вол – ox; жид (vulgar) – Jewish; ремесло – trade, handicraft; приданое – dowry; кабала - kabala (obligation of labour for creditor in case of non-payment of debt); аль (common Russian) – or, if; иссохший - shrivelled, withered преемственный труд – successive labour; твердость – firmness; дебоширить - make an uproar; разживаться – to get rich.

[31] договорить – to finish speaking; капелька - small drop, droplet, a bit; обыденный разговор – commonplace conversation; выпучить глаза – to protrude one's eyes.

[32] задумчивость – reverie, pensiveness; велеть – to order; сопровождать – to accompany; брякнуть – to blurt out; подлец – scoundrel, rascal; не в ладах – to be at variance (with), to be at odds (with); в закладе – to be a pawn; имение – estate.

[33] застрелиться – to shoot oneself; в его лета (в его года) – in his age; соблюдать приличия – to observe the proprieties; церемония – ceremony; вздор – nonsense; отвращение – disgust; перебивать – to interrupt; зависеть – to depend.

[34] презрительная мина – to give a disdainful look, with a disdainful look; предложение – offer, suggestion; раздражительно – irritably; саркастически – sarcastic; взять взаймы – to borrow; хвататься за соломинку – to catch at a straw, clutch at straws; древесный сук – limb of a tree.

[35] уверенный – confident; безумный – mad; шутить – to joke; в состоянии – in condition; ощущать – to feel, to sense; надобность – necessity.

[36] резкий – harsh; оскорбить – to insult; теория – theory; исступление – frenzy; фатализм – fatalism.

[37] благородство – nobility, generousity; потерять нить рассказа – to lose a thread of a story; уважение – respect; переводить дух – to take a breath; гнев – anger; прибить – to kill; изуродовать – to mutilate; задушить – to strangle; горячка – fever; скандал – scandal, row.

[38] глаза налитые кровью - bloodshot eyes; на окраинах губ запекалась пена (с пеной у рта) – foaming at the mouth; трус – coward; убить – to kill; падчерица – step-daughter; таинственный – mysterious; влияние – influence; помешаться – to go mad; удостоить – to favour, to honor; пожалеть – to pity; остаться в стороне - to stay aside; перенести – to endure.

[39] пораженный – stricken; цинический – cynical; перейти за черту – cross the line; сердце дрогнуло – his heart sank.

[40] захохотать – to burst out laughing; баронесса – baroness; без отговорок – without excuses.

[41] болтун – talker, chatterer; исполнять – to fulfil, to carry out; вывернуться – to get out of, to wriggle.

[42] беспорядица – disorder, confusion; неурядица – confusion, disorder, mess; пошлость – banality, platitude, triteness; школьничество – schoolboyish behaviour; завязать в узел – to tie a knot; перегнуть надвое – to fold in half; следок ноги – footprint; мучительный – poignant, agonizing; оттенок – shade; высокомерно – haughty, arrogant; пощечина – slap in the face.

[43] необъятный – immense; окружность – circumference, circle; оборка – frill, flounce; кринолин – crinoline, hoop-skirt; отвислый подбородок – hanging chin; багровый – crimson; удостаивать чести – to honor; порода – breed; павлин – peacock; баран – sheep; заменять глубокомыслие – to replace a deep thought; мелькнуть – to flash, to gleam.

[44] насупить брови – to knit one's brows, to frown; почтительный – respectful; недоумевать – to be puzzled, to be perplexed; омрачать – to darken, to overshadow; недоумение – perplexity; удвоенный – double; с кряктом и с удвоенным гневом – *literate:* with groaning and doubled anger; смущать – to embarrass.

[45] в испуге – in fear.

[46] величественное положение – majestic position; подействовать – to have an effect; вежливо – politely.

[47] размазывать – *here:* to describe; входить во вкус – to acquire taste; изложить – to explain, to state, to expound; напрашиваться на – to thrust oneself upon; пожать плечами – to shrug showlders; раскаяние - repentance, remorse; раздражительный – irritable; признак болезни – sign of disease.

[48] избавить от – to spare from, to save from; принадлежать – to belong; удовлетворение – satisfaction; чужой – strange; хлопоты (plural) – troubles; опека – care; отвечать за поступки – to answer for one's actions; дворянин – a noble man; безграничное уважение – boundless respect.

[49] быть пораженным – to be surprised, to be astonished; торопливо – hastily, in a rush; хладнокровие – coolness, equanimity, composure, presence of mind; смущаться – to be confused, to be embarrassed; участник – participant; завтра поутру – tomorrow morning; предчувствовать – to predict; струсить – to be afraid, to chicken out; быть намеренным – to intend; проклятый – damned, cursed; нестерпимый - unbearable, intolerable; буйство – violence, disorder; бессмысленный – meaningless, senseless; умоляющий – imploring.

[50] ретироваться – to retire, to retreat, to withdraw; претендующий – pretending, claiming, aspiring; особые обстоятельства – special circumstances; малодушно - cowardly, faint-hearted; принять к сведению – to take something into consideration.

[51] сердить – to make angry; молодец – fine man/woman; кликнуть – to call; двоюродная сестра – cousin.

[52] наутро – in the morning, next morning; кельнер – waiter, attendant; выехать из отеля – to move out of hotel; богатство – wealth; поступать – to act; богач – a rich man; смекнуть – to realize; завариться – to brew, *here:* to start (trouble); любезный – pleasant; выгодно – advantageous, profitable; мещанский – narrow-minded, vulgar; обыденный – ordinary, commonplace; русская барышня – a Russian lady; прельщаться – to be attracted, to be fascinated; казенщина – conventionalism; посол – ambassador; посредник – mediator.

[53] прозрачный – transparent, seen through; проговориться – to let out a secret; намерение – intention; остроумный – witty; досада – vexation, annoyance, disappointment; известие – news; устроить дела – to settle business.

[54] врожденная любезность – in-born courtesy; выгнать – to kick out, to throw out; заносчиво – in an arrogant/insolent/presumptuous manner; вызвать на дуэль –

319

to call to a duel; отказать – to refuse, to reject; племянник – nephew; личная обида – personal offence.

[55] сложенный – folded; запечатанный – sealed; облатка – wafer, capsule, paper seal; записка – note; униматься – to stop, to calm down; послушный – obedient; дрожать – to shiver; уладить – to settle.

[56] счесться – to square accounts, to get even; мериться – to match (swords with someone); тревога - alarm, anxiety, uneasiness; загадка – mystery; отвращение – disgust; владеть – to own; в цепях – in chains.

[57] каштановая аллея – chestnut alley; поражать – to be surprised/astonished/ thunderstruck; папироса – cigarette; уставиться – to stare; нарочно – on purpose; застенчивый – shy, timid; пристальный – fixed, intent; оловянный – made of tin.

[58] издавать звук – to utter a sound; осадить – to put someone in his place; предположение – assumption; перебивать – to interrupt; в подробностях – in detail; выводить – to conclude; посторонние обстоятельства – other circumstances; отвязаться – to leave alone; дубина – cudgel, bludgeon, club; выходка – trick, escapade.

[59] истина – truth; с нетерпением – impatiently; избегать – to avoid; родня – relatives; перстень – signet-ring; экипаж – carriage; отчаяние – despair; разорвать – to tear, to rip; царапать – to scratch; утешаться – to comfort oneself; развязность - undue familiarity; отталкивать плечом - to push aside with a shoulder; очистить – to clear.

[60] капитал – capital; ссуживать – to loan.

[61] в исступлении – in a frenzy.

[62] невеста – bride; падчерица – step-daughter; брошенный – abandoned; ограбленный – robbed; клочки имения – remnants of the estate; старая ведьма – old witch; наследство – inheritance.

[63] в ярости – in indignation; крыльцо – porch; махать – to wave; олух – fool; подъезд – entrance, doorway; изумление – amazement, wonder; прирости – to grow to.

[64] вносить – to carry in; слуга – servant; служанка – maid; подобострастный – servile; посетительница – visitor; с треском - with a bang, to fail with a bang; прислуга – servants; баул – trunk; восседать – to sit; грозный – stern, terrible; помещик – landlord; московская барыня – Russian barinia (noble woman); как снег на голову – *idiom:* like a bolt from the blue; собственнолично – personally; бойкий – vivid; задорный – full of life, fervent, ardent; повелительно – imperatively, authoritatively; бранить – to scold; истукан – idol, statue; стоять как истукан – to stand like a stuffed dummy; пережить – to outlast; глаза выпучить – to protrude eyes; дворецкий – butler; хоронить – to bury.

[65] худого желать – to wish evil; очнуться – to come to oneself, to regain consciousness; просвистаться – to go broke; путешественник – traveler; разжимать – to unclench; тащить – to drag.

[66] на водах – on medicinal waters; осведомляться – inquire; быть пораженным – to be amazed; повелительный – imperative; наружность – appearance; обмеривать взглядом – to look from head to toe; доска – board; опираться – to lean, to rest.

[67] громовой удар – thunder stroke; как нарочно – on purpose; амазонка – riding-dress; остолбенеть – to freeze; разинуть рот – to open mouth in amazement; остановиться на полуслове – to stop in the middle of a sentence; околдованный взглядом василиска – *literate:* mesmerized by the look of basilisk; торжествующий – triumphant; оцепенеть – to grow torpid, to become rigid, to freeze; созерцать – to contemplate.

[68] железная дорога – rail road; ноги протянуть – *idiom:* to die.

[69] фигляр – clown; хлыст – whip; здешний – local; девица – unmarried woman; намастачиться – *colloquial, here:* to learn to speak; с пятого на десятое – to give a disconnected account of something, to jump from one thing to another.

[70] под покровом – under cover; манерничать – to behave affectedly; церемонничать – to stand on ceremony; видна птица по полету – you can tell a bird by its feathers; a bird may be known by its song; врать – to lie.

[71] пономарь – sexton, sacristan; сенная труха – hay-dust; вспотеть – to sweat; нанимать – to hire; в залоге – in a pawn.

[72] захлебнуться – to choke; развалины замка – ruins of a castle; роща – grove; носильщик – porter; плюгавый – bolding.

[74] накладка – hair extensions; теперешний – modern; сопутствовать – to accompany; осмотреть – to look around, to inspect; ошеломленный – amazed.

[75] управляющий – manager; отвести – to give, to lead; руководствоваться – to follow, to be guided; пересолить – *literate:* to put too much salt, *idiom:* to overdo; камеристка – lady's maid; катить – to roll; пожилой – eldery; плешивый – bolding; почтительно – respectfully.

[76] принять за – to take for; княгиня – Pricess; бездна – abyss, chasm; сундук – trunk, chest; престиж – prestige; резкий тон – harsh tone; эксцентрический – eccentric; повелительный – imperative, authoritative; благоговение – awe, reverence, veneration;

ПЕРЕСОЛИТЬ

На Руси хлеб-соль всегда были знаком дружеской встречи. Этот обычай сохранился и до наших дней. Когда-то соль была очень ценным продуктом. Пищу в старину готовили без соли. Хозяин собственноручно солил еду: кого любил, тому соли больше и сыпал. Порою, стараясь удружить, хозяин слишком усердствовал и пересаливал.

неудовлетворительный – unsatisfactory; мифологический – mythological.

[77] косые глаза – crossed eyes; болван – dummy; саксонский – Saxon; статуэтка – statue; ткать – to weave; справиться – to ask; осел – donkey, ass; ворчать – to

322

grumble; пышный – splendid, magnificent; балдахин – canopy; подушка – pillow; наволочка – pillow-case; перина – feather-bed.

[78] клоп – bug, bedbug; белье – linen, bedding, sheets; постлать – to make bed; дерзость – impudence, impertinence; отставка – resignation, retirement, dismissal, discharge; слюняй – slobberer, weakling; харя – *colloquial:* - muzzle, (ugly) mug.

[79] быть устроенным – to be arranged/organized; отдохнуть с дороги – to rest after a journey; замешкаться – to loiter, to linger, to be late; переглядываться – to exchange glances; щекотливый – delicate, ticklish; ключ – spring, source, key, clue; целебные воды – mineral water; рыскать – to rove, to roam.

[80] настоять – to insist; произвести впечатление – to produce impression; протесниться – to push one's way; упускать – to miss, to let go; проиграть(ся) – to lose the game; быть позволенным – to be allowed, to be permitted; издали – from far away; кататься – to roll (around); шарик – ball; разглядеть – to make out, to discern, to descry, to perceive; очистить – to clear.

[81] говорить полушепотом – to speak in undertones; куча – pile, heap; золото – gold; банковский билет – bond.

[82] толкать – to push; задыхаться от волнения – to gasp from excitement; прошептать – to whisper; человек пропал – a person is wasted; ворочать – to move, to shift, to turn; растолковать – to explain; многочисленный – numerous; переспрашивать – to ask again; заучивать – to memorize, to learn by heart; курчавый – curly; выгода – profit; набитый – stuffed; волка бояться - в лес не ходить – *Russian saying:* if you are afraid of wolves, don't go to the forest, nothing ventured, nothing gained.

[83] впиться глазами – to fix one's eyes on; зазубрина – notch, jag; вертящийся – spinning, turning; выходить из себя – to lose patience; провозгласить – to announce; запечатанный – sealed; тяжеловесный – heavy; сверток – package, parcel.

323

[84] прибавить – to add; противоречить – to argue.

[85] сосредоточиться – to concentrate; прицелиться – to aim; зараз – at once; отговаривать – to talk someone off; командовать – to command, to order; сыпать – to pour.

[86] сиять – to shine; тесниться – to crowd; поздравление – congratulation; триумф – triumph; родственные отношения – family relationships; рассмотреть ближе – to see closer; толковать (о) – to talk (about); величавый – splendid, majestic, grand; зритель – spectator; чудо – miracle; рассыпаться в поздравлениях – to shower with congratulations; заигрывающий – flirting; флорин – florin.

[87] перевалить – to shift, to cross, to get over the top; курс – currency; восклицать – to exclaim; личность – person, personality; истасканный сюртук – worn out frock-coat; картуз – beaked cap; глядеть – to look, to gaze.

[88] сверток – package, parcel; перевернуть – to turn, to turn upside down; нахмуриться – to frown; сквозь зубы – through one's teeth; генерал – General.

[89] длиннополый – long; сюртук – frock-coat; трость – walking stick; ругательство – cursing, swearing; махнуть рукой – *idiom:* to give up as lost, to wave goodbye; киснуть – to mope, to look sour, to sour; защебетать – to twitter, to chatter; хвастаться – to boast; сердце замирает – heart is sinking; покамест - *colloquial:* now, for now.

[90] одурманенный – stupefied, intoxicated; преимущественно – mostly; толкнуть – to push; выжидать – to wait, to bide one's time; высматривать – to look out, to spy out; поманить – to lure, to entice, to allure; предупредить – to warn; заботливо – caring; нахмуренно – with a frown.

[91] переписка – correspondence; застать – to find; наведываться – to visit, to call; подставная особа - dummy, figurehead; парад – parade; орудовать – to handle, to run things, to boss, to act.

[92] совещаться – to deliberate, to consult, to hold a consultation; дверь была заперта – the door was locked; дерзкий – impudent, insolent; язвительный – caustic, biting;

нахально – impudently, saucy; ругательный – abusive; жалкий – pitiful; оправдываться – to justify oneself; скверный – bad, nasty; потеряться – to get lost; приосаниться – to assume a dignified air; машинально – automatic; устремить взор – to direct one's glance; распекать – to give a good scolding, to blow up; заправлять – to boss; губить – to ruin, to spoil; в пух и прах – *idiom:* defeat utterly, put to complete rout; упрямство – obstinacy, stubbornness.

[93] обворожительный – charming; шаловливый – playful, frolicsome; плут – rogue; подмигнуть – wink; давеча – lately, recently; посол – ambassador.

[94] выходить из терпения – to lose patience.

[95] нетерпеливый – impatient; раздражительный – irritable, short-tempered; засесть в голове – to stick in the head; рассеянный – absent-minded; промчаться – to fly by, to flash by; вихрь – whirlwind, like the wind; телодвижение – body movement; выходка – trick; отгородить – to fence off; скрежетать – to grind.

[96] соскучиться – to miss, to get bored; пакостный – dirty, mean, foul; к черту – to hell; как нарочно – on purpose; обругать – to curse, to scold, to call names; ахнуть – to exclaim, to gasp; вопить – to scream; окаянный – damned, cursed; свирепо – fiercely, ferociously; обвинять – to accuse, to blame; бумажник – wallet.

[97] ободриться – to cheer up; бормотать – to murmur; кошелек – wallet; меняльная лавка (in modern Russian *обменный пункт*) – exchange office.

[98] поворот – turn; просадить – to lose; буржуа – bourgeois; хлестать – to drink fast, to swill, to gush; брюхо – belly; некогда – there is no time.

[99] предложить – to offer; расчет (in modern Russian *обмен*) – exchange; разбойник – bandit.

[100] всеми силами – with all powers, with strength; внушить – to suggest, to inspire, to fill; убеждать – to persuade; возможность – possibility; сдержать – to restrain;

325

досада – vexation, annoyance, disappointment; подскочить – to run up, to come running; любезничать – to flirt; в немилости – to be in disgrace; юлить – to wriggle, to play up; трепетать – to tremble.

[101] не промолвить ни слова – not to utter a word; дура (fem.) – a fool; знай сверчок свой шесток – *idiom:* every cricket should know its corner, everyone needs to know his place.

[102] быть пораженным – to be amazed; козлиная борода – goat beard; лезть – to thrust oneself, to get, to climb; пиголица – puny/frail person.

[103] вертушка – *here:* a flirt; ноги протянуть – to turn up one's toes, to die; подлый – mean, foul; вставные зубы – false teeth; скверный – bad, nasty; оса – wasp; дворец – palace; хоть целый этаж занимай – you can take up the whole floor; растреклятый – damned; раздражать – to annoy; убежище – shelter; малютка – baby; с жаром – passionately.

[104] отдернуть – draw back quickly, withdraw; отвести глаза – to look aside; настоятельно – persistently.

[105] невероятно – unbelievably; остолбенеть – to be stunned, to freeze; белены объесться – *idiom:* to eat too much henbane, i.e. to be crazy; свидетель – witness; участник – participant; вздор – nonsense.

[106] яблоньки наливаются – apples are getting ripe; простор – space.

[107] притрагиваться к – to touch; заметка – note; влияние – influence; беспорядочный – disorderly, confused; крутой – sudden, abrupt; один-одинешенек – all alone; унылый – sad, cheerless, despondent, crestfallen; захватить – to seize, to capture, to grab; круговорот – rotation; приниматься – to begin, to start, to set; акция – share, stock; удивиться – to be surprised, to be astonished.

[108] откровенно – frankly; трепетать – to tremble, to quiver; замирать – to stand still, to sink (about heart); моление – praying; топать ногами – to stamp one's feet; отшвырнуть – to fling away, to throw off, to kick aside; под руку – hand in

hand; происшествие – incident, event, accident; уколоть – to prick, to sting; голову положить – to die for.

[109] в порыве бешенства – in an outburst of anger; перо – pen; настрочить (написать) – to write; располагать – to dispose, to have available; запечатать – to seal; воротиться – to return; приказать кланяться – *archaism:* to give best regards.

[110] по первому зову – at the first summons; отсчитать – to count off, to count out; вексель – promissory note; взыскать – to recover, to exact, to make answer; легкомыслие – light-mindedness; отвергать – to reject.

[111] дух захватывать – to take breath away.

[112] зажечь свечу – to light a candle; распечатанное письмо – an opened letter; велеть – to order, to tell to do something; это рука – this is the handwriting of; неблагоприятные обстоятельства – unfavourable circumstances; нелепый – absurd, odd; недоумение – bewilderment, perplexity; расстроенные дела – upset affairs; сладостный – sweet, delightful; упиваться надеждами – to cherish hopes; сожалеть – to regret; запечатленный – imprinted, impressed, engraved.

[113] вздрагивать – to start, to flinch, to wince; порешить (решить) – to decide; настаивать – to insist; закусить губу – to bite one's lip; презрение – contempt, scorn, disdain; швырнуть – to throw, to fling, to hurl, to toss; закладная – mortgage.

[114] скрежетать – to grind; сверкать – to sparkle, to twinkle, to glare; пронзающий взгляд – piercing glance.

[115] голова закружилась – head was spinning; изнеможение – exhaustion, break-down; опалить – to burn; не верить глазам, не верить ушам – not to believe one's eyes or ears; всенародно – publicly.

[116] начертить – to draw; включительно – inclusive.

[117] сверток – package; горячка – fever; опомниться – to remember oneself, to come into oneself; огненные мурашки – fire creeps; банковый билет – bank-note.

[118] овладеть – to own, to possess; на авось – on the off-chance; без расчета – without calculation; мгновение – moment; воздушный шар – balloon; победитель – winner, conqueror.

[119] хлынуть – to gush out, to spout, to pour.

[120] карты – cards; скомкать – to crumple; оттопыренный – protruding, sticking out; полупуд – half a pood (old Russian measure. One *pood* is equal to 36 lb).

[121] с изумлением – in amazement.

[122] пристально – intently; не трогаясь с места – without moving; вскричать – to cry out; груда – pile, heap; занять – to take up, to occupy; отвести глаза – to look away; приводить в порядок – to put in order; опомниться – to come to one's senses; запирать – to lock; обернуть ключ – to turn the key.

[123] скорбный – sorrowful, mournful, doleful; нахмуриться – to frown; пытливый взгляд – inquisitive look; пронзить – to pierce; вы дорого даете – you give (pay) too much; любовница – lover, mistress; с укором – with reproach; истерика – hysterics.

[124] не в своем уме – out of one's mind; судорожные рыдания – convulsive crying.

[125] вдумчивость – thoughtfulness; всматриваться – to take a good look, to look closely; повторять – to repeat; припадки нежности и любви – in the attack of tenderness and love; лукавый – sly, cunning; playful.

[126] беспрерывно – non-stop; силиться – to try hard; отворять – to open, to unlock; заливаться смехом – to burst out laughing; догонять бабушку – catch up with grandmother; будущее лето – next summer; ученый – scientist, scientific; ни к чему не способны – uncapable of anything;

заговариваться – to wander, to ramble in speech, to be carried away by a conversation.

[127] голова моя закружилась – my head was spinning; очнуться – to come to oneself, to regain consciousness; подле – by one's side; осматриваться – to look around; мрак – darkness; воспоминание – recollection; пасмурный – cloudy, dull, overcast, gloomy; рассвет – dawn; подпереться руками – to rest on one's hands; косяк окна – frame of the window; оборачиваться – to turn around; раздумать – to change one's mind; размахнуться – to swing; пустить – *here:* to throw; пачка – stack; разлетаться – to fly away, to scatter.

[128] временное помешательство – temporary madness; оскорбленная гордость – insulted pride; отчаяние – despair; тщеславие – vanity; отделаться от – to get rid of; бред – delirium, gibberish; обратить внимание на это обстоятельство – to pay attention to this circumstance; наскоро – soon; передняя – front room, corridor; с укоризной – with reproach.

[129] по направлению – in the direction; намек – hint; семейство – family; воспретить – to abolish; ослушание – misbehavior; лишить – to deprive; наследство – inhertitance; с негодованием – indignantly; качать головой – to shake one's head; смотреть в упор – to look steadily at, to stare at somebody; убежденный – convinced.

[130] посмеиваться – to chuckle, to laugh softly; отступить на второй план – to be pushed into the background; искренно – sincerely; страдать – to suffer; винить – to blame.

[131] кликнуть – to call; валяться – to lie; атласный - satin; смуглый – one with olive skin; здоровый – healthy; удивительный – striking, amazing; кое-как – anyhow, with difficulty; прикрытый – covered; батистовый – of thin cotton; отороченный – trimmed; кружево – lace; сорочка – shirt; идти к – to suit, to look good on someone; парафразируя – to rephrase; затараторить – to chatter; обуться – to put on shoes.

[132] быть уложеным – to be packed; неисковерканный – undistorted, uncorrupted; натягивать – to put on, to pull on; шелковый чулок – silk stocking; прожить в два месяца – to

spend in two months; ужасать – to terrify; пошел! – imperative: to go away!; ты этого не стоишь – you are not worth it.

[133] прогнать – to send away; to dismiss, to fire; вдогонку – after, in pursuit of; предпочитать – to prefer; распавшийся – *here:* lose; подобрать – to pick up; на роду написано – to be preordained.

[134] вторить – to echo, to repeat; переламываться надвое – to break in half; закружиться – to whirl, to spin, to go around; менять декорации – to change settings; мы еще потягаемся – *idiom:* we'll measure our strengths; взапуски – to chase; бранить - to scold, to nag; повязывать галстук – to tie, to help with a tie; сорвать банк – to cash the bank; букет – bouquet.

[135] дурачество – foolishness; постоянно – constantly;

ФРАЗЕОЛОГИЗМЫ

ПЕРЕЙТИ ЗА ЧЕРТУ
To cross the line;

МЕРИТЬСЯ СИЛАМИ
To match swords with someone;

С ПЯТОГО НА ДЕСЯТОЕ
To give disconnected account of something; to jump from one thing to another;

НОГИ ПРОТЯНУТЬ
To die;

С ТРЕСКОМ
To fail with a bang; to be a complete flop;

КАК СНЕГ НА ГОЛОВУ
Like a bolt from the blue;

ПЕРЕСОЛИТЬ
To put too much salt (lit.); to overdo;

БЕЛЕНЫ ОБЪЕСТЬСЯ
To eat too much henbane (lit.); to be crazy;

НА АВОСЬ
On the off-chance.

расчетливый – prudent, calculating; скупой – stingy; скалдырный – cheap, stingy; разряд существ – type of creatures; стать на приличную ногу – to settle, to get into good society; раз и навсегда – once and for all; сбить – to bring down, to knock down; распорядиться – to order; наведываться – to visit; скапливать – to accumulate.

[136] спорить – to argue; недурно – not bad; отделать – *here:* to decorate; новоселье – house warming; со вкусом – tasteful, with taste; мизер – minimum; экипаж – horse carriage; лошадь – horse; бал – ball; вечеринка – party; замечательный – outstanding; во многих и во многих отношениях – in many many ways (respects); не дурной – not bad looking; занимать – entertain; купчишка – merchant; невежество – ignorance; бесстыдство – shamelessness, impudence; военный поручик – lieutenant; жалкий авторишка – pitiful authors; журнальная козявка – magazine bugs; модный – fashionable; фрак – tail-coat; палевый – pale-yellow, straw-coloured; самолюбие – self-respect, self-esteem, pride; чванство – swagger, self-conceit; омерзительно – sickeningly; в высшей степени – in highest degree; буржуазный – bourgeois; меркантильная среда – mercenary society; щегольски - foppish, dandified, dandy; презирать – despise; обращать внимание – to pay attention; канкан – cancan; раскусить – to see through somebody; сожительство – cohabitation; истратить – to spend; украсть – to steal; баталия – battle; нападение – attack; возражать – to mind; объяснение – explanation; воротиться – to come back, to return; неистовый – furious, violent.

[137] отстранять – to push aside, to remove, to dismiss; по случаю – on occasion; славный – nice, beautiful, worthy; запасаться – to provide oneself, to stock up, to lay in a supply; необходимый – necessary; капля в море – *idiom:* drop in the sea, drop in the ocean/bucket; попрек (also *упрек*) – reproach; сердиться – to be angry; наплевать – to spit, not to care.

[138] привязываться – to get attached to; сдержать слово – to keep one's word; распространяться – to spread; откровенный – frank; тюрьма – prison.

[139] водворение – settlement, establishment; визг – scream; сановитый – high-ranking, distinguished; бакены (in modern Russian: бакенбарды) – whiskers, sidewhiskers; служить в кирасирах – *military:* – to serve as a cuirassier; обрюзглый – fat and flabby; орден – order; бестолковый – stupid; рассеянный – absent-minded; оживлять – to liven up; забиваться в угол – to hide in the corner; приласкать – to caress; озираться – to look around; суетиться – to fuss, to bustle; оглядываться – to look around; впадать в забытье –

331

to lose consciousness; разодетый – dressed up; тормошить – to pull (about), to pester, to bother.

[140] складный – easy-going; благорасположение – favour, favourable disposition; левретка – Italian grayhound; брошка – brooch; прельститься (from *прельщаться*, imperf.) – to be attracted, to be tempted; догадываться – to guess; слуга – servant; свысока – in a haughty manner; распекать – to give a good scolding, to blow up; отделываться – to get rid of, to escape; скороговорка – tongue-twister; переходить на другой предмет – to change subject; расчувствоваться – to be deeply moved/touched; осрамить – to shame, to put to shame; в бараний рог согнуть – idiom: to reduce somebody to servile obedience, to make someone eat dirt; кошмар – nightmare.

ФРАЗЕОЛОГИЗМЫ СО СЛОВОМ РОГ

ГНУТЬ В БАРАНИЙ РОГ
To reduce someone to servile obedience; to make someone eat dirt;

КАК ИЗ РОГА ИЗОБИЛИЯ
To rain down as if out of the horn of plenty;

ЛЕЗТЬ НА РОГА
To be asking for trouble;

НАСТАВЛЯТЬ РОГА
To cheat;

ОБЛОМАТЬ РОГА
To bend somebody to one's will, to crush somebody's might, to put someone in his place.

[141] идти на лад – things are going better, things are taking a turn for the better; хороший круг – good society; русская помещица – Russian landlady; ревновать – to be jealous; беспокоиться – to worry; подписать – to sign; вексель – promissory note.

[142] торжество – celebration, festivity; отстраненный – dismissed, discharged; напомадить – to pomade, to grease; взад и вперед – back and forth; закуска – snack; заучить – to learn by heart; теперешний – present.

[143] расставаться – to say good-bye; будуар – boudoir; запонка – cuff-link; протянуть – to last; пробовать счастья – to try one's luck.

[144] тоска – boredom; горе – grief; перечесть – to read over; с легким сердцем – with a light heart; непоколебимый – firm, steadfast, unshakeable; нищий – pauper; сгубить – to ruin, to destroy; читать мораль – to moralize; нелепый – absurd, odd; воскреснуть из мертвых – to resurrect.

[145] камердинер – valet; советник – adviser, counselor; мерзавец – villain, scoundrel; здешний – local; тюрьма – prison; выкупить – to buy out; выходить на волю – to get out of prison; ветреный – frivolous, giddy, empty-headed; сбавить – to reduce; жалованье – salary; накопить – to save; расстаться – to part; преклоняться перед – to admire, to worship; алчность – cupidity; столбик – column; лопатка – shovel; жар – fever, passion; аршин – *old Russian measure:* arshin (equal to 0,71 meter); судорога – cramp, convulsion.

[156] предрассудок – prejudice; занять номер – to check in a (hotel).

[157] постоянный – constant; тревога - alarm, anxiety, uneasiness; одеревенеть – to grow stiff; загрязнуть в тине – to be stuck in the slime/mud; каморка – a box-room, very small room; княжество – principality; православный – orthodox.

[158] унылый – sad, cheereless, crestfallen; независимость – independence; дух – spirit; восторженный – enthusiastic, rapturous; циничный – cynical; долг гражданина и человека – debt (responsibility) of a citizen and a person; досада – disappointment.

[159] поранить – to wound, to injure; внешний – external, outer; путешествовать – to travel; умереть от удара – to die from a stroke; намек – hint; неблагородный – ungrateful; сопоставление – comparison.

[160] предварительно – in advance; с первого взгляда – at first sight; форма – shape; слагаться – to be made up; медведь – bear; доверчивый – trustful; откровенный – candid, frank; замаскированный – in disguise; угловатый –

333

awkward; неизящный – not elegant; опыт – experience; ценить – to appreciate; царить – reign; упрямство - obstinacy, stubbornness; изящный – elegant; разочарованный – disappointed; либерал – liberal; сахаровар – sugar manufacturer .

[161] сахарный завод – sugar plant; озлобленный – resentful; вздор – nonsense, rubbish; хладнокровно – in cold blood; обвинение – accusation; устареть – to become old-fashioned; водевиль – vaudeville, comic sketch (with songs); труд – labour; воровать – to steal.

[162] благородный – noble; истинный друг – true friend; обнять – to give a hug.

[163] покамест – for now; терпеливый – patient; упасть духом – to be in low spirits; решиться – to make up one's mind, to bring oneself, to be determined.

Вопросы к обсуждению

1. Играли ли вы в азартные игры? Если да, то расскажите о своем опыте.

2. Как вы считаете, должны ли азартные игры быть разрешены законом? Перечислите страны, где казино разрешены и приносят доход государству.

3. Обратите внимание на фразу в начале второй главы романа «Игрок»: «Мне там с первого взгляда все не понравилось. Как только я вошел в игорную залу (в первый раз в жизни), я некоторое время еще не решался играть. К тому же теснила толпа. Но если б я был и один, то и тогда бы, я думаю, скорее ушел, а не начал играть». Можно ли считать Полину ответственной за пристрастие Алексея Ивановича к игре? Считаете ли вы, что ее просьба выиграть денег способствовала этому пагубному пристрастию?

4. Для чего Алексей Иванович играет в рулетку? Ради денег, азарта, или по другим причинам?

5. Согласны ли вы с утверждением главного героя в четвертой главе о том, что «русские не только не способны приобретать капиталы, но даже и расточают их как-то зря и бесполезно»?

6. Согласны вы ли с тем, как Достоевский описал национальные характеры русских, французов, немцев и англичан? Считаете ли вы эти описания стереотипными? Есть ли в них доля правды?

7. Найдите в тексте отрывки о бабушке. Как изменялось отношение бабушки к прислуге до игры, во время игры, и после проигрыша?

8. Как вы понимаете нижеприведенную народную лексику в устах бабушки? Приведите наиболее близкий английский перевод. Если необходимо, воспользуйтесь словарем.

живехонька
аль
схоронить
худой
подивиться
просвистаться
фигляр
намастачиться
с пятого на десятое
видна птица по полету
здесь очинно, очинно
хорошо

9. Как изменилось отношение главного героя к Полине после выигрыша?

10. Согласны ли вы с тем, как Достоевский описал немецкий способ накопления богатств и неспособность к накоплению русских?

11. Почему Алексей Иванович говорит Полине, что его много раз тянуло «прибить вас, изуродовать, задушить»?

12. Известно, что роман «Игрок» Достоевский писал со знанием дела, так как сам был страстным игроком, от чего нередко страдала его жена, Анна Григорьевна. Внизу приведены отрывки из писем Достоевского жене. Прочитайте письма и постарайтесь объяснить, как человек, столь зависимый от игры, смог в конце-концов избавиться от такого увлечения?

...Здравствуй, Ангел мой, Аня... А тут игра, от которой оторваться не мог. Можешь представить, в каком я был возбуждении. Представь же себе: начал играть ещё утром и к обеду проиграл 16 империалов. Оставалось только 12 да несколько талеров. Пошёл после обеда с тем, чтобы быть благоразумнее до нельзя и, слава Богу, отыграл все 16 проигранных да сверх того выиграл 100 гульденов. А мог бы выиграть 300, потому что уже были в руках, да рискнул и спустил.

(Hombourg. Воскресенье, 19 мая 1867, 10 часов утра)

...День вчера был для меня прескверный. Я слишком значительно (судя относительно) проигрался. Что делать: не с моими нервами, ангел мой, играть. Играл часов десять, а кончил проигрышем. Было в продолжение дня и очень худо, был и в выигрыше, когда счастье переменялось – всё расскажу, когда приеду. Теперь на оставшиеся (очень немного, капелька) хочу сделать сегодня последнюю пробу...

(Hombourg. Понедельник, 20 мая 1867, 10 часов утра)

...Веришь ли: я проиграл вчера всё, всё до последней копейки, до последнего гульдена, и так и решил писать тебе поскорей, чтоб ты прислала мне денег на выезд. Но вспомнил о часах и пошёл к часовщику их продать или заложить. Здесь это ужасно всё обыкновенно, то есть в игорном городе. Есть целые магазины золотых и серебряных вещей, которые только тем и промышляют. Представь себе, какие подлые эти немцы: он купил у меня часы, с цепочкой (стоили мне 125 руб. по крайней

336

цене) и дал мне за них всего 65 гульденов, то есть 43 талера, то есть почти в 2,5 раза меньше. Но я продал с тем, чтоб он дал мне одну неделю срока и что, если я в течение недели приду выкупить, то он мне отдаст, разумеется с процентом. И представь себе, на эти деньги я всё-таки отыгрался и сегодня пойду сейчас выкупить часы.

(Hombourg. Вторник, 21 мая 1867, 10 часов утра)

...Милый мой ангел, вчера я испытал ужасное мучение: иду, как кончил к тебе письмо, на почту, и вдруг мне отвечают, что нет от тебя письма. У меня ноги подкосились...

...С час я ходил по саду, весь дрожа; наконец, пошёл на рулетку и всё проиграл. Руки у меня дрожали, мысли терялись и даже проигрывая почти как-то рад был, говорил: пусть, пусть. Наконец, весь проигравшись (а меня это даже и не поразило в ту минуту), ходил часа два в парке, Бог знает куда зашёл; я понимал всю мою беспомощность; решил, что если завтра, то есть сегодня, не будет от тебя письма, то ехать к тебе немедленно. А с чем? Тут я воротился и пошёл опять заложить часы...

...закладные за часы почти проиграл, всего у меня теперь двадцать пять флоринов, а надо расплатиться в отеле, надо заплатить за дорогу...

...Слушай же: игра кончена, хочу поскорее воротиться; пришли же мне немедленно, сейчас как получишь это письмо, двадцать (20) империалов. Немедленно, в тот же день, в ту же минуту, если возможно. Не теряй ни капли времени. В этом величайшая просьба моя...

...А главное, спеши послать. Завтра или послезавтра подадут в отеле счёт, и если не будет ещё денег от тебя, надо идти к хозяину извиняться, тот, пожалуй, пойдёт в полицию: избавь меня от этого мучения, то есть высылай скорее...

...P.S. Ради Бога, торопись с деньгами. Поскорей бы только отсюда выехать! Деньги адресуй poste restante. Замучил я тебя, ангел мой!..

В дневнике жены Достоевского сохранилась запись об этом письме: «...Я уже приготовилась к содержанию письма, именно, что всё проиграно и что надо послать деньги, так что оно меня нисколько не удивило. Но я была очень рада и счастлива, что Федя так меня любит, что он так испугался, когда не получил моего письма.» (А.Г.Достоевская. Воспоминания).

(Hombourg. Среда, 22 мая 1867, 10 часов утра)

...Аня, милая, друг мой, жена моя, прости меня, не называй меня подлецом! Я сделал преступление, я всё проиграл, что ты мне прислала, всё, всё до последнего крейцера, вчера же получил и вчера проиграл! Аня, как я буду теперь глядеть на тебя, что скажешь ты про меня теперь! Одно, и только одно ужасает

337

меня: что ты скажешь, что подумаешь обо мне? Один твой суд мне и страшен! Можешь ли, будешь ли ты теперь меня уважать! А что и любовь без уважения! Ведь этим весь наш брак поколебался. О, друг мой, не вини меня окончательно!..

...При наших и без того скверных обстоятельствах, я извёл на эту поездку в Гомбург и проиграл слишком 1000 франков, до 350 руб.! Это преступление!.. Да что теперь оправдываться. Теперь поскорей к тебе. Присылай скорей, сию минуту денег на выезд, – хотя бы были последние. Не могу я здесь больше оставаться, не хочу здесь сидеть. К тебе, к тебе скорее, обнять тебя...

...Десять империалов, то есть 90 с чем-то гульденов, чтоб только расплатиться и доехать. Сегодня пятница, в воскресенье получу и в тот же день во Франкфурт, а там возьму Schnellzug и в понедельник у тебя.

(Saxon les Bains. Воскресенье, 6 октября 1867)

...Аня, милая, я хуже чем скот! Вчера к десяти часам вечера был в чистом выигрыше 1300 фр. Сегодня – ни копейки. Всё! Всё проиграл! И всё оттого, что подлец лакей Hotel des Bains не разбудил, как я приказывал, чтоб ехать в 11 часов в Женеву. Я проспал до половины двенадцатого. Нечего было делать, надо было отправляться в 5 часов, я пошёл в 2 часа на рулетку и – всё, всё проиграл...

(Saxon les Bains. Воскресенье, 17 ноября 1867)

... Ах голубчик, не надо меня и пускать к рулетке! Как только проснулся – сердце замирает, руки-ноги дрожат и холодеют. Приехал я сюда без четверти четыре и узнал, что рулетка до 5 часов. (Я думал, что до четырёх). Стало быть, час оставался. Я побежал. С первых ставок спустил 50 франков, потом вдруг поднялся, не знаю насколько, не считал; затем пошёл страшный проигрыш; почти до последков. И вдруг на самые последние деньги отыграл все мои 125 франков и, кроме того, в выигрыше на 110. Всего у меня теперь 235 франков. Аня, милая, я сильно было раздумывал послать тебе сто франков, но слишком ведь мало. Если бы по крайней мере 200. Зато даю тебе честное и великое слово, что вечером, с 8 часов до 11-ти, буду играть... благоразумнейшим образом, клянусь тебе. Если же хоть что-нибудь прибавлю к выигрышу, то завтра же ... непременно пошлю тебе, а сам наверное приеду послезавтра, то есть во вторник.

(Saxon les Bains. Понедельник, 18 ноября 1867)

Аня, милая, бесценная моя, я всё проиграл, всё, всё! О, ангел мой, не печалься и не беспокойся! Будь уверена, что теперь настанет, наконец, время, когда я буду достоин тебя и не буду более тебя обкрадывать, как скверный, гнусный вор! Теперь роман, один роман спасёт нас, а если б ты знала, как я надеюсь на это! Будь уверена, что я достигну цели и заслужу твоё уважение. Никогда, никогда я не буду больше играть...

...И потому умоляю тебя, Аня, мой ангел-спаситель: пришли мне, чтоб расплатиться в отеле, 50 франков. Если в среду, утром рано или завтра, во вторник, вечером успеешь послать, то я получу в среду вечером и в четверг, утром, или в 6-м часу вечера, буду у тебя.

(Saxon les Bains. Суббота, 4 ноября 1868)

...Милый мой ангел Нютя, я всё проиграл, как приехал, в полчаса всё и проиграл. Ну что я скажу тебе теперь, моему ангелу Божьему, которого я так мучаю. Прости Аня, я тебе жизнь отравил!..

...Пришли мне как можно больше денег. Не для игры (поклялся бы тебе, но не смею, потому что я тысячу раз тебе лгал)...

(Bains-Saxon. 4-го апреля 1868)

Ангел Аня, вместо меня придёт к тебе завтра, в 5 часов, это письмо...

...я пошёл играть в 8 часов – и всё проиграл! У меня теперь те же 50 сантимов. Друг мой! Пусть это будет моим последним и окончательным уроком, да, урок ужасен!..

...Не думай, о, не думай, мой ангел, что я из 100 франков, которые ты мне пришлёшь, хоть один франк проиграю теперь!..

(Висбаден. Пятница, 28 апреля 1871 г.)

Бесценная моя, друг мой вечный, ангел мой небесный, ты понимаешь, конечно – я всё проиграл, все 30 талеров, которые ты прислала мне. Вспомни, что ты одна у меня спасительница и никого в целом мире нет, кто бы любил меня. Вспомни тоже, Аня, что есть несчастия, которые сами в себе носят и наказание. Пишу и думаю: что с тобою будет? Как на тебя подействует, не случилось бы чего! А если ты меня пожалеешь в эту минуту, то не жалей, мало мне этого!..

...Теперь, Аня, верь мне или не верь, но я клянусь тебе, что не имел намерения играть! Чтобы ты поверила мне, я признаюсь во всём: когда я просил у тебя телеграммой 30 талеров, а не 25, то я хотел на пять талеров ещё рискнуть, но и то не наверно. Я рассчитывал, что если останутся деньги, то я всё равно привезу их с собой. Но когда я получил сегодня 30 талеров, то я не хотел играть...

...Ты для меня всё своё заложила в эти 4 года и скиталась за мною в тоске по родине! Аня, Аня, вспомни тоже, что я не подлец, а только страстный игрок...

...У меня осталось полтора талера мелочью, стало быть, на телеграмму есть (15 грошей)...

...Аня, спаси меня в последний раз, пришли мне 30 (тридцать талеров)...

(Висбаден. Суббота, 29 апреля 1871 г.)

...Милый друг Анечка...

...Я тебе описал всё в том письме; я проиграл твои последние тридцать рублей и прошу тебя ещё раз спасти меня, в последний раз, – выслать мне
ещё тридцать рублей....

(Висбаден. Понедельник, 1 мая 1871 г.)

...Последнее: вероятно, я приеду голодный, потому что, кажется, не хватит денег для обедов в дороге. И потому прошу приготовьте кусочек чего-нибудь (ну хоть чего-нибудь) к моему приезду. И если ты вполне христианка, голубчик Аня, то не забудь приготовить к моему приезду пакет папиросок, потому что у меня наверно ничего не будет курить...

Жена Достоевского писала в своих воспоминаниях: *«...Конечно я не могла сразу поверить такому громадному счастью, как охлаждение Фёдора Михайловича к игре на рулетке. Ведь он много раз обещал мне не играть, но не в силах был исполнить своего слова. Однако счастье это осуществилось, и это был действительно последний раз, когда он играл на рулетке. Впоследствии свои поездки за границу (1874, 1875, 1876, 1879 гг.) Фёдор Михайлович ни разу не подумал поехать в игорный город. Правда, в Германии вскоре были закрыты рулетки, но существовали в Спа, Саксоне и в Монте-Карло. Расстояние не помешало бы мужу съездить туда, если б он пожелал. Но его уже более не тянуло к игре. Казалось, эта «фантазия» Фёдора Михайловича выиграть на рулетке была каким-то наваждением или болезнию, от которой он внезапно и навсегда исцелился».*

Личный словарь

Слово	Перевод	Пример употребления в предложении

ALSO BY LIDIA S. MCCARTHY

RUSSIAN BASIC-INTERMEDIATE

Written by a native speaker, *Russian Basic-Intermediate* is an illustrated guide into the world of Russian language and culture. It is filled with interesting Russian texts, clear grammatical explanations, numerous exercises, humor and asides with information about Russian history, culture, literature and art. This textbook consists of 18 lessons, each starting with text and vocabulary lists, grammar sections with explanations in English and various exercises combining both new and previously learned vocabulary and grammar. Every four lessons are followed by a revision section.

    Russian Basic-Intermediate's illustrated asides cover Russian history from the period of Kievan Russia up to the end of the Soviet era. The author, holding a Ph.D in Historical Linguistics, explains how the Russian alphabet was created, where Russian names came from and tells about derivation of some Russian words and expressions. This textbook also introduces Russian art with numerous pictures of famous paintings throughout the text and includes life stories of famous writers and historical anecdotes.

Printed in the United Kingdom
by Lightning Source UK Ltd.
106570UKS00001B/444